Rizzetto

Zen für jeden Tag

Diane Eshin Rizzetto

Zen für jeden Tag

Mit einem Vorwort
von Charlotte Joko Beck

Aus dem Amerikanischen von
Michael Wallossek

Knaur
MensSana

Die amerikanische Originalausgabe erschien 2005
unter dem Titel »Waking Up to What You Do«
bei Shambhala Publications, Boston

Besuchen Sie uns im Internet: www.droemer-knaur.de
Alle Titel aus dem Bereich MensSana finden Sie im Internet unter
www.knaur-mens-sana.de

Deutsche Erstausgabe September 2006

Umschlaggestaltung: ZERO Werbeagentur, München
Umschlagabbildung: Corbis
Satz: Adobe InDesign im Verlag
Druck und Bindung: Ebner & Spiegel, Ulm
Printed in Germany
ISBN-13: 978-3-426-66588-6
ISBN-10: 3-426-66588-3

2 4 5 3 1

Inhalt

Zum Geleit 9

Vorwort 11

Einführung 15
Ein Berg von schmutzigem Geschirr –
Lektionen an der Küchenspüle 15

TEIL EINS 29
1. Was sind die Regeln? 31
2. Das Selbst – ein Traum 47
3. In der Schwebe 53
4. Der Prozess 66

TEIL ZWEI 79
Die Regeln 81
5. Ich begebe mich auf den Weg des wahrheitsgemäßen Sprechens 82
6. Ich begebe mich auf den Weg, von anderen in einer Offenheit zu sprechen, die für Entwicklungen Raum lässt 99
7. Ich begebe mich auf den Weg, anderen auf gleicher Stufe zu begegnen 121
8. Ich begebe mich auf den Weg der Entwicklung von geistiger Klarheit 137
9. Ich begebe mich auf den Weg, nur das zu nehmen, was mir bereitwillig gegeben wird, und bereitwillig alles zu geben, was ich kann 159

10. Ich begebe mich auf den Weg, sexuelle Intimität mit Respekt und von Herzen kommender Offenheit zu leben 184
11. Ich begebe mich auf den Weg des Loslassens von Wut 203
12. Ich begebe mich auf den Weg, das Leben zu unterstützen 229

Zusammenfassung 252
Ein Transformationsprozess 252

Anhang 258
Achtsamkeitspraxis – ein erster Leitfaden 258
Dank 266
Anmerkungen 267

Der Gedanke manifestiert sich als Wort,
das Wort manifestiert sich als Handlung,
die Handlung entwickelt sich zur Gewohnheit,
und die Gewohnheit verfestigt sich zum Charakter.

Achtet daher sorgsam auf den Gedanken und
seine Eigentümlichkeiten,
und lasst Liebe, eine aus Mitgefühl für alle Wesen
geborene Liebe, des Gedanken Ursprung sein.
So unweigerlich, wie der Schatten dem Körper folgt,
werden wir zu dem, was wir denken.

Der Buddha, aus dem *Dhammapada*

Zum Geleit

Jedem, der Dianes Buch aufmerksam liest, bietet sich die wunderbare Gelegenheit, einen tieferen Zugang zum Verständnis der buddhistischen Verhaltensregeln zu gewinnen. Dafür müssen wir allerdings unsere Intelligenz einsetzen und das Buch aufmerksam und genau lesen. Ohne Intelligenz und ohne die ständige Achtsamkeit für all die Vorstellungen, die wir vom Leben und von uns selbst haben, bleibt uns der Zugang zu den Regeln verschlossen. Möglicherweise sehen wir in ihnen dann lediglich einen Kanon von Vorschriften – nach dem Muster von: »Du sollst nicht …« –, was gefährlich sein kann.

Zen für jeden Tag sollten Sie keinesfalls im Sinn von: »Tun Sie dies nicht«, und: »Unterlassen Sie jenes«, verstehen. Diane weist uns vielmehr auf die möglichen Missverständnisse hin, die auftauchen können, wenn man beginnt, sich mit den Regeln zu beschäftigen, und sie im Alltag umsetzen will. In diesem Buch geht es um Entscheidungen, die wir treffen, und um Verantwortung, die wir übernehmen. Außerdem geht es um den Prozess, in dessen Verlauf wir das Bewusstsein dafür entwickeln, was unsere Handlungen motiviert und was die Konsequenzen unserer Handlungsmotivation wie auch der eigentlichen Handlung sind.

Niemand von uns kommt umhin, sich mit dem, was sich in seinem Leben abspielt, auseinander zu setzen. Doch wir haben die Wahl: Wir können es entweder auf eine intelligente oder aber auf eine ignorante Art und Weise tun. Die hier vorgestellten Regeln sollen dabei behilflich sein, die uns innewohnende Intelligenz zu nutzen. Wer sich ernstlich über

die eigenen Handlungen Gedanken machen möchte, wird aus einer intensiven Beschäftigung mit den hier dargelegten Regeln großen Gewinn ziehen.
Unter anderem kommt *Zen für jeden Tag* offen und ehrlich auf Dianes Lebensgeschichte zu sprechen. Der Text lässt erkennen, wie schwer sie sich anfangs tat, wie sie später begann, Zen zu praktizieren, und durch die Anwendung der Regeln auf ihr eigenes Leben gelernt hat, dass wir aufgrund der Handlungsalternativen, über die wir verfügen, selbst verantwortlich dafür sind, wie wir mit unseren Schwierigkeiten umgehen. Eine warmherzige, eine klare, eine liebenswerte Unterweisung.
Ich möchte Sie anregen, dieses Stück des Weges mit Diane zusammen zurückzulegen und dabei gründlich über die alles entscheidende Frage nachzudenken, mit der die Regeln uns konfrontieren: Was hält Sie davon ab, so zu leben, wie Sie gern leben möchten?
Im Verlauf dieser Reise führen die Regeln uns letzten Endes mit kristallener Klarheit die Wahrheit vor Augen, dass das eigene Glück und Wohlergehen durch ein höchst komplexes Muster mit dem Glück und dem Wohlergehen der anderen verknüpft sind.

Charlotte Joko Beck
San Diego, Kalifornien 2004

Vorwort

Es kursiert ein Gerücht: Man müsse ein Buchprojekt nur lange genug in Gedanken mit sich herumtragen, dann werde es sich wie von allein schreiben. In der Hoffnung, dieser Redensart werde ein wahrer Kern innewohnen – schließlich handelte es sich ja um mein erstes Buch –, habe ich eifrig nach irgendwelchen Anzeichen dafür Ausschau gehalten, dass sich an den Rändern meiner Gedanken, vorerst noch ganz winzig und kaum erkennbar, Fortsätze bilden: Fortsätze, aus denen zu guter Letzt knospenartig kleine Fingerchen hervorsprießen würden, die spielerisch leicht für die Materialisierung meiner Gedanken in Buchform sorgen.

Vielleicht funktioniert das ja bei anderen so. In meinem Fall aber kam nicht einmal der leiseste Hauch eines helfenden Fingerchens zum Vorschein. Am Ende gab ich auf und fand mich mit meinen bereits vorhandenen Fingern ab; bisweilen zögerlich, unsicher und suchend, ein andermal energisch, zielgerichtet und wohl wissend, was ich wollte. »Das Schreiben«, sagt Natalie Goldberg, »muss vom Schreibtisch in die Küche gebracht werden.« Demgegenüber habe ich, wie Sie gleich in der Einleitung feststellen werden, für mich die Notwendigkeit erkannt, die Küche in das Schreiben mit einzubeziehen. Die Finger, die dieses Buch geschrieben haben, sind also die gleichen Finger, die sich einigermaßen unbeholfen vorwärts tastend ihren Weg durch meine Teenager-Schwangerschaft, den Highschool-Abbruch, eine schwierige erste Ehe, ein Dasein als allein erziehende Mutter gesucht und letztlich Zugang zur Praxis und zur Lehre des Zen gefunden haben.

Zen für jeden Tag hat sich keineswegs von selbst geschrieben. Federführend waren vielmehr meine persönlichen Lebenserfahrungen und die Erfahrungen meiner Zen-Schüler, mit denen ich ein Stück weit gemeinsam den Weg der Praxis gehen durfte.
Gegenstand dieses Buches sind die buddhistischen Verhaltensregeln. Genauer gesagt ist es ein Buch über die Entscheidungen, die es zu treffen, und über die Verantwortung, die es zu übernehmen gilt. Nicht zuletzt beschreibt es jenen Prozess, in dem wir unserer Handlungsmotivation wie auch der Konsequenzen aus unseren Handlungen gewahr werden. Gleichgültig, welche Sprache wir sprechen, welches unsere sozialen oder kulturellen Hintergründe sind, ob wir einem spirituellen Weg folgen oder nicht – wir alle kommen nicht umhin, uns mit dem, was in unserem Leben passiert, auseinander zu setzen. Immerhin bleibt es aber unserer Entscheidung überlassen, wie wir das tun. Die hier vorgestellten Regeln, oder Leitlinien, sollen dabei behilflich sein, die uns innewohnende Intelligenz zu nutzen.
Bei meinen persönlichen Zen-Schülern gehe ich nicht genau auf die hier im Buch beschriebene Art und Weise vor. Zunächst einmal vollzieht sich unsere Arbeit vorwiegend in Form von Einzelunterweisungen. Kurse mit Unterweisungen, die eigens auf die Regeln Bezug nehmen, gebe ich nicht. Gruppengespräche oder -diskussionen finden meist in Zusammenhang mit einem meiner Dharma-Vorträge statt. Ebenso wenig verlange ich von meinen Schülern, bei der persönlichen Erkundung der Regeln eine bestimmte Reihenfolge einzuhalten. Nachdem eine Schülerin sich alle Regeln angeschaut hat, sucht sie sich diejenige heraus, die ihr nach eigenem Dafürhalten besonders häufig zu schaffen macht. Das ist dann die Regel, mit der wir beginnen. Und bei allen weiteren verfahren wir nach dem gleichen Prinzip. Häufig läuft es darauf hinaus, dass aus der Arbeit an der einen Regel

ganz automatisch ersichtlich wird, an welcher wir als Nächstes arbeiten sollten. Im Lauf der Jahre habe ich die Erfahrung gemacht, dass sich bei diesem Vorgehen unwillkürlich eine Reihenfolge herauskristallisiert, die mit der hier im Text wiedergegebenen mehr oder weniger übereinstimmt. Aufgrund dessen stelle ich jene beiden Regeln an den Anfang, die sich auf die Sprache beziehen: wahrheitsgemäß zu sprechen, und von anderen in einer Offenheit zu sprechen, die für Entwicklungen Raum lässt.

Was in diesem Buch erörtert wird, soll Ihnen einen Überblick darüber verschaffen, wie die Einzelarbeit mit meinen Schülern aussehen kann. Dadurch erhalten Sie, liebe Leserin und lieber Leser, die Gelegenheit, sich mit dem Gedanken vertraut zu machen, dass auch Sie durchaus unter Anleitung einer qualifizierten Lehrerin oder eines qualifizierten Lehrers solch eine Erkundung des eigenen Geistes in Angriff nehmen könnten.

Den Menschen, die zu mir kommen, empfehle ich meist, erst einmal mit der Praxis der Achtsamkeitsmeditation Erfahrung zu sammeln und ihr Augenmerk erst danach auf die Praxis der Verhaltensregeln zu richten. Diese Empfehlung gebe ich deshalb, weil man die Regeln um vieles wirkungsvoller praktizieren kann, wenn man zunächst einmal eine gewisse Fähigkeit entwickelt, still dazusitzen und die Gedanken, Emotionen und die im Körper sich bemerkbar machenden Empfindungen wahrzunehmen. Die Entwicklung dieses Gewahrseins nimmt im Allgemeinen ungefähr ein Jahr in Anspruch. Zweitens möchte ich gern, dass die Betreffenden über die nötigen Voraussetzungen verfügen, um dieses Gewahrsein auch in Alltagssituationen erfahren zu können; um es, mit anderen Worten, auch dann erfahren zu können, wenn sie nicht auf dem Meditationskissen sitzen. Und schließlich biete ich ihnen Methoden an, mit deren Hilfe sie ihre Achtsamkeit auf bestimmte Verhaltensweisen – ähnlich denjenigen, auf die sich die Regeln beziehen – richten können.

Falls Sie persönlich über keinerlei Erfahrung mit einer Meditationspraxis verfügen, schlage ich Ihnen vor, sich erst einmal an der Anleitung zu orientieren, die Sie am Ende des Buches (in dem Kapitel »Achtsamkeitspraxis – ein erster Leitfaden«) finden. Zu gegebener Zeit sollten Sie sich allerdings einen Lehrer suchen: jemanden, der Sie konkret bei Ihren Meditationserfahrungen begleitet.

Einführung

Ein Berg von schmutzigem Geschirr – Lektionen an der Küchenspüle

Während der Jahre, in denen mein Mann und ich unseren beruflichen Aktivitäten vom heimischen Arbeitszimmer aus nachgingen – er in seinem und ich in meinem Beruf –, trafen wir uns meist an der Küchenspüle. Nicht etwa, weil wir uns zum Rendezvous an Spüle und Wasserhahn verabredet hätten, sondern, weil sich dort das Geschirr sammelte, das jeder von uns im Lauf des Tages in Gebrauch gehabt hatte. Mein Arbeitszimmer war in der zweiten Etage unseres Hauses gelegen, seines im Souterrain, und die Küche in der Mitte. Ein gut Teil des Tages konnte verstreichen, und rein gar nichts schien darauf hinzuweisen, dass sich noch eine zweite Person im Haus aufhielt – abgesehen von jenen Dingen, die wir in der Küchenspüle hinterließen, nachdem wir beide uns zu verschiedenen Tageszeiten dort hinbegeben hatten, um uns einen Becher Tee oder eine Tasse Kaffee zu machen oder um rasch etwas zu essen.

Eines Tages bemerkte ich, dass jedes Mal, wenn ich in die Küche ging, ein oder zwei zusätzliche Teile aufgetaucht waren. Zunächst zerbrach ich mir darüber nicht weiter den Kopf. Im Lauf der Zeit musste ich jedoch feststellen, dass ich die Geschirrteile zu zählen und zwischen *seinem* und *meinem* Geschirr zu unterscheiden begann. Ein oder zwei Mal wusch ich während meiner Stippvisiten in der Küche ab: mein Geschirr. Seins ließ ich stehen. Und mit jedem Gang in die Küche fügte ich dem Abwasch in der Spüle einen weiteren Gedanken hinzu. So sammelten sich viele Gedanken über den Abwasch meines Mannes an; Gedanken über den Abwasch, den er offenbar in der Erwartung, ich würde ihn erledigen, einfach stehen ließ. »Was veranlasst ihn bloß zu der Annahme«, ging mir durch den Kopf, »ich könne die nötige Zeit dafür erübrigen, er hingegen nicht?« Die ganze Geschichte nahm immer größere Dimensionen an, und ehe ich michs recht versah, hatte sich in der Spüle weit mehr angehäuft als nur schmutziges Geschirr.

Bei einer Gelegenheit, ich wollte mir gerade eine Tasse Kaffee aufbrühen, tauchte mein Mann in der Küche auf. »Hallo«, sagte er.

Schweigen.

»Könntest du eine Tasse Kaffee für mich mitmachen?«

Schweigen.

»Könntest du ...?«

Die Schranktür knallt zu.

So ließ ich der Wut freien Lauf und einen bestürzten Ehemann vor einem Berg von Abwasch in der Küche stehen, während ich in Richtung Arbeitszimmer davonstapfte.

Eine Spüle voller Abwasch, Ärger beim Schlangestehen im Lebensmittelladen oder eine beliebige andere Alltagssituation, bei der wir mit unseren Mitmenschen aneinander geraten – ist das nicht ein bisschen zu gewöhnlich für ein Buch über die buddhistischen Regeln?

Doch gerade unsere Reaktionen auf scheinbar unbedeutende Situationen, mit denen wir im Alltag konfrontiert werden, finden ihre Ausprägung in unseren Weltanschauungen. Und sie bringen unser wahres Gesicht ans Licht. Schon ein banaler Zwischenfall wie die Erfahrung, die ich an der Küchenspüle gemacht habe, kann uns in Chaos und Verderben stürzen. Nur ein paar Sekunden, und man hat das Flämmchen einer eigentlich harmlosen Konfliktsituation zum Flächenbrand einer heftigen Auseinandersetzung angefacht. In der

Hitze des Gefechts werfen die Kontrahenten sich gegenseitig Beleidigungen an den Kopf, und alles scheint nur noch auf eines hinauszulaufen: einander zu verletzen und zu kränken. Mag sein, dass nach einiger Zeit, wenn sich die Aufregung wieder einigermaßen gelegt hat, nur noch ein gewisser Nachgeschmack von unseren wütenden Attacken zurückbleibt. Sobald die Wogen sich geglättet haben, könnte sich zum Beispiel unser schlechtes Gewissen regen. Traurigkeit und gekränkte Gefühle könnten hervorkommen. Der Gedanke, dass wir dergleichen nie wieder tun werden, taucht auf. Oder vielleicht haben wir uns, mit dem Wutausbruch einhergehend, besonders stark gefühlt und waren überzeugt, das Recht sei auf unserer Seite. Vielleicht gelingt es Ihnen, die Reaktion, die Sie an den Tag gelegt haben, den Umständen zuzuschreiben oder sie auf andere Personen zurückzuführen. Eine Kombination aus Schuldgefühlen und Vorwürfen an andere wäre ebenfalls denkbar.

Welcher Nachgeschmack, sei es Reue oder Wut, letztlich auch bleiben mag – Tatsache ist, dass schlicht und einfach durch die eine Reaktion die nächste hervorgerufen wurde und so weiter. Meine Reaktion auf die simple Bitte meines Mannes um eine Tasse Kaffee bestand also darin, abzudampfen und mich in die selbst gewählte Isolation meines Arbeitszimmers zurückzuziehen. Die Vorwürfe, die ich in meinen Gedanken gegen ihn gerichtet hatte, begannen sich nun jedoch gegen mich zu wenden. Aus: »Du setzt voraus, dass ich einen Teil meiner kostbaren Zeit dafür opfere, Geschirr zu spülen, das du schmutzig gemacht hast«, wurde: »Was bin ich bloß für ein Mensch, dass ich so denke? Ich tauge wirklich nicht viel, wenn ich nicht einmal das Geschirr spülen kann, ohne wütend zu werden oder mich ausgenützt zu fühlen.«

Ersetzen Sie meine Geschichte vom Abwasch ruhig durch eine noch nicht allzu lange zurückliegende Begebenheit aus Ihrem persönlichen Erfahrungsschatz – durch etwas, das Ihr

Gemüt in Wallung gebracht und bei Ihnen entsprechende, verbal oder in Form von Handlungen sich äußernde Reaktionen ausgelöst hat. Auf eines sollten Sie dabei allerdings achten: Welche Schritte haben Sie unternommen, nachdem die Wogen sich geglättet hatten?

Falls Sie sich nicht die Zeit gegönnt haben, gründlich zu hinterfragen, was während dieses Vorfalls in Ihnen vorgegangen ist, dann haben Sie sich – dessen dürfen Sie sicher sein – anschließend reaktiv verhalten. Offenbar müssen wir, um die Dinge klarer sehen zu können, erkennen, wann wir in reaktives Denken verfallen. Nur dadurch bleibt uns eine Chance, so zu handeln, dass unser Handeln den gerade vorliegenden Bedingungen so weitgehend wie möglich gerecht wird und sich in der gegebenen Situation als wirklich angebracht erweist.

Die Regeln können uns eine Hilfestellung bieten. Sie können ein Mittel sein, um die Wahrnehmungsfähigkeit für unser reaktives Denken zu schärfen – mit der Zielsetzung, dass wir nicht mehr nur uns selbst im Blick haben, sondern zugleich berücksichtigen, welche Auswirkungen unsere Handlungen und unsere Worte auf unsere Umgebung haben. Wir denken nicht mehr ausschließlich daran, was uns glücklich machen würde, sondern beziehen zugleich das Wohl der anderen mit ein.

Meine persönliche Geschichte

Die Zen-Praxis hat sich gewissermaßen hintenherum an mich herangeschlichen. Nach dem jähen Ende meiner Highschool-Zeit im Jahr 1959, im vorletzten Schuljahr vor meiner Abschlussprüfung, hatte ich wenig Sinn und Interesse für irgendetwas anderes, als mich um meine Babys zu kümmern, die im Abstand von 18 Monaten geboren wurden, und nach Möglichkeit zu verhindern, dass meine unglückliche Ehe in die Brüche ging. Die Begeisterung für östliche Religionen, die während der frühen sechziger Jahre in den Vereinigten Staaten zunehmend um sich griff, ging komplett an mir vorbei. Ich lebte damals in Cambridge, Massachusetts, bloß einen Steinwurf weit entfernt von der am Harvard Square aufblühenden Gegenkultur und vom Cambridge-Zen-Zentrum. Es hätte aber genauso gut irgendwo im hintersten Winkel einer verschlafenen Kleinstadt sein können. Tatsächlich hatte ich mein Leben lang noch kein einziges Buch von Anfang bis Ende durchgelesen, ganz zu schweigen von einem Zen-Buch! Meine kleine Welt beschränkte sich hauptsächlich auf Fernseh-Seifenopern, auf das Lesen von Groschenheftchen mit romantischen Liebesgeschichten, das Waschen von Windeln und gegen Ende des Monats auf das Herumrätseln, wie ich um Himmels willen bloß die nächste Miete aufbringen sollte.

Einige Jahre später, inzwischen war ich allein erziehende Mutter und mein Name für eine Weile in den Verzeichnissen der Wohlfahrtsorganisationen aufgetaucht, machte ich, um mich und meine Kinder über Wasser halten zu können, jeden erdenklichen Job ausfindig, den eine Highschool-Abbrecherin an Land ziehen konnte – als Fabrikarbeiterin, Animierdame, Barfrau. Meine Zukunftsperspektiven würden, wie ich mir leicht ausrechnen konnte, ziemlich düster bleiben, solange ich keine Ausbildung hatte. Also nahm ich einen neuen Anlauf und ging wieder zur Schule, in der Hoffnung, wenigstens meinen Highschool-Abschluss machen und daraufhin vielleicht eine ganz annehmbare Sekretärinnenstelle ergattern zu können. Dank Mister Sheldon Daly, einem Bostoner Anwalt, entwickelte sich jedoch alles ganz anders.

Eine Anstellung in Mister Dalys Kanzlei habe ich mir durch Angaben erschlichen, die nicht der Wahrheit entsprachen. Dem Kleinanzeigenteil der Zeitung war zu entnehmen, dass er eine Anwaltssekretärin suchte, die in der Lage sein sollte, einen geordneten Ablauf des Kanzleibetriebs zu gewährleisten. Obschon ich inzwischen an all den Lehrgängen teilgenommen hatte, die ich brauchte, um mein Highschool-Abschlusszeugnis zu bekommen, blieb doch meine Berufserfahrung als Bürokraft meilenweit hinter den in der Stellenausschreibung aufgeführten Anforderungen zurück. Nichtsdestoweniger verstand ich glaubhaft zu machen, dass es mir im Rahmen des Vorstellungsgesprächs leider nicht möglich gewesen sei, mein wirkliches Leistungsvermögen in puncto Maschinenschreiben und Stenographieren zu demonstrieren. Darüber hinaus händigte ich Mister Daly eine Telefonnummer aus, unter der man ihm bereitwillig über meine Qualifikationen Auskunft erteilen werde. Es war die Nummer einer Freundin, die sich bereit erklärt hatte, meine kleine Legende durch die entsprechenden »Informationen« abzusichern. Er schenkte meiner Geschichte Glauben und stellte mich ein.

Es dauerte nicht lange, bis er begriff, dass die Kanzlei angesichts der hoffnungslos überforderten Sekretärin binnen kurzer Zeit in eine heillose Lage geraten würde – und dass ich ihn, was meine Berufserfahrung und meine Fachkenntnisse anging, schlicht belogen hatte. Daraufhin ließ er mich eines Tages in seinem Büro Platz nehmen und sagte: »Wissen Sie, so läuft das nicht. Warum Sie mir auf meine Frage nach Ihren Qualifikationen hin falsche Tatsachen vorgegaukelt haben, will ich gar nicht wissen. Aber Folgendes möchte ich von Ihnen hören: Wie soll Ihr Leben, wenn es nach Ihren Wünschen geht, heute in fünf Jahren aussehen? Und was glauben Sie, welche Weichenstellungen Sie vornehmen müssen, damit diese Wünsche Wirklichkeit werden?«

Seine beiden Fragen machten mich sprachlos. Da erklärte er mir nicht bloß, ich könne *aus meinem Leben etwas machen*, sondern gab mir außerdem noch zu verstehen, dass es in

meinen Händen lag, darüber zu entscheiden, wie mein Leben künftig aussehen könnte.
Ganz besonders bemerkenswert finde ich aus heutiger Sicht den Umstand, dass Mister Dalys Blick weit über das hinausging, was andere Chefs als ihren Zuständigkeitsbereich ansehen. Er war mehr daran interessiert, mir auf die Beine zu helfen, als mich und mein Verhalten zu bewerten und zu beurteilen. Weil Mister Dalys Augenmerk nicht den Fehlern galt, die ich begangen hatte, stand sein Verhalten in Einklang mit dem, was ich als die Regel *Anderen auf gleicher Stufe begegnen* bezeichnet habe.[1] Durch die so eingeräumte Entscheidungsfreiheit erinnerte er mich zugleich sanft, aber unumwunden daran, dass ich aufgrund der mir zur Verfügung stehenden Handlungsalternativen selbst die Verantwortung dafür trug, wie ich mit Schwierigkeiten in meinem Leben umging. Und genau diese Verantwortung haben wir in jedem Augenblick. Das ist einer der Kerngedanken, die ich Ihnen bei Ihrer Lektüre dieses Buchs über die buddhistischen Regeln unterbreiten möchte.
Wie ein gutes Zen-Rätsel[2] hatten Mister Dalys Fragen bewirkt, dass all meine Gedanken um ihre Beantwortung kreisten. Dabei eröffneten sich meinem Denken gänzlich neue Perspektiven – Möglichkeiten, die ich mir in der Vergangenheit allenfalls erträumt hätte. Mein Wunsch sei es, verriet ich ihm bei unserer nächsten Begegnung, zu studieren und wahrscheinlich Lehrerin zu werden. Mehr brauchte ich gar nicht zu sagen. Schon griff er zum Telefon, stellte einige Kontakte her, und innerhalb von ein paar Monaten fand ich mich als Erstsemester-Studentin unter den Kommilitoninnen und Kommilitonen einer Abendschule wieder. Da Mister Daly so generös war, mir aus meinen betrügerischen Machenschaften keinen Strick zu drehen, entsprach sein Verhalten erneut der Regel *Anderen auf gleicher Stufe begegnen*. Erst später, nachdem ich begonnen hatte, Zen zu praktizieren, entdeckte ich,

dass ich, ohne es damals zu erkennen, bei dieser Gelegenheit erfahren durfte, welche Kraft den Regeln innewohnt.

Innerhalb von sieben Jahren vollzog sich in meinem Leben eine komplette Kehrtwendung. Ich hatte das Grundstudium und die höheren Fachsemester absolviert, meinen heutigen Mann geheiratet – was jetzt 35 Jahre her ist – und war damit beschäftigt, das Heranwachsen meiner pubertierenden Kinder zu begleiten. Auch über Zen war mir mittlerweile das eine oder andere zu Ohren gekommen. Denn inzwischen zählten die Buchläden am Harvard Square zu jenen Orten, an denen ich sehr gern und häufig verweilte. Allerdings hatte ich noch nie ein buddhistisches Buch gelesen, während mein Mann bereits begonnen hatte, sich ein wenig mit der Thematik vertraut zu machen.

Einmal ging ich spätabends unruhig und voller Sorge im Flur auf und ab, denn ich wartete auf die Heimkehr eines meiner Kinder. Während ich den Raum durchmaß, malte ich mir all die schrecklichen Dinge aus, die passiert sein könnten. Da zog ein Buch, das auf dem Tisch lag, weil mein Mann in letzter Zeit darin gelesen hatte, meine Aufmerksamkeit auf sich. Bloß um mich ein wenig von meiner Besorgnis abzulenken, schlug ich es auf und blätterte darin. Dann las ich Folgendes: »Genau genommen gibt es für ein menschliches Wesen keine andere Praxis als diese Praxis. Es gibt keine andere Lebensweise als diese Lebensweise.« Es waren Zeilen aus *Zen-Geist, Anfänger-Geist* von Suzuki Roshi.[3] Da war's wieder, denke ich heute, ein weiterer Wink, mir mein Leben gut anzuschauen.

Das mag den Eindruck hervorrufen, mein Weg habe mich nun unweigerlich ins nächstgelegene Zen-Zentrum geführt. Beileibe nicht. Die Lektionen des Lebens kamen nach wie vor eher von hinten an mich herangeschlichen. Damals hatte ich eine schöne Stelle als Englischlehrerin an der Highschool, einen wunderbaren Mann und Kinder. Alles, auf dessen Ver-

wirklichung ich hart hingearbeitet hatte, nahm Gestalt an. Dennoch schienen Fragen, die tief in mir ihr Dasein fristeten, unentwegt an mir zu nagen. Da gab es Dinge, die noch ihrer Lösung harrten, zum Beispiel die Beziehung zu meiner mir fremd gewordenen Mutter.
Das Interesse meines Mannes an Zen gab mir, nachdem wir in den späten siebziger Jahren nach Kalifornien gezogen waren, einen neuerlichen Anstoß. Dann stand ich eines Tages vor dem Berkeley-Zen-Zentrum. Als ich durch die Eingangstür in die Meditationshalle trat, spürte ich, dass ich in ein vergessenes Zuhause eingekehrt war. Mir kam es ganz natürlich vor. Es schien zu passen. Die Zen-Praxis hatte mich schließlich doch gepackt.
In den nächsten Jahren vertiefte ich mich in die Praxis des Zen. Ich meditierte morgens und abends, nahm möglichst oft an Retreats teil und las und studierte Texte. Im Rahmen einer Einweihungszeremonie, der so genannten Jukai-Zeremonie, empfing[4] ich die Gelübde zu den zehn Regeln. Laienpraktizierende können im Zen an dieser Zeremonie teilnehmen, sobald sie eine tiefere Verbundenheit mit der buddhistischen Praxis entwickelt haben. Folgende Regeln werde ich in den Kapiteln dieses Buches erläutern: *nicht töten, sich nicht in Wut gehen lassen, nicht stehlen, sich nicht eitlem Geschwätz hingeben, sich nicht über andere stellen und keine Rauschmittel zur Trübung der Achtsamkeit zu sich nehmen.*
Auf einer rationalen Ebene verstand ich die Lehren von Weisheit und Mitgefühl: Wir sollten bestrebt sein, das eigene Leben so zu führen, dass wir anderen kein Leid und keinen Schaden zufügen. Und bisweilen erlebte ich tatsächlich ganz intensive Momente von Offenheit und Frieden.
Trotz allem ließ mir das Gefühl, dass es mir an etwas Wesentlichem fehlte, weiterhin keine Ruhe. Nun hatte ich gelobt, mich an die Regeln zu halten, die uns auffordern, stets mitfühlend zu handeln, Wut loszulassen, anderen zu vergeben

und nicht über sie zu urteilen. Dennoch war ich nach wie vor außerstande, und sei es auch nur in Gedanken, diese Güte und diese versöhnliche Gesinnung im Umgang mit derjenigen Person an den Tag zu legen, die meine nächste Angehörige war – meiner Mutter. Ich konnte mich einfach nicht dazu bewegen, den Telefonhörer in die Hand zu nehmen und sie, die 5000 Kilometer von mir entfernt lebte, anzurufen. Die vier Jahre, in denen wir, statt miteinander zu reden, unsere Verärgerung, unsere Gekränktheit und unseren Groll hegten, hatten ihre Spuren hinterlassen: Mir grauste davor, ihre Stimme zu hören.

Bei der Einweihungszeremonie hatte ich gelobt, nicht wütend zu werden und an anderen nicht nur die Fehler wahrzunehmen. Dennoch waren diese Gelübde zunächst einmal nichts weiter als Worte, die mir gewissermaßen auf der Zunge kleben geblieben waren. Bis zu meinem Herzen waren sie jedenfalls noch nicht vorgedrungen.

Die eifrige Zen-Schülerin, die ich damals war, kam also nicht umhin, sich Folgendes einzugestehen: Zwar verhielt ich mich offen, großzügig und warmherzig, sofern es um Menschen und Dinge im Umkreis des Zen-Zentrums ging; zugleich aber war mein Herz auf eine elementare Weise verschlossen geblieben. »Mit welchem Recht darf ich denn«, fragte ich mich, »weiterhin so tun, als hielte ich mich an meine Gelübde, wenn ich dieser Funkstille zwischen meiner Mutter und mir nicht ins Auge schaue?«

Über die Ungerechtigkeit, die meine Mutter aus meiner Sicht beging, war ich so wütend, dass ich – entgegen dem, was die buddhistische Regel uns nahe legt – der Wut weiterhin ihren Lauf ließ. Dieses Gefühl nahm mich derart in Anspruch, dass ich nur noch Augen für die Fehler meiner Mutter hatte. Nun könnte man meinen, der nächste Schritt wäre es gewesen, den Hörer in die Hand zu nehmen, die Nummer meiner Mutter zu wählen und quer über den Kontinent, von Kalifornien

nach Boston, mit ihr in Verbindung zu treten. Ein schöner Gedanke. Doch die Wirklichkeit sah anders aus.
Tatsächlich hat es sich länger als ein Jahr hingezogen, bis ich mir schließlich ein Herz fasste und zumindest den ersten Schritt unternahm. Er bestand darin, das Geflecht aus jenen Annahmen und Überzeugungen zu entwirren, die der Wut und den Schuldgefühlen aus all diesen Jahren als Schlupfwinkel dienten. Und um die darunter verborgenen Schichten von Angst freizulegen, brauchte es anschließend noch weitere Jahre. Erst dann begann ich zu begreifen, dass die Regeln mehr beinhalten als nur das Gelöbnis, keine Handlungen zu begehen, Worte auszusprechen oder Gedanken zu hegen, die andere verletzen. Vielmehr waren sie der Anlass für mich, mich mit den essenziellen Fragen meines Alltags auseinander zu setzen – zum Beispiel mit der Frage, warum ich es nicht schaffte, meine Mutter anzurufen. Als mir das klar wurde, setzten die Regeln tief in meinem Innern etwas in Gang.
Die Meditationspraxis als Bestandteil unserer Alltagsbeziehungen aufzufassen ist heutzutage gang und gäbe. Doch dieses Verständnis macht das, womit wir dann letztlich konfrontiert werden, kein bisschen leichter. Wir müssen uns unseren hässlichen Seiten, unseren Dämonen, stellen; ebenso unseren Enttäuschungen. Und weder gibt es dafür eigens einen Ort noch einen Zeitpunkt. Solange wir aber ernsthaft und in dem aufrichtigen Bemühen praktizieren, der Wahrheit über unser Leben ins Auge zu blicken, wird uns früher oder später ein Licht aufgehen; und wir werden, womöglich mit einem Schaudern oder einem Seufzer, sagen: »Sieh da, hier bin ich an einer Weggabelung angelangt. Statt den Anruf bei meiner Mutter zu vermeiden, indem ich in gewohnt defensiver Manier mit der Situation umgehe, nehme ich mich wohl besser ein wenig zurück und sehe genau hin, ob es hier nicht doch vielleicht die eine oder andere Kleinigkeit hinzuzulernen gilt.«

Sobald wir versuchen, die eigenen Handlungen zu verstehen, beginnt sich etwas zu verändern. Zum Beispiel habe ich, was die Erfahrung mit meiner Mutter betrifft, über mehrere Monate immer wieder mal daran gedacht, Kontakt zu ihr aufzunehmen. Aber jedes Mal, wenn mir der Gedanke in den Sinn kam, stellte sich ein flaues Gefühl in der Magengegend ein, und meine Atemzüge wurden kürzer, woraufhin ich diese Möglichkeit schleunigst wieder verwarf.
Eines Morgens aber setzte ich mich ans Telefon, statt die Augen vor der Angst zu verschließen. Währenddessen gab ich mir den Freiraum, zu beobachten, was auch immer in mir emporkommen würde. Ich durchlebte furchtbare Angst, in anderen Momenten Wut, mitunter selbstgerechte Empörung und dann wieder eine tiefe Trauer. Dieses Ritual habe ich viele Male wiederholt. Jedes Mal, wenn ich vor dem Telefon saß, war ich einem tatsächlichen Verständnis der Regel *Ich begebe mich auf den Weg des Loslassens von Wut* ein kleines Stückchen näher gekommen.
Als ich mir dann diese Geschichte aus der Vergangenheit, die mich früher in die Rolle des Opfers versetzt hatte, wieder vor Augen führte, begriff ich: Dicht unter der aufbrandenden Erregung der Wut pochte der aufgeregte Herzschlag des angsterfüllten Kindes. Manchmal wollte ich am liebsten nichts mehr davon wissen und in die alte Leier – in die Rechtfertigung der Funkstille, die zwischen meiner Mutter und mir herrschte – zurückfallen. Dann wurde mir in Hinblick auf die Regel *Anderen auf gleicher Stufe begegnen* etwas klar: Vielleicht habe ich meiner Mutter nichts Schlechtes nachgesagt und bin auch nicht vor anderen über sie hergezogen; zweifellos aber zählte es zu meinen Angewohnheiten, ihr Vorwürfe zu machen oder an ihr herumzunörgeln.
Was ich erlebte, glich zunächst einer emotionalen Achterbahnfahrt, bis ich zu guter Letzt merkte, dass meine inneren Widerstände sich allmählich lösten. Diesem Ritual widmete

ich mich für die Dauer vieler Monate, ehe ich zum Schluss den Hörer in die Hand nahm und die Verbindung nach Boston wählte – 617...

Wofür ich auf meinem holperigen Weg Jahre gebraucht habe, wird, so fand ich später als Zen-Lehrerin heraus, durch die Arbeit mit den Regeln unmittelbar zugänglich: das Wissen, dass wir aus ganz gewöhnlichen Alltagsbegebenheiten und in solchen Situationen, denen wir am liebsten aus dem Weg gehen möchten, lernen können zu verstehen, was es bedeutet, sinnvoll zu handeln. Auf dieser Herangehensweise basiert die Arbeit mit meinen Zen-Schülern. Es gibt kein Richtmaß, kein Patentrezept, dem wir entnehmen könnten, wie wir handeln sollen. Es gibt keine Kalkulation, mittels deren sich bestimmen ließe, welches Vorgehen in der jeweiligen Situation das vorteilhafteste ist. Auf eines aber können wir uns verlassen: Unsere Chancen, so zu handeln, wie es der Situation am besten bekommt, steigen ganz beträchtlich, wenn wir lernen, in der Situation präsent zu sein, ohne uns in selbstbezogenes Denken zu verstricken.

In diesem Zusammenhang kann es hilfreich sein, durch die Arbeit mit den Regeln die Achtsamkeit zu schulen. Manchmal wird klar sein, welchen Weg Sie einzuschlagen haben, manches Mal nicht. Ist Letzteres der Fall, dann treffen Sie einfach die bestmögliche Entscheidung, und praktizieren Sie weiter: Arbeiten Sie mit den Resultaten.

Wir können in den Regeln also einen Schlüssel zur Selbstfindung sehen. Sie erschließen uns die Einsicht, dass unsere gewohnten und auf Gewohnheit zurückgehenden Denkmuster uns veranlassen, Dinge zu tun, die für uns selbst und andere nachteilig sind. Und wir können sie als Ratgeber betrachten, die uns zu verstehen geben, wann wir Gefahr laufen, Schaden anzurichten beziehungsweise Schaden zu nehmen. Durch die Offenheit der Fragestellung ermuntern und inspirieren sie uns, den Schleier zu lüften, der über unseren tiefsten Überzeugungen liegt – jenen Überzeugungen, die ausschlaggebend dafür sind, in welcher Weise und innerhalb welcher Grenzen wir wahrnehmen, wer wir sind.

Mit kristallener Klarheit führen die Regeln uns die Wahrheit vor Augen, dass das eigene Glück und Wohlergehen durch ein höchst komplexes Webmuster mit dem Glück und dem Wohlergehen der übrigen Wesen verknüpft ist. Wir können nicht eines ohne das andere haben. Unsere Handlungen sind, genau besehen und gründlich verstanden, unser Erbe, das wir in dem Augenblick, da wir sie ausführen, der Welt überantwortet haben.

TEIL EINS

1.

Was sind die Regeln?

Ursprünglich handelte es sich bei den buddhistischen Regeln um Ordensregeln, einen Verhaltenskodex für die Gemeinschaft der Mönche und Nonnen. Diese klösterliche Gemeinschaft hatte sich zusammengefunden, um kein von den Sinnen, Empfindungen, Emotionen und Gedanken beherrschtes Leben zu führen. Zu den Regeln gehörten sehr genaue Anweisungen für diejenigen Dinge, mit denen sie Tag für Tag konfrontiert waren – zum Beispiel sich nicht mit Geld und materiellen Werten abzugeben, bestimmte Arten von Nahrung nicht zu essen und Menschen des anderen Geschlechts nicht zu berühren. Diese Anweisungen sollten ihnen helfen, im klösterlichen Kontext ihrer Praxis nachzugehen. Als der Buddhismus später Laiengemeinschaften mit einbezog, wurden die Regeln weiter gefasst, damit sie auch für diejenigen gelten konnten, die sich einer nicht so strikten Form der Praxis unterzogen.

Die unterschiedlichsten Menschen können heutzutage die Regeln praktizieren; gleichgültig, ob sie als Fernfahrer einen Großteil ihres Lebens auf der Autobahn unterwegs sind, als Eltern Babywindeln wechseln oder eine Gefängnisstrafe absitzen. Sich in den Regeln zu üben betrachten einige Leute als einen Schritt, der sie darauf vorbereitet, praktizierender Buddhist zu werden. Andere übernehmen die Verpflichtung, sich an die Regeln zu halten, lediglich für die Dauer eines Meditations-Retreats.

Gemäß der Zen-Überlieferung empfängt man die Regeln in

einem feierlichen Rahmen – während der Jukai-Zeremonie. Durch sie erhalten die Schüler ihre Einweihung als buddhistische Laienpraktizierende. *Jukai* kommt aus dem Japanischen und bedeutet »die Regeln *empfangen*«. Die Form der Regeln spiegelt den Zeitpunkt, den Ort und die gegenwärtigen Umstände wider. Diese Form weist je nach Überlieferung geringfügige Unterschiede auf. Die Essenz der Regeln bleibt davon allerdings unberührt.

Ein Leuchtfeuer

Man kann sich eine Regel als Leuchtfeuer oder Signallicht, vorstellen – ähnlich dem Licht eines Leuchtturms, das die Seeleute vor dem Abdriften in gefährliche Gewässer warnt und sie auf Kurs hält. Das Leuchtfeuer kann uns den Weg weisen, aber auch zu Vorsicht mahnen: Gib Acht! Mach die Augen auf! Hör genau hin! Manchmal ändern wir den Kurs. Bei anderen Gelegenheiten wiederum, wenn wir an Land gehen müssen, lassen wir zumindest Vorsicht walten.

Nehmen wir einmal an, Sie hätten sich über geraume Zeit mit der Frage auseinander gesetzt, in wie vielfältiger Weise Sie sich etwas nehmen, was Ihnen nicht bereitwillig gegeben wurde. Und eines Tages, während Sie im Supermarkt in der Schlange stehen, bemerken Sie, dass auf dem Boden vor Ihren Füßen ein 20-Euro-Geldschein liegt. Während Sie sich vorbeugen, um ihn aufzuheben, denken Sie: Wie leicht könnte ich diesen Geldschein an mich nehmen, ohne dass es jemandem auffällt! Doch dann kommt Ihnen die Regel in den Sinn: *Ich begebe mich auf den Weg, nur das zu nehmen, was mir bereitwillig gegeben wurde*. Die Regel signalisiert Ihnen, dass Sie auf sich aufpassen sollten: Gib Acht! Mach die Augen auf! Hör hin!

Statt also den 20-Euro-Schein in der eigenen Tasche verschwinden zu lassen, beziehen Sie die vor Ihnen stehende

Person mit ein und fragen sie, ob ihr das Geld heruntergefallen sei. Vergleicht man Ihr jetziges Vorgehen mit dem zuvor beabsichtigten, so sehen und berücksichtigen Sie jetzt mehrere Aspekte: beispielsweise die Person, der die 20 Euro heruntergefallen sind, ihre Familienangehörigen oder Freunde und die anderen Menschen in der Schlange.

Die Regeln bieten uns ein Werkzeug an, mit dessen Hilfe wir uns von dem alles beherrschenden Einfluss der unablässig fließenden und sich wandelnde Gedanken, Gefühle und Sinneswahrnehmungen frei machen können. Sie geleiten uns durch unsere stärksten Begierden, durch Momente ärgster Furcht und größter Erfüllung. Und wie ein Spiegel zeigen sie uns dabei zugleich, wer wir sind. Sie lenken die Achtsamkeit auf die Höhen und Tiefen all der Erfahrungen, die wir körperlich und seelisch durchlaufen. Sie gleichen einer starken, aber mitfühlenden Hand auf unserer Schulter, die uns, indem sie auf den nicht enden wollenden Tanz von Ursache und Wirkung weist, zu verstehen hilft, dass keine Wirkung, kein Resultat, ganz von allein zustande kommt.

Der Apfel, den ich heute gegessen habe, konnte aus einem ins Kerngehäuse eingebetteten Samen entstehen, dessen genetische Struktur den Bauplan für den Apfel in sich birgt. Wenn der Samen mit dem Erdreich, dem Wasser und der Sonne eine Verbindung eingeht, nimmt *Apfel* Gestalt an – rund, rot, säuerlich und saftig. Und wie findet er dann seinen Weg in meinen Mund? Weil eine Hand ihn vom Baum gepflückt, ein Lastwagen ihn in den Supermarkt geschafft hat und so weiter und so fort. Sind wir überhaupt in der Lage, diese eine Ursache, die *eine* Wirkung hat, zu bestimmen?

Wir können nur sagen, dass jeder Samen die Anlagen zur Frucht in sich trägt. Oder um es mit den Worten von Ralph Waldo Emerson auszudrücken: »Der Zweck ist bereits in den Mitteln vorgegeben.«

Wir wären gut beraten, diese Zusammenhänge eingehend zu

bedenken, bevor wir uns zu irgendwelchen Schritten entschließen, die negative Konsequenzen nach sich ziehen. Kieselstein für Kieselstein, Felsblock für Felsblock können die Regeln, sofern wir sie angemessen einsetzen, die Mauern, durch die wir voneinander getrennt sind, zu Fall zu bringen. Und dann wird sichtbar, dass wir mit unseren Lieben auf ähnliche Weise verbunden sind wie mit unseren Feinden. Sie zeigen uns, dass wir nicht nur mit Mensch und Tier verbunden sind, sondern auch mit dem Grashalm unter unserem Fuß, dem mit herumschwimmenden Plastikflaschen befrachteten und durch Chemikalien belasteten Fluss und mit der heiklen Schwankung des ökologischen Gleichgewichts. Ebenso mit unserer politischen Führung, die uns erst in den Krieg, dann wieder aus dem Krieg führt und uns erklärt, wer die Freunde und wer die Feinde unserer Nation seien.

Die Regeln machen sichtbar, auf welche Weise wir in den Teufelskreis von Denken und Handeln geraten, in den Teufelskreis der Verursachung von Leid für uns selbst und für andere. Niemals sollten die Regeln uns Anlass geben, die eigenen Handlungen als Zeichen moralischer Schwäche zu betrachten – vielmehr als die Wurzel oder die Quelle von Leid.

Ein Hinweisschild über der Tür

Sie können sich eine Regel wie ein Hinweisschild über der Tür vorstellen, auf dem geschrieben steht: »Komm herein.«

Als ich, kurz nachdem ich aus der Küche mit der Spüle voller Abwasch hinausgestürmt war, stumm am Schreibtisch meines Arbeitszimmers saß, war auf dem Schild über meiner Tür zu lesen: *Ich begebe mich auf den Weg des Loslassens von Wut.* Das war eine Einladung, einzutreten und mich auf eine Entdeckungsreise zu begeben.

Das Schild »Komm herein« bezeichnet eine Stelle, an der wir

eintreten können, um von dort aus mit einer eingehenden Untersuchung unserer gewohnheitsmäßigen Denk-, Empfindungs- und Handlungsmuster zu beginnen. In unserem Alltag haben diese Muster starke Prägungen hinterlassen. Die Regel lädt uns ein hereinzukommen, damit wir in einer offenen und ehrlichen Begegnung mit unseren Handlungsintentionen Zugang erhalten zu einigen für uns besonders schwierigen Punkten. Sie fordert uns nicht auf, das eigene Verhalten zu rügen, sondern den Konsequenzen ohne Wenn und Aber ins Auge zu blicken, die unsere Handlungen für uns selbst und für andere haben.

Sich auf eine intensive Auseinandersetzung mit einer Regel einzulassen kann ein beängstigender Schritt sein. Daher werden wir uns womöglich alle erdenklichen Ausweichmanöver einfallen lassen. Doch jeder auch noch so kleine Schritt, den wir unternehmen, um uns selbst unverstellt zu begegnen, bringt uns weiter.

Sollten wir also beispielsweise herausfinden, dass wir in irgendeiner Angelegenheit gelogen haben, um einen Fehler zu kaschieren, der uns bei der Arbeit unterlaufen ist, oder dass wir nicht mit der Wahrheit herausgerückt sind, obwohl es möglich und nötig gewesen wäre, für Klarstellung zu sorgen, dann ruft uns die Regel *Ich begebe mich auf den Weg des wahrheitsgemäßen Sprechens* in Erinnerung, dass unser Zugangspunkt sich an dieser Stelle befindet. Durch diese Pforte müssen wir hindurch, wenn wir uns selbst wahrhaft kennen lernen und mit uns Frieden schließen wollen.

Ein Rätsel

In gewisser Weise sind die Regeln auch ein Rätsel, eine Verunsicherung stiftende Fragestellung, die sich einfachen Antworten verweigert. Etwa: Ist es stets ein Fehler, zu lügen?

Wie können wir leben, ohne zu töten? Und was soll geschehen, wenn die Regeln uns im Stich lassen und die Antwort nicht klar ist? In einem alten Zen-Rätsel wird mehr oder minder folgende Situation beschrieben:

Während Sie im Wald sitzen, sehen Sie einen Hasen vorbeiflitzen. Im nächsten Moment kommt ein Jäger auf Sie zu und will wissen, ob Sie einen Hasen gesehen haben. Wenn Sie die Frage mit »Ja« beantworten, tragen Sie mittelbar zum Tod des Hasen bei. Sagen Sie »Nein«, verstoßen Sie gegen die Regel, nicht zu lügen. Wie sollen Sie sich also verhalten? Die meisten von uns meinen, besser sei es, den Hasen zu retten und gegen die Wahrhaftigkeitsregel zu verstoßen. Doch was wollen Sie tun, wenn Sie sehen, dass hinter dem Jäger drei ausgehungerte Kinder hergehen? Wie würden Sie dann entscheiden?

Wie können wir solch ein Rätsel lösen? Wie lösen wir die Frage, wer dafür verantwortlich ist, den Berg von Geschirr, der sich in der Küchenspüle angesammelt hat, abzuwaschen? Hinter dem Rätsel verbirgt sich keine Fangfrage, und es soll uns auch keine Antwort entlocken, die unergründlich ist wie das Delphische Orakel. Vielmehr treibt es uns mit voller Absicht in die Enge, um unsere meist vorgefertigten Antworten auf die Frage, wann es richtig sei, dieses oder jenes zu tun, auf den Prüfstand zu stellen. So sorgt es dafür, dass die Verantwortung für unser Handeln wieder unmittelbar dort angesiedelt ist, wo sie hingehört – in unserer Fähigkeit, Geschehnisse und Situationen mit Klarheit und Intelligenz zu erfassen, um dann entsprechend zu reagieren.

Ich sollte, ich sollte nicht

Machen wir von den Regeln guten Gebrauch, dann erkennen wir, dass sie uns Entscheidungshilfen geben und dazu inspirieren, auf der Grundlage von klarer Einsicht zu handeln. Im Unterschied zu Geboten oder Vorschriften, anhand deren wir uns selbst bewerten und beurteilen, rütteln die buddhistischen Regeln uns auf, damit wir, wach und klar, die Realität jeder einzelnen Situation erfassen und angemessen handeln. Man könnte die Regeln auch als Schlüssel bezeichnen, die uns helfen, verborgene Kammern, die wir eigentlich gar nicht öffnen mögen, schließlich doch aufzusperren. Es sind Kammern, die das enthalten, womit wir nicht konfrontiert werden wollen, und Kammern, in denen unser größtes Potenzial schlummert. Die Regeln können uns auch darauf verweisen, jenen Moment, in dem die Dinge nicht so laufen, wie wir wollen, eingehend zu untersuchen. Ich sehe in den Regeln Hilfsmittel für die Orientierung nach innen, die unsere menschliche Befähigung zu Liebe, Anteilnahme, Aufrichtigkeit und Freude freisetzen und entfalten – Eigenschaften, die wir in unserem ganz gewöhnlichen Alltagsleben finden können. Die Regeln verweisen uns nicht auf etwas Abstraktes, das uns als Maßstab zur Bestimmung unseres Selbstwertgefühls dient, sondern sie verpflichten uns zu einem Handeln, das zum Vorschein bringt, wie viel Positives wir in gewöhnlichen Alltagssituationen, unsere Enttäuschungen inbegriffen, bewirken können.

Ferner rufen sie uns in Erinnerung, dass unsere Handlungen manchmal von ganz und gar eigennützigen Wünschen motiviert sind, häufig auf Kosten anderer. Vielfach ist es so, dass wir selbstbezogen denken und auch entsprechend handeln. Aber es nützt wenig, wenn wir uns deshalb Vorwürfe machen oder uns hassen. Von großem Nutzen kann es jedoch sein, wenn wir anerkennen, dass Irren menschlich ist, Weisheit und Mitgefühl indes nicht den Göttern vorbehalten bleiben.

Nun unternehmen wir einen ersten Schritt, um unseren inneren Widerständen auf die Schliche zu kommen und uns schließlich von ihnen zu lösen – von jenen Widerständen, die ein Handeln verhindern, das dem Gefühl wechselseitiger Verbundenheit entspringt. So zu handeln fällt selbstverständlich nicht immer ganz leicht. Daher suchen wir bei den Regeln als *menschlichen Grundwerten* Orientierung. Wenn wir die Verpflichtung übernehmen, diese menschlichen Werte zu ergründen und ihnen die Treue zu halten, kann dies unsere Erinnerung wach halten an etwas, das wir unter dem Einfluss von Angst oder Wut allzu leicht vergessen: dass jeder einzelne Schritt, den wir machen, Auswirkungen hat auf alles und jeden – uns selbst inbegriffen.

Die Regeln

- Ich begebe mich auf den Weg des wahrheitsgemäßen Sprechens.
- Ich begebe mich auf den Weg, von anderen in einer Offenheit zu sprechen, die für Entwicklungen Raum lässt.
- Ich begebe mich auf den Weg, anderen auf gleicher Stufe zu begegnen.
- Ich begebe mich auf den Weg der Entwicklung von geistiger Klarheit.
- Ich begebe mich auf den Weg, nur das zu nehmen, was mir bereitwillig gegeben wird, und bereitwillig alles zu geben, was ich kann.
- Ich begebe mich auf den Weg, sexuelle Intimität mit Respekt und von Herzen kommender Offenheit zu leben.
- Ich begebe mich auf den Weg des Loslassens von Wut.
- Ich begebe mich auf den Weg, das Leben zu unterstützen.

Wer von Ihnen mit den buddhistischen Regeln in der herkömmlichen Form vertraut ist, wird feststellen, dass Wortlaut und Reihenfolge hier ein wenig von dem abweichen, was Sie vermutlich erwartet haben.[5] Wenn Sie sich gern an eine gebräuchlichere Reihenfolge halten möchten, so gibt es von zeitgenössischen Lehrern viele ausgezeichnete Quellen dafür. Die in diesem Buch gewählte Anordnung deckt sich weitgehend mit der Reihenfolge, die meine Schüler in der überwiegenden Zahl der Fälle für sich herausgefunden haben. Da sich das Buch an eine breite Leserschaft wendet, mithin wahrscheinlich vielfach an Menschen, die noch keine Übung in der traditionellen Achtsamkeitsschulung haben und diesbezüglich auch keine Vorkenntnisse mitbringen, habe ich mich außerdem entschieden, von den zehn Unterlassungsregeln der Zen-Überlieferung lediglich acht zu erläutern. Auf die zwei verbleibenden Regeln – *Freiwillig materielle Unterstützung für den Dharma geben* und *Nicht mit Geringschätzung von den drei Kostbarkeiten sprechen* – komme ich, wie Sie bemerken werden, in Zusammenhang mit anderen Regeln mittelbar zu sprechen. Wenn Schüler bei mir persönlich lernen, die Regeln zu praktizieren, erstreckt sich dies auf alle zehn Zen-Regeln.

Das Gelöbnis aussprechen

Wir können auf unterschiedliche Weise zum Ausdruck bringen, dass es uns ernst ist mit der Absicht, unser Leben so zu führen, wie die Regeln es vorgeben. Über die Jahre, insbesondere aber beim Schreiben dieses Buches, hat mich die Frage beschäftigt, ob die Regeln besser im Sinn eines Verbots oder eines Bestrebens formuliert werden sollten.

Als Verbot

Im Sinn eines Verbots wird die Regel als Gelöbnis, sich einer bestimmten Handlung zu enthalten, formuliert: *»Ich gelobe,* nicht zu nehmen, was mir nicht bereitwillig gegeben wurde.« Oder: *»Ich begebe mich auf den Weg,* nicht zu nehmen, was mir nicht bereitwillig gegeben wurde.« In dieser Form bieten die Regeln den Vorzug, uns klare Eckpunkte für unser Verhalten vorzugeben. Sie sollen uns Halt vermitteln und uns gewissermaßen in der Spur halten, wenn die Gefahr droht, dass wir ins Schleudern – in Verwirrung – geraten könnten. Vor geraumer Zeit habe ich bei einem Einkauf mit meiner Kreditkarte bezahlt und bin anschließend, ohne dem Kassenzettel einen Blick zu schenken, aus dem Geschäft gegangen. Als ich dann auf halbem Weg um den Block doch auf die Quittung blickte, stellte ich fest, dass mir für einen Einkauf im Wert von siebzig Dollar lediglich sieben Dollar in Rechnung gestellt worden waren. Der Verkäuferin war ein schlichter Tippfehler unterlaufen, und infolgedessen fehlte die Null. Ungefähr fünf Sekunden lang konnte ich meinen Geist bei einem Freudentänzchen beobachten, während mir solche Gedanken in den Sinn kamen wie: »Oh, oh, ein Versehen. Aber eigentlich kann ich ja einfach weitergehen. Wer würde denn überhaupt etwas bemerken? Und ich hätte 63 Dollar eingespart.«

Dann meldete sich die Regel zu Wort: »Moment mal, wenn du das tätest, würde es bedeuten, zu nehmen, was dir nicht bereitwillig gegeben wurde. Du musst umkehren.« Genau das habe ich getan.

Die Richtung war klar vorgegeben und ließ nicht zu, dass ich einfach weiterging: *Du sollst nicht stehlen!*

Als Bestreben

Man kann die Regel auch in den Wortlaut eines Bestrebens fassen: *Ich begebe mich auf den Weg (ich gelobe), nur das zu nehmen, was mir bereitwillig gegeben wurde, und bereitwillig alles zu geben, was ich kann.* Dieses Mal steht nicht im Vordergrund, wovon wir uns enthalten wollen, sondern wonach wir streben. Im vorliegenden Buch habe ich mich für diese Fassung entschieden, da sie meiner Ansicht nach eher die Geisteshaltung zum Ausdruck bringt, in der ich mit den Regeln arbeite. Ich verstehe sie als Fingerzeig, der uns auf unsere natürliche Neigung, aus Anteilnahme und aus Liebe füreinander zu handeln, hinweist.

Außerdem halte ich es, wenn die Regeln in der Verbotsform formuliert werden, für wahrscheinlicher, dass wir uns in einer Weise auf sie stützen, als seien sie eine *äußere* Autorität, die uns bewertet und alles schriftlich festhält. Darüber hinaus heißt es, etwas Neues lasse sich am besten erlernen, indem man es schlicht und einfach tut. Ich will damit nicht sagen, unser Verhalten ändere sich einfach so, ohne dass uns einsichtig wird, was dahinter steht. Doch aus der Erfahrung, die wir machen – zum Beispiel, wenn wir alles, was wir geben können, bereitwillig geben –, lernen wir am meisten. Jedenfalls habe ich das für mich herausgefunden.

Nachdem meine Schüler sich für eine Weile mit einer bestimmten Regel eingehend auseinander gesetzt haben und sich in gewissem Maß über ihr eigenes Verhalten klar geworden sind, fassen sie die Regel in eigene Worte. Ein Schüler, der *nur nehmen, was mir bereitwillig gegeben wurde, und alles, was ich geben kann, bereitwillig geben* praktizierte, hat diese Regel daraufhin so formuliert:

Gelegentlich, wenn sich das Gefühl einstellt, ich hätte einen berechtigten Anspruch auf etwas, das andere entweder haben wollen, benötigen oder besitzen, beschließe ich, diesen harten Ball des rechtmäßigen Anspruchs, des Getrenntseins, bei mir zu behalten, damit ich spüren kann, wie er sich anfühlt, und bevor ich etwas unternehme, zunächst einmal so lange zu warten, bis ich mir über seine Beschaffenheit im Klaren bin.

Im Lauf der Jahre konnte ich Folgendes feststellen: Wenn ich diesen Prozess gemeinsam mit meinen Schülern durchlaufe und dabei selbst die Regeln wieder mit neuen Augen sehe, hat ihr Wortlaut – einhergehend mit meinem veränderten Verständnis der Rolle, die die Regeln in meiner persönlichen Erfahrung spielen – eine tiefer gehende Bedeutung für mich gewonnen.

Die Regeln ermutigen uns, es nicht beim bloßen *Mach das einfach nicht* bewenden zu lassen. Wir sind eingeladen, uns bereitwillig auf unsicheres Terrain vorzuwagen und uns selbst mit der Frage auseinander zu setzen, wie man in der jeweiligen Situation und unter den gegebenen Umständen am besten verfahren sollte. Sie geben Anleitung, uns Gedanken darüber zu machen, welche Voraussetzungen hier und jetzt vorliegen. Lügen ist mitunter das Beste, was man tun kann. Manchmal wiederum ist es besser, nicht zu lügen. Falls eine Lüge ganz eindeutig Unschuldigen das Leben retten kann, tun wir uns nicht sonderlich schwer, diese Entscheidung zu treffen. Aber wie steht es mit schwierigeren Fällen, bei denen wir in trüberen Gewässern fischen müssen und unserer Sache nicht so sicher sind?

Wenn wir uns auf den Weg begeben, erkennen wir an, dass Ungewissheit ein Bestandteil unseres Daseins ist. Und anschließend wenden wir uns einer ergebnisoffenen Überprüfung unserer Handlungsoptionen zu – jeden Augenblick, tagtäglich, Jahr für Jahr. Darum habe ich mich entschieden, die Regeln möglichst weitgehend im Sinn unseres Bestrebens zu formulieren – unter Bezugnahme auf die Stärke, die menschliche Wärme und die Klarheit, die zutage treten, wenn wir uns selbst von Grund auf kennen lernen.

Ich begebe mich auf den Weg: das Gelübde

Was bedeutet es, ein Gelübde abzulegen? Diesbezüglich könnten wir die unterschiedlichsten Vorstellungen haben. Ich verstehe darunter, dass jemand offen, ehrlich und verantwortungsbewusst sein will. *Absicht.* Darin liegt der Schlüssel zu einem Gelübde. Selbst wenn Sie persönlich keine Entscheidung für das formelle Gelübde treffen werden, macht es Sinn, ein bisschen darüber zu sprechen, was es heißt, eine derartige Verpflichtung einzugehen.
Kürzlich war ich zu einer Hochzeitsfeier eingeladen, bei der das Paar zugleich auch das Gelübde, die Regeln zu beachten, abgelegt hat. Einen jungen Mann, der nicht weit von mir entfernt stand, hörte ich sagen: »Um Himmels willen! Auf gar keinen Fall könnte ich mich je zu all diesen Dingen verpflichten!« Keine ungewöhnliche Reaktion. Das gilt auch für meine Schüler – selbst nachdem sie bereits beschlossen haben, die Regeln zu befolgen. Einigen von ihnen wird es bei der Vorstellung, ein Gelübde abzulegen, ein wenig mulmig. Vielleicht denken sie: »Und was, wenn ich es nicht halten kann?« Manchmal haben sie das Gefühl, dass ihnen andere dann allzu genau auf die Finger schauen werden, sobald sie mal ein Glas Wein trinken oder sich vor dem Fernseher entspannen, und dann fragen sie sich: »Werden die andern denken, dass ich das tue, um meine Achtsamkeit zu trüben?«
Gelübde bringen nicht viel, wenn wir sie als Messlatte für uns und andere benutzen und beispielsweise denken: »Ich

bin nicht solch eine Klatschtante wie X und darum ein besserer Mensch.« Gelübde können uns jedoch sehr wirkungsvoll dabei unterstützen, die Regeln als eine lebenslange Verpflichtung ernst zu nehmen. Wie eine durchgezogene doppelte Linie auf einer kurvigen Landstraße oder auch ein Zügel, der uns zurückhält, wenn unsere Gedanken mit uns durchzugehen und Unheil anzurichten drohen, können sie uns unsere Absicht, verantwortungsbewusst zu handeln, in Erinnerung rufen. Ob man dieses Buch also liest, weil man sich gerade darauf vorbereitet, bei einem qualifizierten Lehrer in Form der Jukai-Zeremonie die Gelübde zu den Regeln abzulegen, oder ob man sich lediglich in einem eher informellen Rahmen mit ihnen befassen möchte – in jedem Fall können die Regeln von großem Wert sein, wenn es darum geht, zu entdecken, wie wir uns in unser selbstbezogenes Denken verstricken.

Auch ein Vergleich des Gelöbnisses, die Regeln zu beachten, mit dem Jawort bei der Trauung ist nützlich. Ob bei den Regeln, bei anderen Formen spiritueller Praxis oder bei der Hochzeit – Gelöbnisse helfen uns, Verpflichtungen in Worte zu fassen. Sie dienen uns als Erinnerungsstützen, die uns immer wieder zu Bewusstheit ermahnen und dafür sorgen, dass wir für die eigenen Handlungen Verantwortung übernehmen. Aber genauso wenig wie das Jawort bei der Hochzeit sicherstellen kann, dass wir angesichts einer Spüle voller Abwasch nicht ein paar arge Schimpfworte vom Stapel lassen, genauso wenig können die Gelübde verhindern, dass wir zum Beispiel einen überzähligen Geldbetrag, den wir in einem Geschäft erhalten, weil sich die Verkäuferin verrechnet hat, in die eigene Tasche stecken.

Die Regeln enthalten keine Garantie, dass jeder Schaden von uns selbst und anderen abgewendet wird. Sie sind auch keine Rezeptur, die uns zu Vollkommenheit verhilft. Vielmehr bringen sie, ähnlich wie das Hochzeitsjawort, eine Verpflichtung zum Ausdruck. Und darüber hinaus den Wunsch, unser Bestes zu geben. Dieses Beste rücken wir manchmal nur zögernd heraus. Manchmal tut es uns sogar richtig weh, unser Bestes zu geben. Stets steht jedoch die feste Absicht dahinter, unseren Blick für das zu schärfen, was wir anderen antun, wenn wir darauf beharren, dass sie nach unserer Pfeife tanzen sollen.

Ein Gelöbnis ist keine Zukunftsprognose. Ein Paar vor dem Traualtar kann mit der Ehe viele Hoffnungen verknüpfen, aber wer vermag schon den Lauf der Dinge vorherzusagen? Wenn wir die Gelübde ablegen, wissen wir nicht, wohin sie uns noch führen werden. Wir wissen nicht, was sie über uns zutage fördern oder welche tief im Innersten gehegten schmerzlichen Überzeugungen sie uns womöglich entlocken, wenn nicht abringen, werden. In einem gewissen Sinn legen wir zugleich das Gelübde ab, dass wir gewillt sind, uns dem Unbekannten auszusetzen. Sobald wir uns auf den Weg der Regeln begeben, versprechen wir uns von ihnen eine Hilfestellung, wenn die innere Auseinandersetzung mit unseren wunden Punkten ansteht.

Gelöbnisse zeugen einfach davon, dass wir eine Verpflichtung eingehen und willens sind durchzuhalten. In einer Ehe, da gibt es hier und da einen Kuss, man isst zusammen, und gelegentlich streitet man sich ein wenig. Jeder Schritt, jeder neue Tag einer Beziehung ist selbst das Ziel und sorgt für den Fortbestand der Beziehung. Die unmittelbare Situationsbezogenheit, die durch das Gelöbnis hergestellt wird, hilft uns, unter allen erdenklichen Umständen, die das Leben uns vor die Nase setzt, offen und ehrlich zu sein. Ob für uns nun gerade ansteht, einen schwierigen Partner auszuhalten, in einem Job, der uns nicht passt, durchzuhalten oder einen alternden Elternteil zu betreuen – die innere Verpflichtung kann das zarte Band sein, das uns zum Durchhalten befähigt. Und wenn wir uns nicht geschlagen geben, sondern unsere

Achtsamkeit nach besten Kräften schulen, können wir etwas überaus Kostbares lernen.
Wenn wir uns auf den Weg begeben, heißt das dann, dass wir niemals einen eifersüchtigen Gedanken haben, uns nie unseren Phantasien hingeben und kein bisschen kreativ mit der Wahrheit umgehen sollten? Weit gefehlt. Es bedeutet einfach, dass wir all diese Dinge als unseren Lehrer ansehen sollten – als jemanden, der uns zu erkennen hilft, was es wirklich heißt, ein froher, liebevoller, offener Mensch zu sein.

2

Das Selbst – ein Traum

Gefangen im Traum von einem Selbst – nichts als Leid.
Festhalten an selbstbezogenen Gedanken – genau der Traum.
Jeder Augenblick, Leben wie es ist – der einzige Lehrmeister.
Einfach dieser Augenblick sein – der Weg des Mitgefühls.

»Leitsätze für die Praxis«, rezitiert in der Ordinary-Mind-Zen-Schule

In unserem Zen-Zentrum beschließen wir jede Meditationssitzung mit einer gemeinsamen Rezitation dieser Zeilen. Sie sollen uns in Erinnerung rufen, dass wir in dem Traum von einem Selbst gefangen sind, sobald wir uns in unsere gewohnheitsmäßigen Muster, in unsere Überzeugungen und ungeprüften Annahmen verstricken. Mit anderen Worten: Das Selbst, oder Ich, ist nichts weiter als unsere Annahmen und Überzeugungen. Dieser kurze Rezitationstext will keine Wertung vornehmen, sondern uns nur daran erinnern, dass wir uns und anderen mit großer Wahrscheinlichkeit Leid zufügen, wenn wir in dieser selbstbezogenen Weise leben. Doch wir können uns aus dem Traum aufwecken. Wir brauchen lediglich auf die Weckrufe zu hören, die von den ganz gewöhnlichen Alltagsbegebenheiten an uns ergehen. Und so, im Geist dieses Aufwachens, begeben wir uns auf den Weg der Regeln.

Die Regeln – ein Fingerzeig auf unsere wechselseitige Verbundenheit

Die buddhistischen Lehren rufen uns in Erinnerung, woraus alles Leben hervorgegangen ist und auch weiterhin wächst: aus einem unermesslichen und unergründlichen, reinen, klaren, leeren Geist, oder Dharma. Er ist beständig, unaussprechlich, unerreichbar, makellos, ohne Selbst, einheitlich, undifferenziert. Und zugleich ist dieser alles durchdringende Geist erfüllt. Er ist voller Möglichkeiten, erfüllt von Potenzialen.[6] Dharma ist der unnennbare Quell für alles Leben und alles Lebendige – Sie, ich, Bäume, Flüsse, Felsen, Bücher, Käfer, Atome, Träume und Wünsche, Weinen und Lachen –, für die gesamte Welt unseres Alltags. Dharma umfasst zugleich Vernichtung und Tötung, Sprechen und Lügen, Erwerben und Stehlen. Dharma beinhaltet auch Fehler und Schwächen, üble Nachrede, egozentrische Wut, Meinungsverschiedenheit und Herabsetzung. Doch Dharma ist noch mehr: die wechselseitige Bedingtheit, oder Abhängigkeit, sämtlicher Phänomene. Nichts kommt von allein zustande. Dharma ist das, was Henry David Thoreau als »die unendliche Ausdehnung unserer Beziehungen« bezeichnet.

Indras Netz

Um die Welt zu beschreiben, greift eine Metapher aus dem alten buddhistischen *Avatamsaka-Sutra* auf die Vorstellung von einem ungeheuerlich großen Netz zurück. Es erstreckt sich unendlich weit in alle Richtungen und schützt und fördert jegliches Leben ohne irgendeine Ausnahme. In jeden Knotenpunkt des Netzes eingebunden ist ein glitzernder Edelstein mit spiegelnden Facetten. Da der Edelstein viele Facetten hat, spiegelt jeder Edelstein im Netz jeden anderen

Edelstein wider – ein unermesslich großes Netzwerk wechselseitig sich tragender und unterstützender Existenz.
Die unzähligen Edelsteine in einem Netz dieser Größenordnung vermag man sich kaum vorzustellen, geschweige denn die unendlich große Anzahl von Reflexionen auf jeder der funkelnden Kostbarkeiten. Kein Edelstein existiert ohne die anderen Edelsteine. Kein Edelstein steht für sich. Alle sind sie auf die Gegenwart der anderen angewiesen. Wenn einer sichtbar wird, werden alle sichtbar. Erscheint hingegen einer nicht, dann erscheint keiner. Würde man einen beliebigen Edelstein mit einem schwarzen Punkt markieren, würde dieser Punkt auf sämtlichen Steinen auftauchen.
Indras Netz, eine Metapher von unwiderstehlicher Anziehungskraft, veranschaulicht die unaufhörliche und ungehinderte wechselseitige Durchdringung und gegenseitige Abhängigkeit allen Daseins. Jede Handlung, jedes Wort, jeder Gedanke – unsere Erinnerungen, Wünsche, Befürchtungen, Triebe und Frustrationen, unsere Freude, unser innerer Frieden, unser Wohlbefinden – ziehen ihre Kreise und haben Auswirkungen auf die ganze Welt. Niemand und kein Ding bleibt von dieser wechselseitigen Resonanz und allumfassenden Beziehung ausgenommen.
Der vietnamesische Zen-Meister Thich Nhat Hanh erinnert uns daran: Nicht nur tragen wir unsere persönlichen Freuden und Sorgen im Herzen, sondern auch all jene Freuden und Sorgen, die die Gesellschaft ausmachen. Wenn Sie zum eigenen Wohl handeln, bewirken Sie das Wohlergehen der Welt. Handeln Sie hingegen zum eigenen Schaden, dann schaden Sie der Welt.
Was dürfen wir uns also unter *Dharma* vorstellen? Dharma bezeichnet die grundlegende, für alles Dasein maßgebende Gesetzmäßigkeit von der Einheit allen Lebens und der Teilhabe sämtlicher Dinge und Geschehnisse an dieser unteilbaren Ganzheit. Sich an die Dharma-Lehre zu halten bedeutet, so

zu handeln, dass dieses Handeln in Einklang steht mit der Aufeinanderbezogenheit aller Dinge: Aus jeder Handlung resultiert eine Wirkung, und in einem unendlichen Netzwerk des Lebens wird jede Wirkung zu einer Ursache. In *Ethik des Zen* beschreibt der Zen-Meister Robert Aitken dieses Aufeinanderbezogensein folgendermaßen:

> Als Möglichkeiten, die der essenziellen Natur innewohnen, erhalten Sie und ich unser Dasein – allein und unabhängig wie Sterne, während zugleich in uns sämtliche Dinge sich widerspiegeln, und wir uns in ihnen. Mein Leben und Ihres sind die sich entfaltende Verwirklichung von völliger Sonderheit und innigster Verbundenheit.[7]

Das soll allerdings nicht bedeuten, dass es Ihnen, mir, unseren Mitmenschen unten auf der Straße und den Menschen überall auf der Welt an individueller Persönlichkeit fehlt. Aus den individuellen Unterschieden geht die ganze Vielgestaltigkeit des Daseins hervor. Das steht außer Frage. Wir Menschen weisen zwar zu 99 Prozent die gleichen Gene auf, doch das verbleibende eine Prozent reicht für die individuellen Unterschiede, die unter dem Einfluss von Erbgut, Kultur, Gesellschaft, Erziehung und so weiter ihre spezifische Ausprägung erhalten. Einerseits sind wir Individuen, andererseits sind wir aber lediglich Teil eines größeren Zusammenhangs, und keineswegs das Ganze – das Selbst ist völlig eigenständig, gleichwohl existiert es nur in Resonanz mit jedem anderen irgendwo existierenden Selbst.[8]
Dieser Satz erinnert uns an eine für die Praxis der Regeln kennzeichnende Paradoxie: Obschon die Regeln von uns verlangen, auf unsere persönlichen Gedanken, Worte und Handlungen zu achten und sie zu hinterfragen, können wir doch zugleich aus unserer Resonanz mit anderen und aus der von ihnen kommenden Resonanz, aus ihren Rückmeldungen, ler-

nen. Wirklich kennen können wir einzig und allein uns selbst. Nichtsdestoweniger brauchen wir die anderen, um herauszufinden, wer wir gemäß der Vorstellung, die wir selbst von uns haben, eigentlich sind.

Das Selbst studieren

Nach Aussage von Zen-Meister Dogen, der im dreizehnten Jahrhundert gelebt hat, besteht der Weg zu Freiheit und Freude darin, uns selbst vollständig kennen zu lernen: »Das Selbst studieren heißt, das Selbst zu vergessen, und das Selbst vergessen heißt, mit allen Wesen eins zu werden.«[9] Meister Dogens Unterweisung hilft mir, mich daran zu erinnern, dass ich, um meine Verbindung zu jeglichem Leben zu erkennen – oder eigentlich: zu erfahren –, zunächst einmal über die Grenzen meiner persönlichen Identität hinausblicken muss. »Das Selbst vergessen« bedeutet nicht, dass wir unsere individuellen Stärken, Schwächen und Vorlieben vergessen. Es bedeutet nicht, dass Vanilleeis nicht länger meine bevorzugte Eissorte ist oder dass ich mich über meine Höhenangst hinwegsetzen kann. Vielmehr besagt es: *Das* bin ich; doch *nicht nur das.* Wenn wir die Regeln empfangen, geschieht das nicht, wie man annehmen könnte, allein in der Absicht, das eigene Verhalten besser kennen zu lernen, sondern damit wir, wie Meister Dogen es anklingen lässt, in der Lage sind herauszufinden, wer wir wirklich sind.
Erkundet zum Beispiel eine Schülerin die Regel *Ich begebe mich auf den Weg, sexuelle Intimität mit Respekt und von Herzen kommender Offenheit zu leben,* dann muss sie zunächst einmal ausfindig machen, was eigentlich sexuelle Intimität für sie bedeutet. Oder arbeitet sie mit der Regel *Ich begebe mich auf den Weg, nur das zu nehmen, was mir bereitwillig gegeben wurde, und bereitwillig alles zu geben, was ich*

kann, dann gilt es zunächst einmal herauszufinden, wo sie für sich einen Mangel sieht.
Wer die Merkmale und die Konturen seiner persönlichen Identität erfassen möchte, muss nicht in detektivischer Kleinarbeit ein schwer zu ergründendes Geheimnis lüften. Wir brauchen uns lediglich auf eine offene und ehrliche Weise genau anzusehen, wie wir handeln. Einen besseren Lehrer werden wir schwerlich finden.

3

In der Schwebe

Das Trapez

Die augenscheinlich ganz unangestrengt und unbefangen in schwindelnder Höhe hin- und herschwingenden Trapezkünstler stellen unter all den Artisten, die in einem Zirkus auftreten, für mich persönlich die größte Attraktion dar. Mit ihrem Trapez schwingen sie sich in einer weit ausholenden Pendelbewegung auf, lassen anschließend die Stange auf halbem Weg los, wirbeln in einer halben, einer einfachen oder einer doppelten Umdrehung durch die Luft und greifen, ohne dass es sie Mühe oder auch nur einen Gedanken zu kosten scheint, nach der anderen Trapezstange, die just in diesem Moment, fast wie von Zauberhand geführt, griffbereit vor ihren Fingerspitzen auftaucht. Vielfach wird die Trapeznummer auch noch ohne Absicherung ausgeführt, ohne jenes Sicherheitsnetz, das die Artisten im Fall eines Sturzes abfangen könnte.

Ich bewundere, welchen Mut und welche Geschicklichkeit sie an den Tag legen, um etwas vorzuführen, das dem Auge dann als geradezu spielerisch leicht anmutender Übergang von einer Trapezstange zur anderen erscheint. Ganz ähnlich geht es bei uns im Leben zu: Kommen die Bedingungen dafür zusammen und geschehen die entsprechenden Dinge, dann legen auch wir mit Schwung los.

Vor ein paar Jahren habe ich in einer Zeitschrift ein Interview mit einer jungen Frau gelesen, die als Mitglied einer

Trapezkünstler-Familie im Zirkus auftrat. Der Interviewer meinte, sie müsse über ganz beträchtliche Kraft verfügen, um einen kontrollierten Ablauf der Trapezschwünge sicherzustellen. Doch die junge Artistin erwiderte: »Große physische Kraft braucht man nicht unbedingt. ... Manchmal, falls dir ein Fehler unterläuft, kann sie allerdings Gold wert sein. Wer auf die eigene Kraft setzt, macht jedoch etwas falsch. Beim Trapez kommt es lediglich auf das richtige Timing an. Du lässt einfach das Trapez die Arbeit für dich erledigen.«[10]

Die von der jungen Frau aufgestellte Gleichung möchte ich um eine zusätzliche Größe erweitern – das Gewahrsein der vielfältigen Bedingungen. Wenn man es sich recht überlegt, spielen bei einem Trapezschwung eine Vielzahl von Variablen eine Rolle: zum Beispiel Luftbewegungen oder die Hitze, das Scheinwerferlicht und die so genannte Tagesform, mit anderen Worten, die körperliche Verfassung und das Konzentrationsvermögen der Artistin am betreffenden Tag. Eine wirbelnde Körperdrehung in der Luft, die sich heute noch durch einen brillant ausgeführten Bewegungsablauf auszeichnet, könnte morgen schon einen fatalen Fehler beinhalten. Alles hängt davon ab, welche Voraussetzungen im gegebenen Moment vorliegen. Und diese Voraussetzungen ändern sich von Schwung zu Schwung.

Der Totpunkt

Der wichtigste Teil einer Trapeznummer, erzählte die Artistin weiter, sei etwas, was man als den Totpunkt[11] bezeichne. Erreicht werde der Totpunkt »am Ende der Pendelbewegung ..., nachdem die Trapezstange aufgehört hat, in die eine Richtung zu schwingen, und bevor die Gegenbewegung einsetzt. Das Gleiche geschieht, wenn die Schaukel auf einem Kinderspielplatz den höchsten Punkt erreicht hat. Nun kommt es nur noch darauf an, die Umkehr der Bewegungsrichtung zu nutzen.« Das sei, erklärte sie, der Geburtsmoment für das nächste kleine Kunststück.

Offenbar gebe es, merkte der Journalist an, zwischen der Ausführung von Trapezschwüngen und unserem Alltag manche Gemeinsamkeit: »Alles hängt vom richtigen Zeitpunkt ab. Im Leben«, stellte er weiter fest, »tun wir uns allerdings schwer, wenn es darum geht, still sitzen zu bleiben und so lange zu warten, bis wir klar erkennen können, dass der richtige Zeitpunkt gekommen ist. ... Denn das Leben hält uns auf Trab, und innerhalb einer absehbaren oder nicht absehbaren Zeitspanne treten Veränderungen ein. Daraufhin bewegt sich das Pendel dann tatsächlich in die Gegenrichtung. Und dagegen kann man beim besten Willen nichts ausrichten. Allenfalls kann man es sich zunutze machen.«

Dieser Trapeznummer habe ich meinerseits die eine oder andere Drehung hinzugefügt, aus dem eigenen Repertoire sozusagen. In diesem Sinn möchte ich die ganze Metaphorik gern noch ein wenig entfalten und in den Gedankengang des Interviews einen weiteren Aspekt der Trapezakrobatik einfügen – das Loslassen zwischen den beiden Trapezstangen. Ich stelle mir den Totpunkt als diejenige Stelle zwischen den Schwungbewegungen vor, an welcher die Artistin schlicht an Punkt null in Wartestellung verweilt, ehe ihre Hand nach der nächsten Stange greift. Das ist der Moment des Nichthandelns und Nichtwissens. In unserem Leben gibt es Totpunkte jeglicher Art.

Unsere Totpunkte können vielerlei Erscheinungsformen annehmen. Zum Beispiel der Augenblick, an dem in unserem Leben eine größere Zäsur zu verzeichnen ist – Veränderungen in einer festen Beziehung beispielsweise oder eine berufliche Veränderung. Erreicht werden kann dieser Punkt auch in Zusammenhang mit dem Verlust eines lieben Menschen. Oder wenn wir angesichts beruflicher Alternativen unschlüssig sind, für welche wir uns entscheiden sollen.

Worum es auch gehen mag, wie schwerwiegend oder unwichtig die Angelegenheit uns erscheint – am Totpunkt sind wir in dem Moment angelangt, in dem wir nicht wie gewohnt nach den Trapezstangen greifen beziehungsweise uns an ihnen festhalten können. Vielleicht haben wir sie notgedrungen losgelassen, oder aber wir haben uns absichtlich in einen frei schwebenden Zwischenzustand begeben. Wenn es sein muss, hilft das Leben nach, löst unsere Finger unerbittlich von der Stange, und wir befinden uns, selbst wenn wir noch so sehr versucht haben, das zu vermeiden, in der Schwebe – jenem Zwischenzustand, in dem wir nicht wissen, was als Nächstes geschieht.

Nehmen wir einmal an, Sie hätten ein medizinisches Problem, müssten jedoch wochenlang auf die Auswertung einer speziellen Untersuchung warten. Gut möglich, dass Sie sich während dieser Zeit inmitten einer Totpunkt-Erfahrung wiederfinden, weil Sie nicht wissen, auf was Sie sich gefasst machen müssen. Es könnte sich durchaus um ein weniger gravierendes Problem handeln, von dem keine wirkliche Bedrohung ausgeht, so dass mehr oder minder alles beim Alten bleibt. Allerdings könnte es sich auch um eine lebensgefährliche Erkrankung handeln, gegebenenfalls mit tödlichem Ausgang.

Mehrere Tage lang greifen Sie erst nach der einen, dann nach der anderen Stange: *Ich werde sterben.* Oder: *Ich werde überleben.* Gewöhnlich reagieren wir auf eine derartige Situation so, dass wir nach allem greifen, was uns einen leichteren Umgang mit ihr ermöglicht, und das geschieht, je nach unserem Abwehrsystem, auf unterschiedliche Art und Weise: Manche Menschen werden vom denkbar schlimmsten Fall ausgehen, andere nehmen nur das Beste an, wieder andere trüben ihr Bewusstsein.

Wenn ich Menschen bei ihrer intensiven Auseinandersetzung

mit den Regeln begleite, frage ich mich gelegentlich, wie die Welt wohl aussehen würde, wenn jeder von uns wenigstens für einen Moment im Totpunkt verweilen könnte. Um ihn zu erkennen, brauchen wir kein Trapezkünstler zu sein. Wenn alles gut läuft, werden wir uns irgendwann, früher oder später, darüber im Klaren sein, dass wir uns frei schwebend zwischen den beiden Stangen befinden. Allerdings ist das der Ort, an dem wir uns am allerwenigsten aufhalten möchten. Sofern wir den Totpunkt jedoch intelligent nutzen, kann er der Schlüssel zu einem Verständnis unserer reaktiven Verhaltensmuster sein, die den Traum von einem Selbst wie ein schützender Kokon umgeben. Wir können lernen, wie wir innerhalb dieses Sekundenbruchteils agieren, wenn entweder noch keine neue Stange, nach der wir greifen könnten, in Reichweite ist oder wir mit unseren »bewährten« Lieblingsstrategien nicht mehr weiterkommen. Dann haben wir die Gelegenheit, uns selbst in einer Situation großer Offenheit kennen zu lernen: Was auch immer das Leben uns bringen mag, wir sind offen dafür.

Einfach das

Wenn wir im Totpunkt, diesem Moment des Nichthandelns, innehalten, bevor wir reagieren, und sei es auch nur für den allerwinzigsten Augenblick, dann gehen wir durch die Tür mit dem Schild »Komm herein« und begegnen dem Leben so, wie es ist – in diesem Moment. *Einfach das.* Aus diesem Moment von *Einfach das* gewinnt die Trapezartistin die größte Kraft und Kreativität. Und wir finden in ihm jene Kraft und Kreativität, durch die wir uns von den gewohnten Denkweisen, emotionalen Prägungen, Körperstrukturen und Energien, die sonst unsere Reaktionen in Gang halten und steuern, frei machen können.

Ein Beispiel: Wenn uns jemand beleidigt, sind wir, weil wir uns durch unsere Praxis darin geübt haben, rascher in der Lage, uns bewusst mit unserer Erfahrung auseinander zu setzen – mit Gedanken wie: »Was glaubt sie wohl, wer sie überhaupt ist, dass sie so mit mir redet?« Nun, was können wir tun angesichts der Anspannung in den Schultern und im Nacken, angesichts der Erregung, die uns die Röte ins Gesicht schießen lässt, angesichts der Worte, die unsere Empörung zum Ausdruck bringen wollen? Wir atmen.

Einfach das bedeutet genau, was wir darunter verstehen – augenblicklich gibt es nur das. Ein Lehrer hat gesagt: »Wo immer du hingehst, da bist du.« Das ist der Kerngehalt, die Essenz, unserer Achtsamkeitspraxis. Sie soll uns den Anstoß geben, die Voraussetzungen zu hinterfragen, auf denen unsere Vorstellungen von der Beschaffenheit der Welt beruhen. Und das bringt uns zu der Einsicht, dass jede Annahme, die Welt mit all ihren Phänomenen – den Lebewesen also, den Dingen und Geschehnissen – sei von dauerhafter Natur. Genau das ist: eine Annahme. Wahrheit kann man letztlich nur als *Einfach das* ausdrücken.

Anhand der in den folgenden Kapiteln erläuterten Regeln werden Sie lernen, wie man sich auf diesen Prozess einlässt. Und Sie werden *Einfach das* selbst erfahren. Nach und nach werden Sie vielleicht feststellen, dass Sie, zwischen dem gewohnten reaktiven Hin- und Herschaukeln, tatsächlich für längere Zeiträume am Ort des Nichthandelns verweilen können. Mit anderen Worten: Angesichts der Angst und der Sorgen, die für Sie damit verbunden sind, nicht zu wissen, was beispielsweise die Auswertung der medizinischen Untersuchungen ergeben wird, werden Sie achtsamer und ruhiger sein. Während wir den in unserem Kopf umherschwirrenden Gedanken, in denen wir uns ausmalen, was alles sein könnte, und der Empfindung, uns drehe sich der Magen um, zusehen und zuhören, öffnen wir uns voll und ganz der Erfahrung,

die wir in diesem Augenblick unseres Lebens machen. Einfach so, wie sie jetzt, im gegenwärtigen Augenblick, ist.
Die Regeln können ein nützliches Hilfsmittel für uns sein, wenn es darum geht, unseren Weg in den Totpunkt zu finden und in *Einfach das* zu ruhen. Ein Beispiel: Wenn wir mit ein paar Freundinnen beziehungsweise Freunden ausgehen und der Name einer Person ins Gespräch gebracht wird, um über sie herzuziehen, geht für uns das Leuchtfeuer an, unser Signallicht. Und bevor wir uns an der Unterhaltung beteiligen, räumen wir uns selbst die Möglichkeit ein, den Moment vor der Reaktion bewusst zu erleben. Mag sein, dass wir ein Aufwallen von physischen Empfindungen spüren, sobald sich in uns das Verlangen regt, unseren Teil zu dem ganzen Gerede beizusteuern; zumal wenn wir eine starke Abneigung gegen die betreffende Person haben. Doch wir atmen weiter, sehen und hören hin.
In diesem Moment des Nichthandelns, einem Moment vollständiger Achtsamkeit, in dem wir ganz und gar präsent sind in unseren Gefühlen und Körperwahrnehmungen, machen wir uns die Regeln zunutze, und zwar auf eine besonders heilsame und fruchtbare Weise. Wenn wir nicht den Versuch unternehmen, der eigenen Erfahrung zu entrinnen, tritt die Notwendigkeit zu reagieren ganz allmählich in den Hintergrund. Häufig beginnen wir stattdessen, so zu handeln, dass wir den Erfordernissen der augenblicklichen Situation besonders gut gerecht werden. Wir sind empfänglich für die Umstände, »schwingen mit«, statt zu reagieren. Wir tun das, was dem Leben am meisten zugute kommt.
Was aber sollen wir machen, wenn jemand in unserer Gegenwart über andere herzieht? Was sollen wir machen, wenn uns gerade jemand beschimpft und beleidigt hat? Was sollen wir machen, wenn bei uns selbst eine Emotion eigentlich einen Dämpfer bräuchte? Was sollen wir machen, wenn ein Gedanke oder eine Emotion uns zu Reaktionen zu verleiten droht,

die schließlich verletzend sein könnten? Kurzfristige Strategien gibt es nicht, aber wir können uns, wenn wir mit Menschen zusammen sind, die über jemand anderen herziehen wollen, vielleicht unter einem Vorwand entfernen oder das Gesprächsthema wechseln. Wir können, bevor wir auf die beleidigende E-Mail antworten, bis zehn zählen oder erst mal spazieren gehen.

Wahrscheinlich können wir mit Hilfe solch kleiner Kunstgriffe eine unbesonnene Reaktion vermeiden. Eine wirkliche Transformation, ein Abbau jener Reaktionsmuster, die sich in unserem Kopf und in unserem Körper hartnäckig festgesetzt haben, kann sich jedoch nur dann vollziehen, wenn wir dem ins Auge schauen, was uns zur nächsten Trapezstange treibt – unseren tief verankerten Überzeugungen und den Dingen, die uns am meisten Angst machen. Die Konfrontation mit ihnen kann nur im Totpunkt erfolgen.

Reaktionen

Was aber, wenn die Trapezartistin aus irgendeinem Grund nicht loslässt, sondern sich bloß krampfhaft an derselben Stange wie eh und je festhält? Es kann viele Gründe dafür geben, weshalb sie den Schritt in den frei schwebenden Zustand nicht machen möchte. Möglicherweise ist der richtige Zeitpunkt verstrichen. In dem Fall wäre es in der Tat sehr sinnvoll, nicht loszulassen. Doch was, wenn sie zu große Angst hätte, etwas Neues auszuprobieren? Was, wenn ihr das Hin- und Herschaukeln auf derselben Stange Sicherheit gäbe? Was, wenn die immer gleichen Schaukelbewegungen die einzigen wären, auf deren Ausführung sie sich versteht? – Dann würde sie niemals das kennen lernen, was unsere junge Artistin in dem Interview als den alles entscheidenden und schöpferischsten Moment der gesamten Nummer bezeichnet

hat – jenen Moment, der solch unerhörte Möglichkeiten in sich birgt.
Wieder: ganz so wie in unserem Leben. Aber sehen wir etwas genauer hin. Was passiert, wenn wir – sobald in unserem Leben die Bedingungen dafür zustande kommen und die entsprechenden Dinge geschehen – mit Schwung loslegen? Nach reiflicher Überlegung wird die eine oder der andere unter uns feststellen, dass wir derjenigen Trapezartistin ähneln, die auf ein und derselben Stange den immer gleichen Schwung vollführt: Was uns das Leben auch bieten mag, allem begegnen wir mit Reaktionen, die stets nach dem gleichen Webmuster ablaufen.
Viele von uns verbringen einen Großteil ihres Daseins mit dem gewohnten Hin- und Herschaukeln auf der immer gleichen Stange. Solch ein Leben mag uns todunglücklich machen, und uns mag durchaus klar sein, dass es auf andere negative Auswirkungen hat. Dessen ungeachtet kann bei uns aber der Eindruck vorherrschen, dass so zu leben die einzig mögliche Form für uns ist.
Das altvertraute Schaukeln scheint eine sichere Sache zu sein, und die Vorstellung, auch nur für ein Sekündchen in besagtem Totpunkt zu verweilen, kann für uns etwas Beängstigendes an sich haben. Wollen wir jedoch jene Freude und jenes Wohlbefinden spüren, die sich einstellen, wenn wir uns von unseren gewohnten, auf Selbstverteidigung angelegten Reaktionsmustern lösen, dann müssen wir unser reaktives Denken viel genauer in den Blick fassen. Laotse gibt uns einen Fingerzeig:

> Wer kann durch Stille allmählich
> das Trübe klären?
> Wer kann durch Bewegung allmählich
> das Ruhende in rasches Wachstum versetzen?[12]

Reaktives Denken zeigt sich in verschiedenen Versionen. Vielleicht tadelt der Chef uns wegen einer unzulänglich ausgeführten Arbeit, und ehe es uns eigentlich so recht bewusst geworden ist, verfallen wir in eine Abwehrhaltung und weisen seine Kritik weit von uns. Oder wir könnten über andere herziehen und ihre Fehler und Defizite hervorheben, um ihnen heimzuzahlen, dass sie uns schlecht behandelt haben. Vielleicht verzerren oder verdrehen wir die Wahrheit, damit wir selbst in einem besseren Licht dastehen. Vielleicht stürzen wir uns auf jede nur in Reichweite befindliche Sinnesfreude, die unser Verlangen weckt. Oder wir sind allzu sehr von dem Zuspruch und der Anerkennung anderer Menschen abhängig. Aber eventuell bleiben wir auch distanziert, unbeteiligt und isolieren uns – durch Drogen, Überarbeitung, das Ignorieren oder Abweisen von Nähe. Weil wir vorschnell und unbesonnen reagieren, sind wir außerstande zu erfassen, wie es in einer gegebenen Situation tatsächlich aussieht. Und letzten Endes richten wir oft mehr Schaden an als Nutzen.

Mag sein, dass wir im Grunde gar keine Vorstellung davon haben, weshalb wir so reagieren. Nichtsdestoweniger reagieren wir immer wieder auf die gleiche Art und Weise, sobald irgendjemand bei uns den entsprechenden Schalter betätigt. Wir sollten unbedingt zu ergründen versuchen, welche Bewandtnis es eigentlich für uns hat mit der Vorsilbe *Re-* in dem Wort *Reaktion.* Wenn wir unsere Handlungen aus der Blickrichtung einer der Regeln beobachten, werden wir ganz schnell mit den eigenen Reaktionsmustern konfrontiert – und mit der Tatsache, dass diese immer wieder in Erscheinung treten.

Immer auf den gleichen Stangen in der immer gleichen Weise hin und her zu schwingen, statt in Erfahrung zu bringen, was an den gegenwärtigen Umständen jeweils neu ist, darin besteht der Unterschied zwischen schlichtem Reagieren und dem Eingehen auf das, was eine Situation, wie auch immer sie beschaffen sein mag, uns bietet.

Um auf das Beispiel der medizinischen Untersuchung zurückzukommen: Angesichts der konkret sich abzeichnenden Möglichkeit einer lebensbedrohlichen Erkrankung ist natürlich das Erste, was die meisten von uns wissen wollen, die ärztliche Prognose zum voraussichtlichen Krankheitsverlauf. Tatsache aber ist, dass wir über keinerlei Informationen verfügen werden, solange die Untersuchungsergebnisse nicht vorliegen. Und selbst dann wissen wir nicht, wie die Dinge sich entwickeln. In der beschriebenen Weise offen zu sein ist gerade unter solchen Voraussetzungen sehr schwierig. Es sei denn, wir haben die Fähigkeit entwickelt, in dem, was ist, zu ruhen. Stattdessen reden wir uns jedoch oftmals alles Mögliche ein – sogar die Unwahrheit.

Befinden wir uns in solch einer Lage, in der wir einfach nicht Bescheid wissen, dann spannt sich unter uns kein Anfangnetz mehr. Frei schwebendes Handeln. Frei schwebendes Denken. Frei schwebendes Wissen. Keine Ammenmärchen, keine Ausreden. Einfach das – wach und präsent. Dies lange durchzuhalten, ohne nach irgendetwas zu greifen, das uns ein Gefühl von Sicherheit vermittelt, fällt schwer. Aber wenn wir es wagen, lässt sich vieles daraus lernen, selbst in nur zwei oder drei Sekunden.

Auf die tatsächliche Situation eingehen

Welche positive Auswirkungen damit verbunden sind, wenn wir im Totpunkt ruhen, lässt sich kaum hoch genug einschätzen. Nach geraumer Zeit stellen wir fest, dass wir nicht länger auf der immer gleichen Stange hin und her schaukeln. Etwas verändert sich. Tief in uns gerät etwas in Bewegung. Wenn neue Situationen auftreten, beginnen wir auf sie ein-

zugehen, statt zu reagieren wie gehabt. Unsere Handlungen sind häufiger verantwortungsbewusst, weil sie sich an dem orientieren, was der tatsächlichen Situation wirklich gerecht wird.
Stehe ich vor der Spüle voller Abwasch, dann sehe ich einfach Geschirr mit ein wenig Ei oder Marmelade. Ich drehe den Warmwasserhahn auf, träufle ein paar Tropfen Spülmittel auf den Schwamm und beginne abzuwaschen. Abwasch ist einfach nur Abwasch.
Nehmen wir an, unser Chef macht uns auf einen Fehler aufmerksam, und wir sagen: »O ja, ich sehe, was ich da falsch gemacht habe. Lassen Sie mich das gleich korrigieren.« Oder wir antworten: »Ich kann nachvollziehen, dass Sie das für meinen Fehler halten, aber es war jemand anderes.« Auf jeden Fall halten wir uns an die Regel, die Wahrheit nicht zu verdrehen oder zu verzerren. Unsere Handlungen, das ist der ausschlaggebende Punkt, korrespondieren in der ursprünglichen Wortbedeutung von Lateinisch *correspondere* (= übereinstimmen) mit der Situation: Wir stimmen unser Handeln auf die Erfordernisse der Situation ab, und unsere Handlung ist – wie in einem Dialog – die Antwort auf das, wonach die Situation verlangt.
Wenn wir im Totpunkt ruhen, räumen wir uns dadurch nicht nur die Möglichkeit ein, zur Kenntnis zu nehmen, was der Chef an der Arbeit bemerkt und beanstandet hat, sondern wir berücksichtigen auch alle anderen Faktoren, die für die Situation von Belang sind. Dann erst gehen wir auf das Gesagte ein. Er denkt in diesem Moment, was er denkt. Er glaubt, uns sei ein Fehler unterlaufen. Wir respektieren seine Auffassung, indem wir ihm wirklich zuhören und aufmerksam zur Kenntnis nehmen, was er zu sagen hat, während wir bei der Wahrnehmung dessen verweilen, was das Gesagte in uns hervorruft. Anschließend gehen wir darauf ein. Weder stimmen wir zu, noch versagen wir unsere Zustimmung.

Das ist etwas völlig anderes als ein reaktives Verhalten, bei dem wir Gedanken nachgehen wie: »Immer meint er, dass ich Fehler mache.« Oder: »Sie weiß überhaupt nicht zu schätzen, um was ich mich hier im Büro alles kümmere.« Mag sein, dass zutrifft, was Sie denken. Aber dann können wir diesen Gedanken auf andere Art und Weise Rechnung tragen.

Jede schwierige Situation, in der wir uns befinden – im Berufsleben, im familiären Bereich, in Zusammenhang mit einer Freundschaft – kann für uns eine Gelegenheit sein, aus reaktiven Verhaltensmustern herauszukommen und uns ein Verhalten anzueignen, das auf die tatsächliche Situation eingeht. So begeben wir uns auf den Weg der Regeln.

4

Der Prozess

Die Arbeit mit den Regeln stelle ich mir gern als einen spiralförmig fortschreitenden Prozess vor, in dessen Verlauf wir die Trapezschwünge unserer mehr oder minder kleinen Alltagskonflikte eingehend untersuchen. Der Prozess beginnt mit der Beobachtung des eigenen Verhaltens in Bezug auf eine der Regeln. Von dieser Beobachtung ausgehend führt uns der Prozess dann Windung für Windung zu einem tieferen Verständnis der eigenen Reaktionsmuster und jener Überzeugungen, die den Fortbestand solcher Muster gewährleisten.

Mit der Zeit können wir die Erfahrung machen, dass unsere diesbezüglichen Ansichten in Wahrheit nichts weiter sind als Projektionen unserer Identität, Projektionen des Traums von einem Selbst. Wenn wir auch die allergewöhnlichsten Konfliktsituationen unseres Alltags in den Prozess mit einbeziehen, werden wir zunehmend gewahr, dass wir tief im Innersten von bestimmten Annahmen ausgehen, von stillschweigend vorausgesetzten Vorstellungen, wie wir und die anderen zu sein haben.

Eine derartige Herangehensweise an die Regeln fördert ein hohes Maß an Achtsamkeit. Sie kann zu guter Letzt unsere ungeprüften Annahmen, mögen sie noch so tief sitzen, durchdringen und auflösen, und dadurch hilft sie uns, wach und der Wirklichkeit gemäß zu leben. Wir können die Freiheit erlangen, uns jeweils für die Handlung zu entscheiden, die den zum betreffenden Zeitpunkt in der gegebenen Situation vorliegenden Umständen Rechnung trägt – die Freiheit zur Entscheidung für diejenige Handlung, die *dem Leben am meisten zugute kommt.*

Tun, was dem Leben am meisten zugute kommt, bedeutet, so weit wie möglich im Bewusstsein der vielfältigen Bedingungen zu handeln, die in einer gegebenen Situation vorliegen. Solch ein Handeln bleibt nicht auf unsere selbstbezogene Daseinsperspektive begrenzt, sondern beruht auf einer Sicht der Dinge, die alle weiteren Umstände, deren wir in der jeweiligen Situation gewahr werden, mit in Betracht zieht. Dabei berücksichtigen wir auch, welche Auswirkungen die betreffenden Bedingungen auf uns haben, ohne uns allerdings auf diesen Gesichtspunkt zu beschränken.

Wenn Schüler beschließen, die Regeln zu einem zentralen Bezugspunkt der eigenen Praxis zu machen, fordere ich sie auf, ihr Augenmerk auf das eigene Verhalten zu richten, um festzustellen, wo ihre reaktiven Muster liegen. Da setzen wir dann an und bringen zunächst einmal die Besonderheiten dieses reaktiven Verhaltens in Form einer der Regeln zum Ausdruck.

Eine meiner Schülerinnen beispielsweise bemerkte, wie häufig sie sich über andere Menschen in negativer Weise äußerte. Mitunter tat sie das recht geschickt, indem sie ihre negative Bemerkung als scheinbares Kompliment tarnte. Die Regel, die ich ihr für den Anfang vorschlug, war daher: *Ich begebe mich auf den Weg, von anderen in einer Offenheit zu sprechen, die für Entwicklungen Raum lässt.* Anschließend begannen wir mit der ersten Runde der Untersuchung – dem Hinzuziehen des Beobachters.

Das Hinzuziehen des Beobachters

Begeben wir uns auf den Weg der Regeln, dann ziehen wir, um die eigenen Reaktionsmuster im Alltag besser studieren zu können, in einem ersten Schritt den Beobachter hinzu. Eine tüchtige Biologin oder Verhaltensforscherin wird bei ihrer Forschungsarbeit die Untersuchungsanordnung stets so zu gestalten versuchen, dass sie das Verhalten der zu erforschenden Gattung weder behindert noch beeinflusst. Und in der ersten Phase unserer Arbeit mit den Regeln tun auch wir nichts anderes, als einfach nur zu beobachten. Dabei können wir auf jene Fertigkeiten zurückgreifen, die wir uns durch die tägliche Meditationspraxis angeeignet haben.

Macht etwa eine Schülerin die Regel, nicht über die Fehler anderer Menschen zu reden, für eine gewisse Zeit zu ihrem persönlichen Arbeitsschwerpunkt, dann beobachtet sie also zunächst einmal, was sie tut und wie sie sich verhält, während sie mit anderen spricht. Das Signallicht des Leuchtfeuers leuchtet. Zu diesem Zeitpunkt, auf dieser ersten Stufe, unternimmt sie noch keinen Versuch, sich von ihrer Gewohnheit, über die Fehler anderer Menschen zu reden, abzubringen. Vielmehr trägt sie Informationen zusammen, aus denen ersichtlich wird, wann, wo und unter welchen Umständen sie sich so verhält.

Wenn wir geduldig beobachten, wenn wir zusehen und zuhören, ohne zu werten oder uns einzumischen, treten die subtileren Aspekte unseres Verhaltens zutage. Indem Sie sich dabei beobachten, wie Sie über andere reden – ohne einen Versuch zu unternehmen, irgendetwas zu verändern –, wird deutlicher erkennbar, auf welchen Gefühlen, Gedanken und Körperwahrnehmungen die gewohnheitsmäßig ablaufende Reaktion basiert. Wahrscheinlich werden Sie feststellen, dass Sie die Fehler der anderen vielfach dann ins Visier nehmen, wenn Sie sich in der eigenen Haut nicht wohl fühlen. Das aufleuchtende Signallicht macht möglicherweise sichtbar, dass diese Art zu reden häufig bei Telefonaten oder bei gesellschaftlichen Anlässen zum Tragen kommt.

Nachdem Sie das eine Zeit lang so geübt haben, finden Sie unter Umständen heraus, dass Sie lediglich über bestimmte Menschen negativ reden oder es nur mit einer gewissen Gruppe von Menschen tun. Vielleicht fällt Ihnen auf, dass diese Art zu reden sich oft wie von allein einstellt, sobald Sie über andere diskutieren. Allmählich erkennen Sie in Ihrem Verhalten ein Reaktionsmuster. Oder Sie entdecken im weiteren Verlauf der Praxis, dass Sie solchem Gerede über andere *für sich selbst* etwas abgewinnen können. Eventuell wird Ihnen ansatzweise sogar der Gedanke kommen, dass das Herummäkeln an anderen mit etwas zusammenhängt, das viel eher Sie betrifft als die andere Person. Vielleicht spüren Sie, sobald Sie ein derartiges Verhalten an den Tag legen, ein Gefühl der Überlegenheit, oder Sie wähnen sich in einer stärkeren, einer sichereren Position. Reaktive Verhaltensmuster können dem Traum von einem Selbst auf vielfältige Art und Weise dienlich sein.

Die Fähigkeit, Gewohnheiten zu entwickeln, um sich anschließend auf sie zu stützen, ist bei uns Menschen ziemlich stark ausgeprägt. Damit Geist und Körper gedeihen und sich entwickeln können, brauchen wir eine gewisse Regelmäßigkeit, einen Rhythmus, eine Beständigkeit. Mitunter kann dies allerdings dazu führen, dass wir geistig wie körperlich einem mehr oder weniger starren, nicht unbedingt jederzeit situationsgerechten Handlungsmuster folgen.

Das Vertiefen der Beobachtung

Sobald unsere gewohnheitsmäßig vollzogenen Trapezschwünge deutlicher wahrnehmbar werden, sind wir so weit, dass wir unsere Beobachtung vertiefen können. Während wir uns mit der Regel unserer Wahl auseinander setzen, beobachten wir, welche Körperwahrnehmungen, Emotionen und Gedanken sich zeigen. Wir sehen hin und hören hin. Indem wir zu einer Bemerkung anheben wie: »Auf Hans kann man sich einfach nie verlassen«, fahren wir gleichsam jenes Kamerabild, das uns selbst zeigt, auf Naheinstellung heran. – Wie stehe ich da, während ich mich mit meinem Nachbarn über Hans unterhalte? Was geschieht mit meinem Atem, wenn ich ins Telefon spreche? Wie habe ich den Hörer in der Hand? Halte ich mich an ihm fest?

Wenn das Signallicht für uns aufleuchtet, raffen wir uns zu der Frage auf: »Sind irgendwelche Emotionen mit im Spiel?« »Oder Gedanken?« Eine meiner Schülerinnen fand heraus, dass sie sich im Moment, in dem sie anfing, über jemand anderen herzuziehen, aufgeplustert fühlte wie ein Vogel, der bei Kälte die eigene Körpertemperatur zu wahren versucht. Sie sei ziemlich überrascht gewesen, erzählte sie, dass ihr dies das Gefühl vermittelt habe, nicht nur größer geworden zu sein, sondern auch an Körperumfang zugelegt zu haben. Ferner bemerkte sie eine Anwandlung von Erregung, sobald sie zu sprechen anhob. Sie empfand eine stärkere innere Beteiligung und konnte einen Hauch des Gedankens wahrnehmen: »Ich bin besser.«

Dies beschreibt lediglich ein Beispiel. Ebenso gut können Sinneswahrnehmungen ganz anderer Art zu beobachten sein. Ein Schüler hat etwa berichtet, ihm sei es vorgekommen, als hätte er sich mit einem Schutzschild umgeben. Sobald ihn der Eindruck überkam, sein Selbstbild sei bedroht, konnte er bei sich Unnachgiebigkeit, Wut und Gefühllosigkeit feststellen.

Meinen Schülern empfehle ich, sich bei sämtlichen Aktivitäten, denen sie im Alltag nachgehen, in dieser tiefer gehenden Form der Beobachtung zu üben, vom Aufstehen am Morgen bis zum Schlafengehen. Das Ziel ist es, bei allen

Handlungen hellwach zu sein, die zu der jeweiligen Regel in Beziehung stehen. Selbst bei der Fahrt im Bus oder im privaten Pkw, bei der Arbeit, einfach in jeder Situation können wir beobachten, wie reaktiv wir uns verhalten.

Sogar in ihre Träume, berichten einige, schalte sich der Beobachter ein. Solche Träume sind allerdings nicht notwendig, damit diese Methode zur Untersuchung der eigenen Reaktionsmuster deutliche Auswirkungen auf Ihre Achtsamkeit zeigt.

Anhand der Regel *Ich begebe mich auf den Weg, anderen auf gleicher Stufe zu begegnen,* ist einer meiner Schüler folgendermaßen vorgegangen. Jedes Mal, wenn er sich in einer Gruppe von drei oder mehr Menschen aufhielt, ging er schweigend umher, sah sich jede Person an und fragte sich: »Wie schätzt das Selbst sich in Relation zu diesem Menschen ein?« Darüber hinaus hielt er nicht nur schriftlich fest, welche Gedanken ihm in den Sinn kamen – ich bin klüger, aufgeweckter, nicht so beliebt und so weiter –, sondern er richtete sein Augenmerk auch auf die mit dem Gedanken einhergehende Körperwahrnehmung und alle seine Emotionen.

Gelegentlich stellen Leute die Frage, ob diese Art des Arbeitens nicht an geistige Selbstbefriedigung grenze? Würden wir nicht den Beobachter hinzuziehen, könnte das tatsächlich der Fall sein. Geschickt eingesetzt, als Wachmacher, der uns aus unserem selbstbezogenen Traum holt, verbessert diese Methode jedoch unsere Fähigkeit, die Reaktionsmuster von Geist und Körper aufzuspüren und abzubauen. Seiner selbst gewahr zu sein ist keine Selbstbefriedigung.

Wenn Sie mit Ihrer persönlichen Erkundung der Regeln beginnen, werden Sie Gelegenheit haben, solche Dinge entsprechend detaillierter herauszuarbeiten. Doch erwarten Sie bitte keine Wunder. Sie sollten nicht meinen, Ihre Reaktionen und die Einsicht, welche Schritte als Nächstes bei Ihnen anstehen, träten ganz so, wie es Ihnen gerade beliebt, zutage. Längere

Zeit werden Sie wahrscheinlich feststellen, dass Sie sich Ihrer Reaktionen erst bewusst werden, *nachdem* sie erfolgt sind, also wenn sie schon wieder abebben oder ganz vorüber sind. Das ist völlig normal, da in unseren Reaktionen tief sitzende Muster zum Ausdruck kommen, mit deren Hilfe Geist und Körper Sinnesinformationen verarbeiten.

Jemand wirft Ihnen beispielsweise auf bestimmte Weise einen Blick zu, und bevor Sie auch nur einmal Atem holen können, hat das Gehirn seine Botschaften zur Freisetzung bestimmter körpereigener chemischer Stoffe ausgesandt. Die Organe empfangen die Botschaften und schütten Adrenalin aus. Das Herz beginnt zu rasen, Ihr Gesicht rötet sich, und Ihre Handlungen folgen dem physiologisch übermittelten Befehl, indem Sie eine verbale Drohung oder eine Beleidigung ausstoßen.

Diese Achtsamkeit hat große Kraft. Vertrauen Sie ihr. Der entscheidende Punkt ist, dass Sie Ihre Aufmerksamkeit in jedem Moment darauf lenken, dass Sie geloben wollen oder gelobt haben, eine Regel einzuhalten. Hier befindet sich Ihr Zugangspunkt zur Praxis. Im Lauf der Zeit, mit zunehmend präziser werdender Achtsamkeit, werden Sie bereits erfassen können, was in Ihnen vor sich geht, lange bevor Ihnen die verletzenden Worte über die Lippen kommen oder der Impuls, mit den Achseln zu zucken, in Höhe Ihrer Schultern angelangt ist.

Den Weg, auf den wir uns hier begeben, legen wir im Geist und mit dem Herzen zurück. Geduld ist nötig, wenn wir unsere tief verankerten Überzeugungen aus der Deckung hervorlocken wollen, und es erfordert Mut, in jene Dunkelzonen hineinzublicken, in denen wir sie unter Verschluss gehalten haben.

Falls es Ihnen nach einiger Zeit gelingt, sich beispielsweise im Lauf eines Tages, an dem Sie sich 25-mal reaktiv verhalten, fünfmal dabei zu ertappen, dann haben Sie sich das Signallicht des Beobachters schon ganz gut zunutze gemacht. Kümmern Sie sich nicht so sehr darum, ob das Signallicht aufleuchtet, bevor, während oder nachdem die Reaktion erfolgt ist. Entscheidend ist, dass Sie jetzt Notiz davon nehmen. Richten Sie einfach Ihre Aufmerksamkeit auf das, was Sie genau in dem Augenblick, in dem das Licht aufleuchtet, vor Augen haben.

Anfangs werden Sie das Signallicht ganz bewusst einsetzen müssen und sich vielleicht ein bisschen entmutigt fühlen, weil Sie von Ihren Handlungen noch rein gar nichts erkennen können. Aber rufen Sie sich bitte in Erinnerung: Wach sein ist natürlicher als schlafen. Bloß haben Sie sich an den Traumzustand gewöhnt und sind zugleich dem Irrglauben aufgesessen, Sie seien wach! Nachdem Sie sich eine ganze Weile Ihrer Praxis gewidmet haben, werden Sie in manchen Momenten bereits registrieren können, was gerade in Ihnen vor sich geht – und zwar bevor Sie auch nur daran denken, es in die Tat umzusetzen.

Dem ersten Schritt kommt besonders große Bedeutung zu: Sie sind, und sei es auch nur ein kleines Stückchen, zur Seite gewichen, um die eigenen Handlungen zu beobachten – ein Riesenschritt, wenn wir die reaktiven Verhaltensmuster ins rechte Licht rücken wollen. Das ist ungefähr so, als stünden wir hoch oben auf dem kleinen Podest neben dem Trapez, würden aber gleichzeitig auf dem Trapez durch die Manege schwingen. Aus einer gewissen Distanz können wir die Schwünge, Ausweichmanöver und sonstigen Schachzüge, die wir gewohnheitsmäßig immer wieder ausführen, während wir uns durch unsere kleinen Alltagskonflikte schaukeln, deutlich erkennen. Mag sein, dass wir nicht besonders gut verstehen, warum wir all diese Dinge tun. Aber wie wir unsere Schwünge ausführen, das sehen wir ganz sicher in größerer Klarheit.

Anforderungen

Nachdem ein Schüler die einer bestimmten Regel zuzuordnenden Reaktionsmuster eine Zeit lang beobachtet hat, bitte ich sie oder ihn, sich noch ein wenig weiter hineinzubegeben in die Spiralbewegung des Selbsterforschungsprozesses, um auch tiefer im Innern gehegte Überzeugungen zutage zu fördern. Hier liegen die Anforderungen und Erwartungen, die wir an uns selbst und an die Welt haben. Der Schüler, der in dem zuvor aufgeführten Beispiel damit beschäftigt war, zu ergründen, in welcher Weise er sich an anderen maß, konnte auch erkennen und aussprechen, dass es sich dabei um eine Anforderung handelte, die er an sich selbst stellte: Ich verlange von mir, besser/weniger gut zu sein als andere, und/oder ich fordere von anderen, besser/weniger gut zu sein als ich.

An diesem Punkt fungiert die Regel gewissermaßen als Stoppschild. Der einschränkende Aspekt der Regel, der Verbotsaspekt, wird hier als zusätzliches Hilfsmittel genutzt. Denn von ihm ergeht an uns die Aufforderung innezuhalten, damit wir sehen, was anschließend in uns hochkommen wird. Wenn wir die Selbstbeobachtung für eine Weile geübt haben, entwickeln wir ein gutes Gefühl dafür, wo und unter welchen Voraussetzungen das reaktive Verhalten einsetzt. Wenn dieser Schüler sich nun also dabei ertappt, dass er im Begriff steht oder schon dabei ist, sich an jemand anderem zu messen, dann lässt er das Stoppschild hochgehen und versagt sich so eine reaktive Handlungsweise. Indem er innegehalten und Abstand davon genommen hat, weiter nach dem gewohnten Muster zu verfahren, hat er die Trapezstange losgelassen und befindet sich nun in der Schwebe, am Ort des Nichthandelns – im Totpunkt.

In der ersten Runde dieses spiralförmig fortschreitenden Prozesses haben wir uns in der Praxis des sich nicht einmischenden Beobachtens geübt. Im Unterschied dazu versuchen wir jetzt, uns vor, während oder gleich nach der Reaktion davon abzuhalten, dem gewohnten Handlungsmuster zu folgen. Das kann sich anfangs als ein wenig schwierig erweisen. Aus diesem Grund üben wir uns auch erst im zweiten Schritt darin.

Die Reaktion, nicht nur zu erkennen, sondern sie darüber hinaus zu unterbinden, setzt voraus, dass wir geistig hellwache und scharfsichtige Beobachter sind. Denn hinter jeder Regel – über andere herziehen und sie heruntermachen; etwas nicht bereitwillig Gegebenes an uns nehmen, indem wir aus dem Versehen der Verkäuferin Kapital schlagen und den überzähligen Geldbetrag in die eigene Tasche stecken; von Genussmitteln Gebrauch machen, um das Bewusstsein zu trüben; am Fernseher von einem Kanal zum andern schalten, um sich von der eigenen Lebenswirklichkeit abzukoppeln; Sexualenergie missbrauchen – steht eine außerordentlich starke Energie. Weil wach sein aber natürlicher für uns ist, als in einem Traum zu verharren, werden wir es mit einer guten Portion Geduld und Ausdauer schaffen, vor dem Einsetzen unseres reaktiven Verhaltens zu erwachen, zumindest zeitweise.

An dieser Stelle scheint allerdings ein Hinweis angebracht: Das Stoppschild wird hier nicht etwa deshalb hochgehalten, weil wir versuchen sollen, uns nach einer äußeren moralischen Instanz zu richten. Vielmehr dient es als Hilfsmittel, damit wir uns die Kraft der Achtsamkeit zunutze machen und klarer erkennen können, welche tief im Inneren gehegten Überzeugungen sich hinter unseren Handlungen verbergen.

Das Innehalten im Moment des Nichthandelns – im Totpunkt, wie die Trapezartistin sagt – umfasst eine Fülle von Möglichkeiten. Nicht nur kann durch solch ein Innehalten eine tiefer gehende Konditionierung sichtbar werden, sondern es ist zugleich der Ausgangspunkt für viele Formen von Praxis. Es gibt uns Rückhalt und verhilft uns dazu, einfach in der Kraft dieses Augenblicks zu verweilen und den Weg des Mitgefühls zu gehen.

Unsere Aufmerksamkeit ist an diesem Punkt lebendig und hellwach: ähnlich, als würden Sie bei einer Party oder am Arbeitsplatz hören, wie hinter Ihnen jemand Ihren Namen nennt. Der Kopf neigt sich leicht, damit das Ohr besser aufnehmen kann, was gesagt wird. Die Aufmerksamkeit ist geweckt und ganz auf das Hören gerichtet. Diesen Grad von Aufmerksamkeit erreichen wir im Totpunkt. Wir atmen einfach ein und aus und lassen das Licht der Achtsamkeit leuchten, damit unsere Empfindungen, Gefühle, Emotionen und Gedanken deutlich zum Vorschein kommen können.

Manchmal lässt sich die Erforschung der gewohnheitsmäßigen Geist/Körper-Muster vertiefen, indem wir eine einfache Frage stellen wie: »Was ist das?« Oder: »Was geschieht hier?« Vielleicht spüren wir eine gewisse Beklommenheit in der Magengegend oder bemerken, dass wir die Lippen aufeinander pressen oder die Zähne zusammenbeißen. Wir fragen einfach: »Was ist das?«, ohne aus den Augen zu verlieren, dass es sich hier keineswegs um einen linearen Prozess handelt – wir uns also nicht stets von Punkt A nach Punkt B bewegen. Dabei erkennen wir schließlich, dass unsere Reaktionen häufig von tief sitzenden Überzeugungen herrühren: von stillschweigend vorausgesetzten Vorstellungen, wie wir und die anderen zu sein haben.

Diese Überzeugungen können wir als *Anforderungen* bezeichnen: Ich/du sollte/solltest verständnisvoll sein. Ich/du sollte/solltest unabhängig sein. Ich/du sollte/solltest ... (hier bleibt es Ihnen überlassen, Ihre persönlichen Anforderungen in Worte zu fassen).

Wie sollte es sein? Wie ist es?

Anforderungen suchen wir uns nicht bewusst aus. Mit der Zeit entwickeln sie sich, ganz allmählich. Unsere kulturell geprägten Erfahrungen fließen ebenso in sie ein wie unsere Erziehung und unser Naturell. Wenn wir die Fundamente unserer persönlichen Anforderungen freizulegen versuchen, ist das nicht als Psychotherapie gedacht. Vielmehr machen wir von dieser nützlichen und wirkungsvollen Methode Gebrauch, damit uns bewusst wird, wie durch die Anforderungen unsere reaktiven Verhaltensmuster aufrechterhalten und unsere Handlungen bestimmt werden. Im Verlauf unserer Selbsterforschung können die Konturen unseres selbstbezogenen Traums, in dem wir die Welt nicht sehen, wie sie *ist,* sondern wie sie unserer Meinung nach sein *sollte,* deutlich zutage treten.

Man könnte die Anforderungen auch mit getönten Brillengläsern vergleichen, durch die wir all unsere Erfahrungen – eingefärbt – wahrnehmen. Diese Praxis hilft uns, zunächst einmal zu bemerken, dass wir solch eine Brille auf der Nase sitzen haben. Erst dann sind wir in der Lage, sie abzusetzen. Wenn wir das tun, schauen wir dem ins Auge, was wir zu vermeiden suchen. Zu unserer Arbeit mit den Regeln haben die Anforderungen ebenfalls einen Bezug, weil wir vielfach dann gegen eine Regel verstoßen, wenn unseren Anforderungen nicht entsprochen wird.

Die meisten Menschen stellen viele Anforderungen. Darunter gibt es einige Favoriten. Andere kommen nur hin und wieder zum Einsatz. Diese Anforderungen können uns *gefangen* halten, uns nötigen, ständig auf ein und dieselbe Art und Weise auf demselben Trapez hin und her zu schaukeln. Wie ist das, ein Leben zu leben, in dem wir von uns und von anderen erwarten, stets unabhängig zu sein? Und was geschieht, wenn das Leben uns gewissermaßen in den Rücken fällt, uns einen schweren Schlag versetzt? Wenn diejenigen, die uns lieb und teuer sind, von uns gehen, wenn wir unseren Arbeitsplatz verlieren oder ein anderer Umstand eintritt, der uns die Erfüllung der selbst gestellten Anforderungen verwehrt?

Einer meiner Schüler fand, es mache einen großen Unterschied, ob er über die Freiheit zu Handlungen verfüge, durch die er sich und andere in die Lage versetzt, unabhängig zu sein, oder ob die eigenen Handlungen von der Überzeugung herrühren, er wie andere hätten *immer* unabhängig zu sein. Im einen Fall beruht die Handlung auf von Herzen kommender Offenheit und Freiheit. Wenn wir so handeln, kommt das dem Leben wirklich zugute. Solches Eingehen auf die Situation könnte in Entsprechung stehen zu der Regel *Ich begebe mich auf den Weg, anderen im Geist von wechselseitiger Offenheit zu begegnen und für Neues aufgeschlossen zu sein.* Im andern Fall geht die Handlung auf die Forderung eines Menschen zurück, der im Grunde seines Herzens verschlossen und auf Selbstschutz bedacht ist. Sie ist die Reaktion, die ein Urteil über andere abgibt und an den anderen wie auch an uns selbst nur die Fehler sieht. Ein wahrhaft den Regeln verpflichtetes Eingehen auf die Situation zeichnet sich dadurch aus, dass es den gerade vorliegenden Gegebenheiten in besonderer Weise gerecht wird. So begegnen wir dem Leben, wie es ist.

TEIL ZWEI

Die Regeln

Möge aus Fehlern und fixen Ideen
ein Vertrauensverhältnis erwachsen.

John Elder[13]

John Elders Worte erinnern mich daran, was die Regeln tatsächlich leisten können und warum sie uns meiner Ansicht nach so wirkungsvoll dabei unterstützen, mit offenem Herzen und klarem Geist zu leben. Bereits an anderer Stelle habe ich darauf hingewiesen, dass die Regeln nicht als Messlatte dienen dürfen, anhand deren wir unser Selbstwertgefühl oder den Wert der anderen bemessen. Vielmehr verschaffen sie uns Zugang zur Einsicht in die uns gemeinsamen menschlichen Schwächen und in das Mitgefühl, die Weisheit und die Freude, die alle Lebewesen miteinander verbinden. Mit dieser Geisteshaltung begeben wir uns auf den Weg.

5

Ich begebe mich auf den Weg des wahrheitsgemäßen Sprechens

Auf die Frage: »Was ist mit aufrichtigem Sprechen gemeint?«, antwortete sie: »Hör doch! Gurgelnd und plätschernd fließt der Bach an den Steinen entlang.«

Aus einem meiner Dharma-Vorträge
im Bay-Zen-Zentrum

Dieser Regel begegnen wir in unterschiedlichen Formulierungen wie »nicht lügen«, »nicht die Unwahrheit sprechen«, ja sogar »rechtes Sprechen«. Aber wie man sie auch formuliert, es geht darum, gründlich zu bedenken, worin Täuschung ihrer innersten Natur nach besteht – und weil sie das tut, verweist sie uns auf das Wirkliche und Wahre.
Betrachten wir die Regel *Ich begebe mich auf den Weg des wahrheitsgemäßen Sprechens* im Sinn einer ergebnisoffenen Untersuchung der Frage, was uns zu unseren Täuschungsmanövern veranlasst! Dann kann sie uns helfen, mit einer Überprüfung jener in die Irre führenden Überzeugungen und Konditionierungen zu beginnen, die uns davon abhalten, uns in Offenheit und mit unserem ganzen Sein auf die Erfahrung des Lebens einzulassen.
In einem überlieferten Sinnspruch heißt es: »Nur derjenige, der sich zunächst selbst betrogen hat, vermag andere zu betrügen.« In einer Welt, die auf allen Ebenen und in jeglicher

Weise so tief greifend von Täuschung durchdrungen zu sein scheint, ist es kein leichtes Unterfangen, bei uns selbst eine Bestandsaufnahme aller erdenklichen Formen von Täuschung in Angriff zu nehmen. Indem wir jedoch unsere Aufmerksamkeit darauf richten, ausfindig zu machen, wie wir andere in die Irre führen, können wir den noch schwerer wiegenden Betrug an uns und der Wahrheit erkennen.
Eine meiner Schülerinnen hat diese Regel in folgende Worte gefasst:

Ich begebe mich auf den Weg, dem Misstrauen, der Unsicherheit und der Angst, die meine Zunge veranlassen, der Wahrheit dieses Augenblicks untreu zu werden, offen und ehrlich ins Auge zu sehen.

Ich sitze an meinem Computer und frage mich, wie ich es anfangen soll, über das Wahrhaftigsein zu schreiben. Ich beginne, ich höre auf, und ich versuche, die richtigen Worte zu finden, um über Wahrhaftigkeit zu sprechen.
Laut Kalender beginnt in zwei Tagen der Sommer, und das Fenster meines Arbeitszimmers steht sperrangelweit offen. Ich wende mich ab von den Gedanken über Wahrheit und Täuschung und wende sie den mich umgebenden Klängen und Geräuschen zu. Ich halte inne und höre. Unten in der Küche, wo mein Mann seinen Morgentee zubereitet, läuft Wasser aus der Leitung. In einiger Entfernung kräht ein Hahn – ki-ke-ri-kiii! Meine Nachbarin ruft ihre Katze: »Komm, Miezekätzchen, komm.« Da ist es – aufrichtiges Sprechen. Ich habe Ihnen, so gut mein Wahrnehmungsvermögen dies zulässt, gesagt, wie es ist. Das scheint so simpel. Wahrheitsgemäß zu sprechen bedeutet schlicht und einfach: Sagen, wie es ist – in diesem Augenblick.
Machen Sie selbst den Versuch. Legen Sie das Buch für einen Moment beiseite. Gönnen Sie sich ein paar tiefe Atemzüge,

entspannen Sie sich, und lauschen Sie einfach. Öffnen Sie sich für das, was um Sie herum und im eigenen Körper vor sich geht. Nun sprechen Sie einfach laut aus, was Sie hören. Geht ziemlich leicht, finden Sie nicht? Versuchen Sie das Gleiche mit den anderen Sinnen. Sagen Sie, was Sie wahrnehmen, wenn Sie aus dem Fenster schauen; wenn Sie mit den Fingern über den Einband dieses Buches fahren; wenn Sie im Mund einen Schluck Wasser schmecken. Das ist es. Klingt es zu stark vereinfacht? Nur vor dem Hintergrund unseres komplizierten Denkens.

Als ich in einem Synonymenwörterbuch unter dem Stichwort *Täuschung* nachschlug, habe ich mindestens zwanzig Synonyme für »nicht wahrheitsgemäß« sprechen gefunden. Irreführend, täuschend und trügerisch sind nur drei Beispiele. Und definitiv beschränkt Täuschung sich ja nicht allein auf das, was wir sagen. Auch mit Blicken, Gesten, Handlungen können wir anderen etwas vormachen. Dessen ungeachtet, nur aus der Perspektive dieser Regel, deren Augenmerk in erster Linie dem Sprechen gilt, lässt sich feststellen, dass »nicht die Wahrheit sagen« ein ziemlich weit gefächertes Spektrum von Phänomenen umschreibt.

Das kann reichen von einer harmlosen Schwindelei wie: »Ich bin gerade auf dem Weg nach draußen«, um den nicht enden wollenden Wortschwall der jungen Dame zu unterbrechen, die ungebeten im Auftrag eines Telefonmarketing-Unternehmens bei uns anruft, während wir uns gerade zum Abendessen an den gedeckten Tisch gesetzt haben; bis hin zu gemeinen Lügen, die unsere Schandtaten verdecken sollen. Wir können eine Teilwahrheit mit einer Teilunwahrheit vermischen, oder wir können versuchen, »unsere« Wahrheit zu kreieren, indem wir das, wovon wir wünschten, es wäre wahr, als Tatsache darstellen.

Bisweilen lügen wir, um zu verhindern, dass andere sich verletzt fühlen; etwa, wenn wir einem Kind in dem Bewusstsein, ihm ansonsten sehr wehzutun, die Unwahrheit über etwas sagen. Oder wenn wir lügen, um eine schlimme Nachricht zu verschweigen, damit Menschen, die uns wichtig sind, nicht beunruhigt werden. Manchmal schweigen wir uns aus und lügen, indem wir etwas übergehen, uns gleichgültig und unbeteiligt geben. Manchen Menschen bereitet es schon Seelenqualen, nur ein ganz klein wenig zu schwindeln, andere hingegen haben sich angewöhnt, gewohnheitsmäßig mit Lügen zu reagieren. Zwischen all diesen Beispielen von Täuschung lassen sich viele weitere Varianten und Abstufungen finden. Und schließlich bleibt Täuschung ja keineswegs auf das beschränkt, was wir zu anderen sagen – was wir zu uns selbst sagen, gehört ebenso dazu.

Wer sich eingehend mit dieser Regel beschäftigt, dem fällt oft als Allererstes auf, wie facettenreich die Täuschungsmöglichkeiten beim Sprechen sind. Eine glatte Lüge als solche zu erkennen ist nicht allzu schwierig; etwa, wenn jemand etwas sagt, wovon wir genau wissen, dass es nicht zutrifft. Doch es gibt eine Grauzone von Unwahrheiten, bei denen wir uns zwar teilweise an die Wahrheit halten, gleichzeitig aber auf eine ganze Palette von Täuschungsmanövern zurückgreifen.

Stellen Sie sich bitte folgende Situation vor. Erschöpft von einem anstrengenden Arbeitstag, sind Sie gerade nach Hause gekommen. Eine Freundin ruft an und sagt, sie würde gern mit Ihnen ins Kino gehen, weil sie sich ein bisschen deprimiert fühlt. Doch Sie sind müde und möchten eigentlich bloß früh schlafen. Was sagen Sie ihr? Sind Sie so aufrichtig, Ihrer Freundin mitzuteilen, dass Sie sich heute Abend schlicht zu müde fühlen, oder gibt es da tiefer in Ihnen etwas, das Sie veranlasst, sich eine Ausrede einfallen zu lassen, damit Sie um die Wahrheit herumkommen? Etwas in der Art von: »Heute Abend kann ich leider nicht ins Kino gehen, weil sich bei mir auf dem Schreibtisch jede Menge Arbeit auftürmt, die

ganz dringend erledigt werden muss.« Oder: »Ich erwarte noch Besuch.«
Oder sollten Sie in diesem Fall doch besser eine Tasse Kaffee trinken, das frühe Schlafengehen auf morgen verschieben und sich mit Ihrer Freundin treffen? Eine simple Situation wie diese kann eine Fülle von Erkenntnissen darüber ans Tageslicht bringen, wie wir mit dem, was wir sagen, der Wahrheit untreu werden, selbst wenn dies, bei uns oder bei unserem Gegenüber, auf Kosten des emotionalen oder körperlichen Wohls gehen sollte.

Schweigen

Schweigen ist eine besonders interessante Form von Täuschung. Mitunter schweigen wir, wenn wir eigentlich sprechen sollten. In seiner 1969 gehaltenen Rede, »Schweigen und Sprechen«, erhob Martin Luther King Jr. seine Stimme gegen den Vietnamkrieg und rief uns in Erinnerung, dass »wir nicht nur für die Unwahrheiten, die wir aussprechen, verantwortlich sind, sondern auch für die Wahrheit, die wir unausgesprochen lassen«.
Wenn Angst unsere Zunge lähmt, ist das kein Schweigen. In uns geht es hoch her: Laut und deutlich können wir vielstimmiges Geschrei vernehmen. Vielleicht ist es ja am besten, den Mund zu halten? Aber vielleicht doch nicht sonderlich geschickt? Wie können wir das wissen? Ein Patentrezept gibt es nicht. Es gibt keinen Leitfaden, wie man *Einfach das* sagt. Finde ich mich in einem derartigen Dilemma wieder, dann stelle ich mir vorzugsweise Fragen wie: »Warum mache ich den Mund nicht auf? Worauf will ich hinaus? Inwiefern werden meine Worte diese Situation verbessern oder verschlimmern?«
Nachdem eine meiner Schülerinnen sich in ihrer Praxis einen

Monat lang an dieser Regel orientiert hatte, kam sie zu dem Schluss, sie habe es, nach eigener Einschätzung jedenfalls, nicht oft versäumt, die Wahrheit auszusprechen. Sie arbeitete in einem Krankenhaus, wo sie alle Hände voll zu tun hatte und oft abwechselnd auf unterschiedlichen Intensivstationen eingesetzt wurde. Dort betraute man sie manchmal mit der Versorgung von Patienten, mit deren Krankheitsbild sie sehr wenig Erfahrung hatte. Sie solle doch, schlug ich ihr vor, auf ihren Umgang mit Worten achten, sobald diese Situation eintrete. Nach einer Woche fand sie heraus, dass sie dann gar nicht viel sagte und dies die Gelegenheiten waren, bei denen sie besonders viel Frustration und Wut verspürte.

Daraufhin beschloss sie, die Regel zu nutzen, um das Schweigen zu erkunden. Wurde sie aufgefordert, etwas zu tun, das ihrer Auffassung nach für die Patientin oder den Patienten nicht hilfreich war, dann fragte sie sich: »Welche Zielsetzung verfolge ich, wenn ich mich dazu jetzt äußere? Was läge, in Anbetracht meiner Fähigkeiten, am ehesten im Interesse dieses Patienten, meiner Kolleginnen oder Kollegen und in meinem eigenen Interesse?« Ohne ein Wort zu sagen, ließ sie sich dann die eigene Antwort nochmals durch den Kopf gehen. Währenddessen beobachtete sie, welche Gedanken oder Empfindungen in ihr aufstiegen, als sie sich zu dem bekannte, was für sie wahr war.

Mitunter klingen unsere Worte unglaubhaft, weil wir lediglich reden, um die Stille zu überbrücken. Gelegentlich verspüre ich diesen Druck, wenn ich vor einer Gruppe sprechen soll, aber ein wenig um ein Thema verlegen bin. Bin ich allerdings an diesem Tag hellwach, dann kommen mir vielleicht die Worte eines Washoe-Indianers in den Sinn:

> Manchmal stellen sich die Worte nicht ein, weil irgendetwas sie zurückhält. Sich schlicht etwas auszudenken hilft auch nicht weiter. Man kann es einfach nicht in Worten

ausdrücken, solange nicht das richtige Gefühl dafür vorhanden ist. Die Worte kommen nicht. Wenn du einfach etwas sagst, bloß damit es sich nach etwas anhört, könntest du jemanden verletzen, oder es könnte auf dich zurückfallen und dich schwer treffen. Du musst dasitzen und warten, bis es geradewegs aus deinem Körper kommt. Mag sein, dass es nicht kommt. Man kann es nicht hervorzwingen. Du musst einfach versuchen, gemäß der Ordnung zu leben, und dann wird es vielleicht ein andermal aus dir herauskommen.

Die Wahrheit von »Ich weiß nicht, was ich sagen soll« kann bewirken, dass wir uns ausgesprochen unbehaglich fühlen und unaufhaltsam auf den Totpunkt zusteuern. Schweigen ist in einer Welt voller Erklärungen und Antworten für viele von uns etwas Ungewohntes, und so treten wir gelegentlich ins Fettnäpfchen.

Doch dem Schweigen aufgrund von »Ich weiß nicht« kann viel echte Bescheidenheit innewohnen, und der Totpunkt des Schweigens strotzt vor Möglichkeiten, sofern wir für ein paar Augenblicke in diesem Schweigen ruhen. Statt umtriebig hier und da und dort nach Antworten zu suchen, wäre es manchmal angebracht, innezuhalten und zu fragen: »Wer oder was treibt mich eigentlich dazu, all die Antworten zu finden?«

Das Gewissheitsprinzip

In einer frühen buddhistischen Erzählung wird die Geschichte von Mara geschildert. Mara verkörpert im Buddhismus die Unwissenheit und tritt stets dann in Erscheinung, wenn sich eine Möglichkeit abzeichnet, jemanden so hinters Licht zu führen, dass die oder der Betreffende schließlich von etwas überzeugt ist, das nicht stimmt.

Als Mara eines Tages mit einem kleinen Gefolge von Dienern die Straße entlangging, sah er, wie ein Mann sich in der Gehmeditation übte. Der Mann strahlte vor Freude übers ganze Gesicht. Es hatte den Anschein, als habe er vor sich auf dem Boden gerade eine Entdeckung gemacht. Einem von Maras Dienern fiel das Strahlen auf dem Gesicht des Mannes auf, und er fragte seinen Herrn, was der Mann gefunden habe. Mara antwortete: »Wie es scheint, hat er ein Stück Wahrheit entdeckt.«
Der Diener geriet in helle Aufregung und rief: »Aber Herr, du bist der Meister der Täuschung. Stört es dich denn nicht, dass jemand ein Stück Wahrheit gefunden hat?«
Mara antwortete: »Nein, das macht mir nicht das Mindeste aus.«
»Warum denn nicht?«, wollte der Diener wissen.
»Weil die Menschen«, erwiderte Mara mit vergnügtem Lächeln, »kaum dass sie ein Zipfelchen Wahrheit entdeckt haben, sogleich eine Weltanschauung daraus machen.«

Kürzlich hat mir jemand gesagt, zur eigenen Überraschung müsse er feststellen, wie sein Wunsch nach Erkenntnissen über die Wahrheit umso stärker werde, je mehr er über das Phänomen Täuschung in Erfahrung bringe. Ihm werde bewusst, dass er solche Erklärungen nicht nur als Kind von seinen Eltern und als Schüler oder Student von seinen Lehrern erwartet habe. Auch später im Rahmen seiner beruflichen Tätigkeit als Naturwissenschaftler war er auf dieser Suche, die sich jetzt in seiner Meditationspraxis fortsetze. Überdies, so erzählte er weiter, erwarteten nun seine Kinder und seine Schüler solche Antworten. Ihm war klar geworden, dass sie alle nach Gewissheit suchten.
Gewissheit hat etwas Verführerisches, denn sie sorgt dafür, dass wir uns sicher und behaglich fühlen. Aber sie lullt uns auch ein, macht uns gefügig und erstickt unseren Wissens-

drang. Mit ihren Verlockungen zieht sie uns nur noch tiefer hinein in den Traum von einem Selbst. Ohne sie kommen wir uns vielleicht vor wie die Trapezartistin: frei schwebend zwischen den Stangen. Doch sobald wir uns an ihr festklammern, schaukeln wir nur noch hin und her, ohne der unablässig sich wandelnden Natur der Menschen und Geschehnisse Beachtung zu schenken.

Der Buddha hat gesagt: »Schenkt dem, was ihr aus meinem Mund hört, keinen Glauben. Findet es selbst heraus!« Ich kann Ihnen erzählen, dass ich aus dem Garten eines etwas weiter entfernten Nachbarn das Kikeriki eines Hahnenschreis höre. Was aber hören Sie, und wie sagen Sie, was Sie hören? Was ist *Wahrheit?* Als er gefragt wurde: »Wo findet man die *große Wahrheit?«*, antwortete der Zen-Meister: »Gerade hat sie sich bewegt.«

Wahrheit lässt sich nicht festlegen. *Wahrheit* lässt sich nicht durch das Wörtchen *die* festlegen. Wie sollten wir wohl den Augenblick festhalten können? *Wahrheit* verweigert sich der Definition, weil sie sich so rasch wandelt, dass sie uns im gleichen Moment, in dem wir versuchen, ihrer habhaft zu werden, verloren gegangen ist. Doch sie bleibt nicht nur unfassbar. Nach Aussage eines anderen Zen-Meisters ist *Wahrheit* auch *unaussprechlich,* lässt sich *mit Worten nicht ausdrücken.* Das heißt also: *Wahrheit* lässt sich weder fassen noch aufschreiben und nicht in einem Buch, einer Vorlesung oder einem Vortrag darlegen. Darum kann es uns vorkommen, als sei sie unwirklich und fern. Jedes Mal, wenn wir den Mund öffnen, um zu sprechen, bedeutet das demzufolge, dass wir in einem gewissen Sinn von der Wahrheit abweichen und der Täuschung anheim fallen, weil wir versuchen das auszusprechen, was sich mit sprachlichen Mitteln nicht kommunizieren lässt. Dessen ungeachtet führt an Kommunikation kein Weg vorbei. Selbstverständlich müssen wir sprechen, manchmal sogar etwas Unwahres sagen.

Wie weit haben uns diese Überlegungen nun gebracht? Würde Ihr Liebhaber oder Partner Sie fragen, ob Sie in Zukunft oder im Krankheitsfall für ihn da sein werden, hielten Sie es dann für vertretbar, ihm zu antworten: »Um wirklich bei der Wahrheit zu bleiben, kann ich dir nicht zusagen, dass ich dich auch im nächsten Moment noch lieben werde, geschweige denn, falls du krank wirst und meine Fürsorge brauchst. Um ehrlich zu sein, kann ich nicht einmal mit Bestimmtheit sagen, ob mir morgen früh noch der Sinn danach stehen wird, weiterhin bei dir zu bleiben.«

Aber wir müssen auf die Frage unseres Partners eingehen. Was glauben Sie, wie es bei Ihrem Partner ankäme, würden Sie einfach schweigen? Und wäre es klug, einem fünfjährigen Kind zu sagen: »Ich kann dir nicht wirklich mit Sicherheit versprechen, dass Mami und Papi so lange leben und sich um dich kümmern können, bis du groß bist«? Wann wären Sie bereit, absichtlich zu lügen? Würden Sie den Unterschlupf von unschuldigen Menschen verraten, die versuchen, skrupellosen Mördern zu entkommen? Woher wissen wir, wann wir schweigen und wann wir die Wahrheit aussprechen sollen?

Falls wir von der Regel ein Patentrezept erwarten, dem sich entnehmen lässt, was wir wann, wo und zu wem auf welche Weise sagen können, dann wird sie uns ihren Dienst versagen, sobald wir unsere Worte so wählen müssen, dass sie dem Leben in bestmöglicher Weise dienen. Wenn wir hoffen, mit unseren Worten der Realität des gegenwärtigen Augenblicks gerecht zu werden, dann müssen wir der Tatsache ins Auge sehen, dass die Zukunft ungewiss bleibt. Was gestern noch wahr oder richtig gewesen ist, könnte heute falsch sein und enthält keinerlei Garantie für morgen. Für jede einzelne Regel gilt: Sie ist unsere Hilfestellung, um uns der Wahrhaftigkeit oder dem Wahrheitsgehalt unserer Handlungen von Augenblick zu Augenblick zu stellen. Im Moment der Entscheidung – »Verfälsche ich die Wahrheit oder nicht?« – beginnt unsere Praxis.

DIE PRAXIS

Wenn Sie diese Regel praktizieren, sollten Sie zunächst einmal beobachten, auf welche Weise Sie nicht wahrhaftig sind. Denken Sie bitte daran, die beobachtende Haltung der naturwissenschaftlichen Forscherin beizubehalten und genau aufzupassen, wann Verfälschungen der Wahrheit auftreten. Zu diesem Zweck können Sie versuchen, Ihre Nachforschungen auf bestimmte Situationen zu beschränken, in denen Sie nach eigener Einschätzung die Neigung haben, sich oder anderen etwas vorzumachen. Ebenso gut aber können Sie die Untersuchung in einem weit gesteckten Rahmen anstellen. Der entscheidende Punkt ist, dass Sie sich selbst *zuhören,* während Sie sprechen. *Wirklich* zuhören! Damit meine ich: dem Wortlaut, dem Tonfall Ihrer Stimme, den Pausen und den Phasen des Schweigens; am Arbeitsplatz, beim gemeinsamen Frühstück mit Ihrem Partner, beim Einkauf im Supermarkt, beim Arztbesuch.

Für die Durchführung dieses Teils der Praxis gibt es keinen besonderen Ort. Praktizieren Sie einfach. Sie werden vielleicht zu Ihrem eigenen Erstaunen feststellen, dass Sie, selbst wenn Sie gar nicht eigens nach Täuschungsmanövern Ausschau halten, so manches Mal fündig werden, wenn Sie ein offenes Auge und ein offenes Ohr haben für irreführende Worte, für die Modulationen Ihrer Stimme oder für Ihre Körpersprache. Aber denken Sie bitte daran: Die Einladung ergeht hier lediglich an die Beobachterin, nicht an die Richterin. Und falls Letztgenannte dennoch aufkreuzt, bringen wir sie einfach an den ihr gebührenden Platz, nicken ihr zu – »Hallo, Richterin« – und wenden die Aufmerksamkeit erneut dem Klang der Stimme und der Beobachtung der Körperwahrnehmungen zu.

In dem vorhin beschriebenen Fall, in dem meine Schülerin sich bei ihrer Arbeit im Krankenhaus beobachtet hat, fiel ihr anschließend auf, dass sie in Wirklichkeit keineswegs immer nur schwieg. Tatsächlich sprach sie recht häufig, indem sie der Stationsschwester mit der Antwort: »Ist in Ordnung«, ihre Zustimmung ausdrückte. Als sie wirklich hinzuhören begann, konnte sie diese beiden kleinen Wörter – *in Ordnung* – in vielen Situationen vernehmen, nicht bloß bei der Arbeit. Sie entdeckte ein Reaktionsmuster, durch das sie Einverständnis signalisierte.

Ferner war ihr vielfach erst lange Zeit nach einem Vorfall bewusst geworden, dass das, was sie gesagt hatte, nicht der Wahrheit entsprach. Bitte wundern Sie sich nicht, wenn Ihnen das passiert. Der Zeitpunkt, an dem Sie sich bewusst werden, dass eine Ihrer Aussagen nicht der Wahrheit entsprochen hat: Dieser Moment ist Ihr Zugangspunkt zu der Regel. Das Geschehen kann gerade drei Sekunden zurückliegen oder bereits mehrere Tage. In diesem frühen Stadium versuchen Sie einfach, den Reaktionsmustern auf die Spur zu kommen, in denen eine Verfälschung der Wahrheit passiert. Da wir hier lediglich diese Muster ergründen wollen, spielt es keine Rolle, ob das Signallicht aufleuchtet, bevor, während oder nachdem Sie die Wahrheit verfälscht haben. Meine Schülerin zum Beispiel begann allmählich festzustellen, dass sie nicht nur am Arbeitsplatz den Mund nicht aufmachte, wenn es darauf ankam, sondern auch bei Unstimmigkeiten mit ihrem Partner oder einem ihrer Kinder. Der Lichtstrahl förderte eine ganze Kollektion von Reaktionsmustern zutage.

Haben Sie erst einmal ein paar charakteristische Situationen ausfindig gemacht, werden Sie auch bereit sein, Ihre Nachforschungen ein wenig zu vertiefen. Wann immer Ihnen nun klar wird, dass Sie sich auf ein Täuschungsmanöver eingelassen haben, sollten Sie Ihre Achtsamkeit nach innen wenden und Ihren Körper wahrnehmen. Treten Empfindungen wie Herzklopfen auf, ein trockener Mund oder ein flaues Gefühl in der Magengegend? Beobachten Sie, ob die betreffende Empfindung sich als Schuld, Scham, Angst oder als was auch immer zu erkennen gibt.

Verlangen Sie nicht nach einer Antwort. Laden Sie sie nur ein. Beachten Sie, welche Gedanken sich regen und ob sie sich zu einer kleinen Geschichte zusammenfügen. Zu welcher Geschichte? *Ich bin schlecht. Dieses Ziel werde ich nie erreichen. Man hat mich durchschaut. Was wird man von mir halten? Wie kann ich diesen Eindruck bloß kaschieren?* Erwägen Sie weitere Täuschungsmanöver, um das Vorausgegangene zu vertuschen? Der Geist könnte an diesem Punkt ziemlich auf Hochtouren geraten. Es ist nicht nötig, dass Sie sämtliche Gedanken mitbekommen. Bloß einen. Den rufen Sie sich dann wieder zurück: »Ich habe den Gedanken, dass ...« – Soeben haben Sie die Wahrheit gesagt! Versuchen Sie nicht, daran herumzubasteln. Es geht schlicht darum, Ihre Aufmerksamkeit der Erfahrung zuzuwenden, die Sie gerade machen, und angesichts dieser Erfahrung aufrichtig zu sein.

Wenn Sie eine Zeit lang so praktizieren, werden Sie bemerken, dass Ihr Gewahrsein die Abläufe zunehmend schärfer und schneller erfasst. Gewissermaßen rücken wir allmählich in der Schlange immer weiter nach hinten, so dass das Licht- oder Haltesignal, sobald Sie sich auf ein Täuschungsmanöver einlassen, immer früher aufleuchtet.

Er habe das Gefühl, berichtete mir einer meiner Schüler, kaum jemals zu kommunizieren, ohne sich selbst oder anderen in irgendeiner Weise etwas vorzumachen. Viele andere erzählten mir, sie hätten den Eindruck, jetzt häufiger nach einem bestimmten Muster zu reagieren, obwohl ihnen in Wahrheit nur bewusst wird, wie oft sie dieses Verhalten einsetzen. Es kann eine schwierige Zeit werden, wenn unsere moralisierende Selbstbeurteilung die Oberhand gewinnt. Mit der Neigung, Urteile abzugeben, verfahren wir jedoch genauso wie mit jeder anderen gedanklichen/emotionalen/körperlichen Reaktion: Benennen. Spüren. Atmen. Und weiter geht's.

An dieser Stelle ist es sinnvoll, die Regel im Sinn eines Stoppschilds zu nutzen, das uns signalisiert: »Halt inne, bevor du fortfährst.« Ein bloßes Unterbrechen der Handlung reicht allerdings nicht aus. Ohne Frage macht es jedoch bis zu einem gewissen Grad Sinn, sich zu sagen: »Ich werde in dieser Situation nichts Irreführendes äußern.« Falls Sie es allerdings dabei belassen, wird Ihnen dies nicht zu einem tiefer gehenden Verständnis der Tatsache verhelfen, dass Ihre Ansichten der Realität nicht gerecht werden. Brechen Sie also die Handlung ab, und beginnen Sie dann mit Ihren Nachforschungen. Das Innehalten führt uns zum Totpunkt, so dass wir den Moment von *Einfach das* voll und ganz erfahren können.

Während dieser schöpferischen Pause gewinnt das Gewahrsein an Tiefe. Jetzt befinden Sie sich im Bereich zwischen den Trapezstangen, kurz bevor Sie etwas sagen (oder nichts sagen). Sie verweilen im Totpunkt. Genau an dieser Stelle tritt die Täuschung dadurch zutage, dass wir uns tiefer in die Erfahrung hineinbegeben. Es ist wichtig, sich hier jenen Geist in Erinnerung zu rufen, von dem das Zen-Rätsel zeugt. Sie verlangen nicht nach einer Antwort, sondern bleiben in der Schwebe, indem Sie ganz offen der Frage nachgehen: »Was könnte schlimmstenfalls geschehen, wenn ich jetzt die Wahrheit sage?« Man stellt die Frage und lässt sie anschließend los. So, als ob Sie sich mit einer Untersuchung auf ungewisses Terrain vorwagen und offen sind für das, was zutage gefördert wird. Die wirkliche Kraft wohnt dem Fragen inne, nicht der Antwort.

Wenn Sie zu guter Letzt – und dafür gibt es weder einen Zeitplan noch eine vorgegebene Anzahl von Durchgängen – so weit sind, wird sich eine Einsicht herauskristallisieren. Das werden Sie nicht nur »irgendwie« instinktiv fühlen. Es wird sich in seiner gesamten Präsenz bemerkbar machen und auf Sie ausstrahlen. Meine Schülerin, die Krankenschwester, hat mit dieser Regel einige Monate gearbeitet: Dann spürte sie schließlich, dass das, was sie mit dem Mantel des Schweigens zu bedecken versuchte, die tief sitzende Überzeugung war, dass man sie ablehnen würde, wenn sie ausspräche, was sie auf dem Herzen hatte. Wann immer die Erfahrung des Zurückgewiesenwerdens in ihr auftauchte, beobachtete sie, wie dieses Gefühl stärker und wieder schwächer wurde. Sie nahm es in ihrem Körper wahr und öffnete sich ihm, solange es ging. Anfangs nur für einen Augenblick oder zwei, nach und nach jedoch für immer längere Zeiträume – mit Herzklopfen, der Brustkorb wie zusammengeschnürt. Einfach atmend, ein und aus. Immer wieder hielt sie in offener Stille inne, ließ zu, dass die als *Ablehnung* etikettierte Empfindung stärker und wieder schwächer wurde und schließlich verschwand – sich bewegend und verändernd, sich wandelnd, stets in Fluss.

Anfangs sind Sie wahrscheinlich nur für einen Sekundenbruchteil in der Lage, in diesem Totpunkt zu verweilen. Mit der Zeit wird es Ihnen leichter fallen. Ganz so, als würden Sie am Meer oder an einem See ins Wasser gehen: Zunächst einmal halten Sie vielleicht behutsam bloß den dicken Zeh ins eisige Wasser und denken, dass Sie wahrscheinlich nie mit dem ganzen Körper hineingehen werden. Wenn Sie aber einfach weitermachen, werden Sie irgendwann zu Ihrer eigenen Überraschung feststellen, dass Sie Stück um Stück ins kalte Wasser gegangen sind, mittlerweile schwimmen und jetzt Ihre Freunde ermuntern nachzukommen – »Das Wasser ist einfach wunderbar!«. Meine Zen-Lehrerin Charlotte Joko Beck spricht in diesem Zusammenhang gern vom »Auge des Sturms«. Dort, genau im Zentrum eines Sturms, herrschen Ruhe und Frieden.

Durch das Verweilen im Totpunkt erfahren wir, wie haltlos die Idee ist, der eigenen Erfahrung gegenüber unaufrichtig zu sein. Das ist die Wahrheit von *Einfach das.* Was wir für eine unerträgliche Erfahrung halten, die es durch Schweigen und Unaufrichtigkeit zu vermeiden gilt, ist nicht viel mehr als eine Energie, die sich auf eine bestimmte Weise in unserem Körper und in unseren Gedanken manifestiert. Indem wir im Totpunkt verweilen, lernen wir die vielen subtilen Formen kennen, wie wir uns und andere täuschen. Das alles tun wir in dem Bemühen, unseren tief im Innern gehegten Annahmen über die eigene Identität – unseren *Traum von einem Selbst* – zu entgehen. Wenn wir die Erfahrung machen, wie veränderlich unsere Überzeugungen ihrer Natur nach sind, haben sie uns nicht länger so fest im Griff. Wir sind freier den eigenen Anforderungen gegenüber – sind freier, uns der Wahrheit gemäß auszudrücken.

GESPRÄCHE

SCHÜLER: Worin genau besteht der Unterschied, wenn ich anderen helfe, weil ich es will beziehungsweise weil es notwendig ist oder weil ich mir etwas vormache?

DIANE: Das kommt auf die Situation an. Für welches Handeln wir uns entscheiden, hängt stets von unserer Fähigkeit ab, die Umstände klar zu erkennen. Im Grunde ist dies bei allen Regeln der entscheidende Punkt – unter Berücksichtigung sämtlicher Gegebenheiten auf die bestmögliche Art und Weise zu handeln. Und so sagen wir dann vielleicht: »Nein, das kann ich nicht tun. Ich habe keine Zeit.« Oder, wenn es sich um etwas handelt, das unbedingt getan werden muss, gleichgültig wie müde wir sind, können wir unter Umständen um Hilfe bitten; oder es einfach tun, ohne daraus eine große Geschichte zu machen.

SCHÜLER: Mir ist noch nicht klar, wie ich erkennen kann, wann es in Ordnung ist, nicht die ganze Wahrheit zu sagen. Wann zum Beispiel wäre es am besten, den Mund zu halten oder zu lügen?

DIANE: Es läuft immer und immer wieder auf die Frage hinaus: »Welche Absicht verfolge ich?« Auf diese Frage beziehen wir uns bei allem, was wir tun. Das gilt keineswegs bloß für das Reden. Um uns über unsere Absichten im Klaren zu sein, müssen wir zunächst einmal in uns selbst die eigenen Schlupflöcher ausfindig machen. Aus diesem Grund beginnt unsere Arbeit damit, vor uns selbst offen zu legen, worin unsere Absicht besteht. Nur dann haben wir eine Chance, jedem Augenblick des Daseins in Offenheit und Ehrlichkeit zu begegnen. Gelingt uns das, und sei es auch nur für eine Millisekunde, dann finden wir nicht *Wahrheit,* wir *sind* dann *Wahrheit* – echt, offen, nackt –, ganz und gar.

6

Ich begebe mich auf den Weg, von anderen in einer Offenheit zu sprechen, die für Entwicklungen Raum lässt

Bei jeder Begegnung treffen wir einen Fremden.

– T. S. Eliot[14]

Die Worte T. S Eliots kommen mir in den Sinn, während ich mich dabei ertappe, dass ich meinem Mann gegenüber eine Bemerkung über jemanden fallen lasse, den wir beide für *nicht besonders zuverlässig* halten. »Woher kann ich wissen«, ziehe ich im nächsten Moment die eigene Aussage in Zweifel, »was er in der Zeit, seit wir uns letztes Mal begegnet sind, alles auf die Beine gestellt und worin er sich bewährt hat? Warum ziehe ich es vor, das Bild, das ich von ihm im Kopf habe, zu verewigen, indem ich ihn der *Unzuverlässigkeit* bezichtige? Woran habe ich seit unserer letzten Begegnung festgehalten, statt mich davon zu lösen?«
Das sind einige der Fragen, auf die wir stoßen könnten, wenn wir mit der Regel arbeiten *Ich begebe mich auf den Weg, von anderen in einer Offenheit zu sprechen, die für Entwicklungen Raum lässt.* Diese Regel, die uns vielfach auch in der Formulierung *Nicht über die Fehler der anderen reden* begegnet, hilft uns, geringschätzige Annahmen und Überzeugungen auf den Prüfstand zu stellen.

Eine meiner Schülerinnen fand für diese Regel folgende Worte:

Wenn ich über andere rede, wer spricht dann aus mir? Angst und Scham im Innern bringen Worte spitzfindiger Kritik hervor. Ich gelobe innezuhalten, damit sich artikulieren kann, was mich an Geist und Körper bedrückt.

Suchen Sie sich bitte ein Szenarium Ihrer Wahl aus. Zum Beispiel: Nach einer Auseinandersetzung mit Ihrer Partnerin beziehungsweise Ihrem Partner oder mit jemandem aus dem Kreis Ihrer Freunde oder Verwandten sind Sie wütend und fühlen sich verletzt. Daraufhin greifen Sie zum Telefon und rufen einen anderen Menschen an oder schreiben schnell eine E-Mail, um sich ausgiebig über die Fehler dieser Person auszulassen und ihr die Verantwortung für die Streitigkeit zuzuschieben. Oder: Vielleicht sind Sie mit einer Gruppe von Freunden, oder Freundinnen, ausgegangen, und was als harmloser Plausch beginnt, wird zum Vehikel für abschätziges Gerede über gemeinsame Bekannte. Oder: Womöglich haben Sie gerade gelesen, dass Ihr bevorzugtes *Feindbild* unter den Personen des öffentlichen Lebens soeben wieder versucht hat, aus was auch immer für sich selbst Kapital zu schlagen. Und schon ertappen Sie sich dabei, wie Sie über die Politiker insgesamt herziehen. Dies sind nur drei Situationen, in denen wir plötzlich feststellen könnten, dass wir uns über die Fehler anderer Menschen auslassen.
In Zusammenhang mit dieser Neigung, die Fehler und Unzulänglichkeiten von Mitmenschen aufs Korn zu nehmen, sprechen manche Sozialpsychologen von dem Verhaltensunterschied gegenüber der eigenen Gruppe einerseits und einer Fremdgruppe andererseits, von unserem »Ingroup/Outgroup-Verhalten«. Diese Sozialtheorie beschreibt die Hoffnung eines Menschen, das soziale Band, das ihn mit einer »Eigengruppe«

oder »Ingroup« verbindet, dadurch zu festigen, dass er über Personen außerhalb dieser Gruppe in einer herabsetzenden Art und Weise spricht. Damit möchte ich nicht behaupten, diese Theorie könne sämtlichen Fällen gerecht werden, in denen wir an anderen etwas auszusetzen haben. Sie kann uns aber helfen herauszufinden, welchen Preis es fordert, wenn wir uns auf dieses weit verbreitete Verhalten einlassen.

Bei einem zeitgenössischen Sozialpsychologen können wir dazu Folgendes lesen: Obgleich »die Einteilung der Menschen in Mitglieder der eigenen oder einer anderen Gruppe dazu beitragen könnte, dass sich bei den Betreffenden eine positive soziale Identität ausprägt und somit ein gutes Gemeinschaftsgefühl entwickelt ..., liegt hierin zugleich ein wesentlicher Grund für das Entstehen von Vorurteilen.«[15] Was haben wir also davon, wenn wir über andere auf herabsetzende Weise sprechen? Inwiefern dient das unserem selbstbezogenen Traum?

Ganz auf sich allein gestellt zu sein angesichts einer Meinungsverschiedenheit oder einer Enttäuschung fällt nicht immer leicht. Und so wenden wir uns oft nicht deshalb an andere Menschen, weil wir jemanden verletzen wollen, sondern weil wir Gefühle von Unterstützung oder Rückendeckung suchen. Vielleicht zeigt unser Bedürfnis, von Menschen umgeben zu sein, die unsere Auffassungen teilen, ein Unbehagen, das uns die eigenen Gefühle bereiten.

Unter Umständen begreifen wir aber auch, dass das Gerede über Fehler und Unzulänglichkeiten eine Strategie sein könnte, mit der wir andere dazu bringen wollen, genauso an anderen herumzumäkeln wie wir. Und das könnte uns unsere Tendenz, eine »Ingroup« zu bilden, vor Augen führen. Jemanden zu finden, der gemeinsam mit uns spitzfindig an anderen Kritik übt, fällt nicht besonders schwer. Wollen wir jedoch wirklich erfahren, was für den Fortbestand unserer Handlungsmuster sorgt, dann müssen wir diese Dinge hinterfragen – ganz auf uns allein gestellt. Das ist die Option, für die wir uns entscheiden, wenn wir beschließen, nicht geringschätzig von anderen zu reden.

Dieses Verhalten lernen wir in einer ziemlich frühen Phase unseres Lebens. Bereits im Vorschulalter finden Kinder heraus, dass sie einen Kameraden für sich einnehmen können, wenn sie mit ihm oder ihr Geheimnisse teilen und über einen Spielgefährten reden.

Wenn Zeitungsverlage unsere unstillbare Gier füttern, uns zum Richter über tatsächliche oder vermeintliche Charakterschwächen anderer Menschen aufschwingen zu können, schaffen sie es, ihre Auflagen in die Höhe zu treiben. Talkshows können so Zuschauer für sich gewinnen, und Klatschkolumnisten haben damit Hochkonjunktur. Über andere herzuziehen und an ihnen herumzukritisieren vermittelt nicht nur das Gefühl, selbst besser dazustehen – das Ganze ist sogar ein regelrechter Verkaufsschlager! Sehen Sie doch, wie es in den Fernsehshows zugeht: Die Teilnehmer werden so ausgewählt, dass ihnen kaum etwas anderes übrig bleibt, als dieser tief verwurzelten Neigung, andere schlecht zu machen, nachzugeben. Aber nicht bloß innerhalb eines derart explosiven, konkurrenzbetonten Umfelds hackt der eine auf den Schwächen und Unzulänglichkeiten des anderen herum, um daraus für sich selbst Kapital zu schlagen. Gerede und Klatsch sind für die meisten von uns etwas ganz Alltägliches.

Wie aber können Sie sich an einem Gespräch beteiligen, ohne in das alte Muster zu verfallen? Zwischen der Mitteilung von Informationen und der Thematisierung von Fehlern und Schwächen anderer Menschen steht ein ganzes Universum selbstbezogenen Denkens. Und diese Regel will keineswegs erreichen, dass wir die Schwächen eines Menschen nicht sehen oder seine Stärken nicht anerkennen und loben. Vielmehr hilft sie uns zu verstehen, dass es einen Unterschied macht, ob wir eine Information schlicht zur Kenntnis neh-

men – als etwas, das jemand tut – oder ob wir davon ausgehen, dass die betreffende Person ist, was sie tut. Falls Sie also gefragt werden, ob Joseph Ihrer Meinung nach der richtige Mann für die Mitarbeit an einem Projekt sei, dessen Durchführung gewisse mathematische Grundfertigkeiten voraussetzt, sagen Sie einfach, dass Rechnen nicht unbedingt zu seinen Stärken zählt – ganz ohne etwas Persönliches einzubringen.
Wir können uns dort einbringen, wo es um die mit unseren Worten einhergehende Absicht nachzudenken gilt. Das ist der Punkt, auf den es wirklich ankommt: Denn entweder können wir eine Frage in völlig unvoreingenommener Offenheit beantworten; die Auskunft, die wir erteilen, kann ein klein wenig durch unsere eigene Meinung eingefärbt sein; oder wir können, statt einen Sachverhalt darzulegen, unter Verzicht auf jegliche Information mit Mäkeleien an der betreffenden Person aufwarten.
Wir selbst haben vielleicht die Vorstellung, offen und ehrlich zu sein. Falls wir uns jedoch nicht über unsere Absicht im Klaren sind, kann – selbst im Gespräch über ein simples Faktum – durch eine geringfügige Veränderung des Tonfalls beinah unmerklich aus einer schlichten Mitteilung eine Abfuhr werden. Jemandem mitzuteilen, dass die Handlungen einer Person negative Auswirkungen gehabt haben, kann sehr wichtig sein. Etwas ganz anderes aber ist es, sein Bild einzufrieren und so von ihm zu sprechen, als werde er immer derjenige bleiben, der er einmal gewesen ist.

Das innere Selbstgespräch

Wie sehr wir dazu neigen, Bilder von anderen Menschen einzufrieren, habe ich schon aus dem Blickwinkel unseres sprachlichen Handelns beschrieben. Meines Erachtens verweist diese Regel allerdings ebenso auf die unausgesprochenen Mäkeleien. Wenn wir uns eine umfassendere Perspektive aneignen, legt uns diese Regel also nicht nur nahe, von anderen in einer Offenheit zu *sprechen,* die ihnen Spielraum lässt, sich weiterzuentwickeln, sondern ihnen auch entsprechend zu *begegnen.*

Einen anderen Menschen verächtlich zu machen kann weit reichende Konsequenzen haben, gar keine Frage. Auf einer grundlegenderen Ebene aber verhält es sich so, dass der Geist, wenn er in der starren Vorstellung von einem anderen Menschen gefangen ist, keinesfalls offen und wach sein kann. Selbst wenn die entsprechenden Gedanken unausgesprochen bleiben. Besonders tief verwurzelt ist nach meiner Erfahrung unser Herummäkeln an jenen Menschen, zu denen wir in einer besonders engen Beziehung stehen. Vor allem denke ich dabei an Kinder, die an ihren Eltern, und an Eltern, die an ihren Kindern ständig etwas auszusetzen haben. Damit meine ich nicht so sehr die schroffe Kritik aus den Übergangsphasen des Teenageralters, sondern die erstarrten Vorstellungen, von denen wir uns nicht lösen.

Einer meiner Schüler hat die Einsichten, zu denen er während der Arbeit mit dieser Regel gelangte, so beschrieben:

> Wann immer der Name meines Vaters fiel, hatte ich nichts Gutes über ihn zu sagen. Für mich stand unverbrüchlich fest, dass er ein starrköpfiger, störrischer Dickschädel war. Ich meinte ihn zu kennen, und an meinen Ideen darüber, wer er meiner Meinung nach war, hielt ich fest.
>
> Jetzt, wo er älter wird und kein so gutes Gedächtnis mehr hat, ist er darauf angewiesen, dass ich ihm etwas unter die Arme greife. Und so bin ich gezwungen, ein bisschen Zeit mit ihm zu verbringen. Auf die Ausrede zurückzugreifen, dass es sich in seiner Nähe nicht aushalten lasse, verbietet sich einfach. Daher gehe ich ähnlich vor, wie Sie es in

Zusammenhang mit Ihrer Mutter beschrieben haben. Ich verabrede mit ihm kurze Besuche, so dass ich mich bloß für ein Weilchen bei ihm aufhalte, und versuche, keinerlei Erwartungen zu hegen. Das fällt nicht leicht. Allmählich beginne ich jedoch hinter seiner Härte noch etwas anderes zu spüren.

Seit ich in dieser Situation mit der Regel praktiziere, wird mir immer deutlicher, wie sehr ich an meinem vermeintlich so glasklaren Bild von ihm festhalten will. Es gibt Momente – unmittelbar bevor ich auf die Wertung reagiere, die für mich aus seinen Worten spricht –, in denen ich diesen Worten einfach zuhören kann, obgleich seine Geschichten sich wiederholen. Ich habe sie früher schon gehört, doch nun höre ich in ihnen tatsächlich die Erfahrung seines Lebens – schwierig, hart, feindselig. Und während ich zu spüren beginne, dass ihm seine Hartnäckigkeit und Unbeugsamkeit als Schutz dienen, bemerke ich etwas von ebendieser Unbeugsamkeit und Hartnäckigkeit auch in mir. Ich war der Meinung, genau über ihn Bescheid zu wissen, in Wahrheit aber hatte ich nur diese erstarrte Vorstellung. Die vorwurfsvolle Haltung ihm gegenüber, auf die ich mich zurückgezogen hatte, diente mir als Mittel, mich von ihm davonzustehlen, und die Schutzzonen, um meinen eigenen Schmerz noch weiter abzusichern.

Besonders bemerkenswert an der Einsicht dieses Schülers ist, wie seine Bereitwilligkeit, im Totpunkt zu ruhen – einfach in Offenheit die Mitteilungen seines Vaters wahrzunehmen –, eine Tür geöffnet hat, durch die er Zugang zu den eigenen, tief im Innern gehegten Überzeugungen gewann. Er hat erkannt, dass es in seiner Entscheidung lag, entweder weiter von einer Reaktion zur nächsten zu schaukeln oder aber innezuhalten, hinzusehen, hinzuhören und auf die tatsächlichen Erfahrungen einzugehen.

Uns selbst ausweichen

Ein anderer Schüler machte während seiner Arbeit mit dieser Regel folgende Erfahrung: Seine Schwester hatte ihn, wie schon so oft, angerufen und um Geld gebeten. Nachdem er den Telefonhörer aufgelegt hatte, ertappte er sich dabei, wie er sich bei seiner Frau beklagte, dass seine Schwester einem »so unwiderstehlich das Geld aus der Tasche ziehen kann«. Kurze Zeit später leuchtete jedoch über der Zugangstür für die Regel das Lichtsignal mit der Aufschrift »Komm herein« auf. Was er gesagt hatte, so wurde ihm klar, war reaktiv, und infolge seiner negativen Haltung hatte er seine Schwester einfach auf eine starre Vorstellung reduziert.

Daraufhin stellte er sich selbst die schlichte, aber wirkungsvolle Frage: »Wie sollte sie meiner Meinung nach sein?« Und indem er sich die Frage aufrichtig – das heißt so, wie er *wirklich* dachte – beantwortete, erwiderte er: »Sie sollte mich nicht um Geld bitten.« Anschließend formulierte er den zweiten Teil der Frage: »Wie ist sie?« Darauf konnte es nur eine wahrheitsgemäße Antwort geben, eine Antwort, die die Situation so schildert, wie sie ist: »Sie bittet mich um Geld.«

Wie sollte sie meiner Meinung nach sein? Wie ist sie? Diese beiden unmissverständlichen Lichtsignale können uns auf Kurs halten. Und dabei stehen die *Sollte-sein*-Gedanken für unsere Anforderungen. Anschließend wandte er seine Aufmerksamkeit dem Körper zu und stellte fest, dass er in kurzen Zügen atmete und die Zähne zusammenbiss – ein zusätzliches Anzeichen für einen reaktiven Zustand. Erneut stellte er sich die Frage: »Wie sollte sie meiner Meinung nach sein?« Seine Antwort ließ eine weitere, tiefer liegende Anforderungsebene erkennen: »Sie sollte immer für sich selbst sorgen und unabhängig sein.«

Nachdem er ausfindig gemacht hatte, welche Anforderung hinter der Reaktion auf das Verhalten seiner Schwester stand, setzte mein Schüler seine Praxis fort, indem er herauszufinden versuchte, ob und inwieweit er vielleicht anderen Menschen gegenüber ähnliche Anforderungen geltend machte. So achtete er im täglichen Umgang mit anderen Leuten darauf, ob er die Anforderung stellte, dass die Menschen stets für sich selbst sorgen sollten, und wie er reagierte, falls sie es nicht taten.

Wann immer diese Situation sich ergab, richtete er seine Aufmerksamkeit auf den eigenen Körper und auf die Gedanken, die ihm in der Situation in den Sinn kamen. Nachdem er mehrere Monate lang auf diese Weise mit der Regel gearbeitet hatte, fand er Folgendes heraus: Wenn er an seinen Mitmenschen primär deren Fehler und Defizite wahrnahm, so stand hinter dieser Reaktion die Überzeugung, dass die Menschen perfekt sein sollten.

Außerdem fand er heraus, dass diese Sicht vielfach auch für ihn selbst galt. Wenn er jemanden um Hilfe bitten musste, bemerkte er, dass er sich oft unbehaglich fühlte. Welche Wertschätzung und welches Maß an Offenheit er den meisten Menschen entgegenbrachte, so musste er zu seinem eigenen Erstaunen feststellen, hing davon ab, inwieweit sie seiner Anforderung »Die Menschen sollten stets für sich selbst sorgen können. Sie sollten unabhängig sein.« gerecht wurden. Und er erkannte, dass diese Anforderung keineswegs, so wie er es zuerst wahrgenommen hatte, allein seiner Schwester galt. Indem er seine anfängliche Reaktion auf ihre Bitte um Geld als Zugangspunkt zu der Regel nutzte, entdeckte er, dass er von der Überzeugung geprägt war, er und jeder andere *sollte* immer in der Lage sein, für sich selbst zu sorgen, und unabhängig sein.

Solche Überzeugungen sind uns lieb und teuer. Wir halten an ihnen fest, weil sie uns ein Gefühl von Sicherheit und den Eindruck vermitteln, wir hätten die Dinge unter Kontrolle. Dabei fühlen wir uns, sofern das Leben unseren Anforderungen entspricht, möglicherweise durchaus wohl. Entspricht das Leben hingegen nicht den eigenen Anforderungen, setzt unser reaktives Verhalten ein.

Was könnte im schlimmsten Fall geschehen?

Als mein Schüler sich fragte: »Was könnte im schlimmsten Fall geschehen, wenn meine Schwester nicht für sich selbst sorgen würde?«, durchlief er eine weitere Windung innerhalb seiner spiralförmig verlaufenden Nachforschungen. Diese Frage ist für jede Selbsterkundung mit den Regeln ein nützliches Werkzeug. Indem er sich seiner Achtsamkeit weiter öffnete, bemerkte er im Bauchbereich ein Beben. Bei dem Versuch, diese Empfindung behutsam zu ergründen, stellte er wieder seine Ausgangsfrage, nur ohne eine Antwort zu erwarten. Er verweilte einfach in der Offenheit seiner Erfahrung des Bebens in der Bauchgegend. Aus dieser bloßen Erfahrung perlte das Wort *traurig* empor.

Einer weiteren Windung der Spirale folgend, ruhte er in diesem Totpunkt. Dort verweilte er im vollen Gewahrsein dessen, was sich selbst als *traurig* etikettiert hatte, und ließ die Erfahrung in ihrer ganzen Bandbreite zu. Als er sich der Traurigkeit weiter öffnete, verspürte er ein stechendes Angstgefühl. Während er atmete, offen blieb und in der Stille des Totpunkts verweilte, begann er zu begreifen, dass er nicht einfach nur mit seiner Traurigkeit und Angst in Berührung gekommen war, sondern auch mit der Traurigkeit und Angst seiner Schwester und wahrscheinlich mit der Traurigkeit und Angst all jener Menschen, die nicht für sich selbst sorgen können – des obdachlosen jungen Mannes, an dem er gestern auf der Straße vorübergegangen war; der Waisenkinder, die in einem Drittwelt-Land um Nahrung betteln; der hungernden Menschen, deren hilflos blickende Gesichter auf den

Titelseiten von Illustrierten abgebildet und in den Fernsehnachrichten zu sehen sind.
Er begann zu begreifen, dass er versucht hatte, dieser alles durchdringenden Traurigkeit und Angst auszuweichen. Hier ging es nicht bloß um ihn oder um die Fehler und Unzulänglichkeiten seiner Schwester. Dieses Verständnis erwuchs aus einem einzigen Moment, in dem er sein Herz geöffnet hatte.

Dem Fremden begegnen

Begegnen wir anderen als Fremden, ist unser Herz offen für ein ganzes Spektrum der Möglichkeiten, auch für Veränderung und Versöhnung. Wir haben uns noch nicht festgelegt, wer unser Gegenüber wohl sein mag, und kennen die andere Person nur so, wie sie sich uns in genau diesem Augenblick präsentiert. Gestern haben Sie vielleicht ein paar harsche Worte gewechselt und gedacht, dass Ihr Gegenüber Ihnen ganz schön lästig ist. Doch wo ist *lästig* heute, in diesem Augenblick?
Unsere Mäkelei stelle ich mir gern wie abgetönte Brillengläser vor, die den Blick trüben und nicht zulassen, dass wir klar sehen, wer oder was uns da jeweils begegnet. Wenn Sie der betreffenden Person heute begegnen und dabei nach wie vor die gestrigen Worte im Hinterkopf haben, dann sind Ihre Brillengläser abgetönt – *lästig*. So können Sie diesem Menschen nicht wie einem Fremden begegnen.
Warum aber gehen wir davon aus – oder gehen nicht davon aus –, dass ein Mensch sich seit gestern verändert hat? Solange wir darauf beharren, ihn durch die Brille unserer Erinnerungen wahrzunehmen, machen diese abgetönten Gläser es uns unmöglich, ihm jene Offenheit entgegenzubringen, die ihm Raum lässt, sich zu entwickeln.
Um anderen wie Fremden begegnen zu können, müssen wir

uns in den Zwischenbereich des Nichtwissens – den Totpunkt – hineinbegeben. So bleibt unsere Meinungsbildung in der Schwebe, während wir der betreffenden Person gegenübertreten. Wenn wir hingegen schon alles über sie wissen, erübrigt es sich, die Erfahrung zu machen, wie es sich anfühlen könnte, im Zwischenbereich des Nichtwissens zu verweilen. Wenn wir mit anderen über unsere Mitmenschen herziehen, vergewissern wir uns dadurch, dass wir nicht allein dastehen müssen mit dem, was wir fühlen.
Darin liegt die Paradoxie dieser Regel: Um jemanden wirklich zu kennen, müssen wir offen sein für die Möglichkeit der Veränderung und uns zugleich eingestehen, dass wir diesen Menschen nur im gegenwärtigen Moment wirklich kennen können.

Wie es nun mal ist

Sehen wir uns aufmerksam an, wie wir über die Fehler unserer Mitmenschen reden, kann uns das viel darüber sagen, wie wir generell unsere Mauern errichten. Wenn sogar unsere Aussagen über andere Menschen für selbstsüchtige Ziele und Zwecke subtilerer Art herhalten müssen, entfremden wir uns dadurch nicht nur von unseren Mitmenschen, sondern auch von uns selbst. Sobald wir solch eine Trennlinie ziehen, leisten wir dem Gefühl Vorschub, selbst etwas Besonderes zu sein. Gefühle der Unzulänglichkeit, Unvollkommenheit, Angst und Scham mögen dadurch zeitweilig abnehmen. Doch sie werden lediglich beiseite geschoben, um bei anderer Gelegenheit wieder aufzutauchen. Wenn wir über unsere Mitmenschen mit Geringschätzung reden, verletzen wir sie zutiefst. Uns selbst schaden wir ebenfalls, denn wir versagen der Anerkennung, dem Mitgefühl und der Großzügigkeit ihren angestammten Platz im Füllhorn des Lebens.
Bei James Baldwin heißt es:

Eine machtvolle, eine unerbittliche Gesetzmäßigkeit liegt darin, dass man das Menschsein eines anderen nicht in Abrede stellen kann, ohne es bei sich selbst zu mindern. Im Angesicht seines Opfers erblickt man sich selbst.[16]

Mein Schwiegervater benutzte stets eine wundervolle italienische Redewendung, wenn jemand anderes in herabsetzender Weise auf die Schwächen eines Mitmenschen hinwies. Dann sagte er: *»È fatto così!«* – »Er ist halt so.« Wie kompliziert doch alles wird, wenn wir diese schlichte Wahrheit aus den Augen verlieren – wir sind, wie wir sind, wie auch immer wir zu unseren Eigenarten gelangt sein mögen. Seine Feststellung leugnet nicht, wie die betreffende Person tatsächlich ist. Gleichzeitig akzeptiert sie jedoch diese Person so, wie sie ist, ohne sie schlecht zu machen.
Die meisten von uns geben sich damit allerdings nicht zufrieden. Kaum jemals akzeptieren wir uns selbst so, wie wir sind, geschweige denn unsere Kinder, Eltern, Freunde, Partner, Mitarbeiter, Lehrer und so weiter. Erst wenn wir für uns selbst voll und ganz offen sein können, dürfen wir hoffen, dass wir andere – und das ist das Betrübliche daran – wahrnehmen, wie sie sind. Bis dahin werden wir sie stets unter dem Gesichtspunkt *weniger als* oder *mehr als* betrachten. Dies entspricht der eigentlichen Bedeutung des Wortes *Fehler*. Ausgehend von dem lateinischen Verb *fallere* sind wir über das altfranzösische *faille* und das mittelhochdeutsche *væl(e)* zur heutigen Bedeutung von *Fehler* gelangt: Mangel, Unvollkommenheit. Die Unvollkommenheit, die wir in anderen sehen, erwächst aus dem Gedanken, es mangele an etwas beziehungsweise etwas sei *nicht richtig*. Wenn wir jemandem Vorwürfe machen, über jemanden herziehen, ihn oder sie schlecht machen, rührt dieses Handeln von der tief sitzenden Überzeugung her, wir selbst seien weniger als etwas oder jemand.

Wie wäre es, wenn wir zuließen, und sei es nur für einen Augenblick, in der Sinneserfahrung von *weniger als* zu ruhen, indem wir ihr als vibrierender Energie im eigenen Körper nachspüren? Wir würden uns dann anschauen und genau darauf achten, wie Geist und Körper im Pulsschlag der Energie von *weniger als* schwingen. Plötzlich könnten wir uns an Punkt null wiederfinden: weder *weniger als* noch *mehr als*. In diesem Moment besteht keinerlei Notwendigkeit, mehr als oder weniger als zu sein. Hier gibt es keine Fehler. Es ist einfach, »wie es nun mal ist«. Die Worte von Bodhidharma, dem geistigen Stammvater des Zen, kommen mir da in den Sinn: »Auf Fehler nicht hinzuweisen bezeichnet man im Bereich des makellosen Dharma als die *Regel, nicht über die Fehler von anderen zu reden.*«

DIE PRAXIS

Zur Erkundung dieser Regel und ihrer Anwendung im Kontext unserer alltäglichen Entscheidungen können Sie einfach die folgende Übung ein oder zwei Wochen lang ausprobieren. Aber bedenken Sie bitte, dass es dabei weder einen Fahrplan einzuhalten noch ein Wettrennen zu gewinnen gilt. Möglicherweise werden Sie feststellen, dass Sie lediglich bis zu Punkt eins kommen. Das ist in Ordnung. Haben Sie erst einmal die Absicht zum Ausdruck gebracht, Ihre Reaktionsmuster auf diese Art und Weise zu erforschen, ist der Beobachter aktiviert und wird im Lauf der Zeit an Einfluss gewinnen.

- *Innehalten:* Führen Sie eine Bestandsaufnahme durch. Nehmen Sie sich eine Woche Zeit, um nach und nach nicht nur der offenkundigen, sondern auch der weniger klar ersichtlichen Formen gewahr zu werden, in denen Sie – unverblümt, verstohlen, in Anspielungen versteckt – über andere reden. Halten Sie Ihre Beobachtungen in einem Tagebuch fest.

- *Hinsehen:* Richten Sie Ihr Augenmerk auf ein oder zwei ausgewählte Reaktionsmuster, die besonders deutlich zeigen, wie Sie über andere reden, wo Sie das tun und unter welchen Umständen es geschieht.
- *Hinhören:* Hören Sie, während Sie in diesen spezifischen Situationen sprechen, den eigenen Worten zu. Achten Sie genau auf den Tonfall Ihrer Stimme, und beobachten Sie, was mit der Stimme und mit Ihrer Wortwahl passiert, sobald Sie aufhören, Informationen mitzuteilen, und anfangen, über Fehler Ihrer Mitmenschen zu reden. Zum Beispiel: »Auf Harry kann man sich nicht verlassen, denn er kommt seinen Verpflichtungen nicht richtig nach.« Dabei kann es sich durchaus um eine nüchterne Tatsachenmitteilung handeln. Was aber verrät der Tonfall Ihrer Stimme? Lässt er auf einen schlichten Sachverhalt oder auf eine Schuldzuweisung schließen? Klingt die Stimme stichelnd oder sarkastisch? Oder ist sie neutral, teilt sie lediglich ein Faktum mit?
- *Erfahren:* Beobachten Sie, ob irgendwelche Anzeichen dafür sprechen, dass die ganze Situation emotionsgeladen ist. Vielleicht machen Sie die Beobachtung, dass Sie es als wohltuend empfinden, wenn Sie über jemand anderen reden können. Vielleicht löst sich eine gewisse körperliche Anspannung, wenn Sie ein bisschen Dampf ablassen können. Manche Menschen sagen, dass sie sich dann physisch größer und stärker fühlen. Ihre Körperwahrnehmungen sind ein guter Indikator. Falls Sie eine gewisse Angespanntheit oder anderweitiges Unbehagen verspüren, kann es ohne weiteres möglich sein, dass Ihre Bemerkungen durch negative Gefühle angestachelt werden. Sehen Sie so lange hin, hören Sie zu, und lassen Sie sich auf die Erfahrung ein, bis Sie die Emotion geklärt haben. Zum Beispiel

könnte Ihnen auffallen, dass Ihre Bemerkung durch Eifersucht emotional genährt wird.

- *Wiederholen:* Sprechen Sie die Aussage über Harry – in leicht veränderter Form – ein zweites Mal aus: »Ich habe die Erfahrung gemacht, dass Harry seinen Verpflichtungen nicht *immer* richtig nachkommt.« Beachten Sie, dass die zweite Aussage etwas deutlich anderes übermittelt als die erste. Im ersten Satz verfestigen Sie die Wahrnehmung, die Sie von Harry haben, zu einem unverrückbaren statischen Gebilde. Eine derartige Wahrnehmung kann nur falsch sein. Im zweiten Satz hingegen sprechen Sie lediglich über ein Verhalten, das Sie bei Harry erlebt haben. Die eine Variante verstellt uns den Zugang zu der Tatsache, dass Harry unablässig in Entstehung begriffen ist und sich ständig neu erschließt. Die andere lässt ihn sein, wie er ist. Und selbstverständlich verschließen wir uns auf diese Weise nicht nur vor Harry, sondern verlieren zugleich unsere Offenheit für vieles andere. Über die Fehler unserer Mitmenschen zu reden schadet nicht nur der betreffenden Person, sondern auch uns selbst.
- *Auf die Situation eingehen:* Wichtig ist, welche Konsequenzen diese neue Aussage für Ihre Erfahrungen hat. Wollen Sie Harry, bloß weil er in der Vergangenheit mancherlei Dinge zwar angefangen, jedoch nicht zu Ende geführt hat, mit keiner Aufgabe mehr betrauen? Oder lassen Sie ihn weiterhin Arbeiten ausführen, weil Ihnen bewusst ist, dass er sich ändern kann, wenn er die Chance erhält, einen Auftrag auch bis zu Ende durchzuführen? Ein anderer Zen-Lehrer ruft uns in Erinnerung: »Ein so genannter Fehler ist eine Schwachstelle, an der sich der Charakter ändern kann.«[17] Solange wir nicht unser Möglichstes geben, damit sich dort, wo eine Schwäche vorliegt, die Dinge bessern, haben wir uns mit der Praxis dieser Regel noch nicht umfassend genug vertraut gemacht.

Dabei denke ich nicht zuletzt daran, wie Mister Daly sich verhalten hat, nachdem ich ihn bezüglich meiner Kompetenzen als juristische Hilfskraft hinters Licht geführt hatte. Statt mit heftiger Schelte oder einem Rauswurf begegnete er dieser Situation, indem er eine Möglichkeit fand, mir weiterzuhelfen. Er sah, glaube ich, in meinem Täuschungsmanöver etwas, das manche Menschen *Chuzpe* nennen, und hatte den Eindruck, diese könne mir, in die richtigen Bahnen geleitet, über viele Hindernisse hinweghelfen, die noch vor mir lagen. Hätte sich seine Wahrnehmung meiner Person als Lügnerin verfestigt, dann hätte ich wahrscheinlich keine Gelegenheit gehabt, über den Rahmen dieser Wahrnehmung hinauszugelangen. All das war mir damals nicht klar. Aber unter den Hunderten von Schülern, denen ich während der letzten dreißig Jahre als Fremden begegnen konnte, hat hoffentlich der eine oder die andere von Mister Dalys Bereitwilligkeit profitiert, mir mit einer Offenheit zu begegnen, die für weitere Entwicklungen Raum ließ.

Die Nachforschungen vertiefen

Was füge ich hinzu?

Wenn wir länger mit dieser Regel gearbeitet haben, erkennen wir die treibende Kraft hinter dem, was wir sagen, und können sie genauer in Augenschein nehmen. Fragen Sie sich bitte: »Was füge ich der Information, die ich übermittle, hinzu?« Stellen Sie auch hier sicher, dass Sie sich, Ihren Worten und dem Tonfall der Stimme sorgsam zuhören. Sollten Sie zum Beispiel hören, wie jemand seine Freundin anschreit, so könnten Sie sich sagen: »Was für ein gemeiner Kerl.« Wenn Sie hingegen zulassen, lediglich in *Einfach das* zu ruhen, würden Sie sich sagen: »Der Mann schreit seine Freundin an.« Indem Sie schlicht feststellen, wie er sich verhält, haben Sie weder an dem Mann herumkritisiert noch eine verfestigte

Vorstellung in Bezug auf das, was er ist, entwickelt. Diese Regel hilft uns, offen zu legen, was wir den Tatsachen hinzufügen, wenn wir eine Teilwahrheit mit unserer Einbildung vermischen.

Unser Herumkritisieren erstreckt sich auch auf globale Situationen. An der Regierung, am Schulwesen, am *Establishment,* an allem haben wir etwas auszusetzen. Durch die Medien, andere Menschen und die eigenen Wahrnehmungen werden wir Tag für Tag mit trivialen und weniger trivialen Informationen über die Welt gefüttert. Wie sollen wir herausfiltern, was wahr ist, und es vom Unwahren unterscheiden? In welcher Beziehung steht das zu unseren Schuldzuweisungen, und was bringt es uns, wenn wir jemandem die Schuld zuweisen?

Für uns ist es ein Leichtes, mit dem Finger auf das zu zeigen, was falsch läuft auf dieser Welt. Zwar mag es schon stimmen, dass zahlreiche Entscheidungen und Handlungen unserer Spitzenpolitiker nicht gerade dem Interesse der Weltbevölkerung Rechnung tragen. Doch wem nützen unsere Schuldzuweisungen? Wir wälzen die Verantwortung ab, statt selbst etwas zu unternehmen, denn wir sind ja der Meinung, es seien die Fehler der anderen. Erneut scheint es hier so zu sein, dass unsere Schuldzuweisungen und unser negatives Gerede mehr über uns selbst aussagen als über andere. Machen Sie sich bitte über den nachfolgend beschriebenen Prozess Ihre eigenen Gedanken. Er ermöglicht Ihnen herauszufinden, was geringschätziges Reden über Sie selbst verrät.

1. Stellen Sie sich die Frage: »Was bringt es für mein Selbstbild, wenn ich über diesen Menschen so rede?« Spüren Sie beispielsweise bei sich selbst eine gewisse Erleichterung, wenn Sie an jemand anderem herumkritisieren? Fragen Sie sich: »Inwiefern habe ich einen Nutzen davon, wenn ich das Verhalten dieses Menschen als Fehlverhalten bezeichne?

Warum mache ich das?« Dient es Ihnen als Rechtfertigung für Ihr eigenes Verhalten? Fühlen Sie sich dann von den Menschen, mit denen Sie zu tun haben, mehr akzeptiert? Gibt es Ihnen das Gefühl, wichtig zu sein? Sie könnten, mit anderen Worten, Folgendes feststellen: Indem Sie davon sprechen, jemand anderes habe Fehler, spüren Sie, dass Sie mit den Fehlern, die Sie bei sich wahrnehmen, nicht allein dastehen. Sie könnten sich daraufhin vielleicht besser fühlen – »Ich bin schlecht, aber er ist schlechter«. Jedenfalls kann das, was wir sagen, eine Möglichkeit sein, der tief sitzenden Überzeugung, wir seien *weniger als,* aus dem Weg zu gehen.

2. Versuchen Sie nun, sich in der anderen Person zu erkennen und in aller Aufrichtigkeit bei sich selbst Beispiele zu finden, die zeigen, bei welchen Gelegenheiten Sie so gewesen sind wie die Person, über die Sie reden. Verändern Sie die Aussage dahin gehend, dass Sie anstelle von: »Harry ist unzuverlässig«, an sich selbst die Frage richten: »Inwiefern bin ich unzuverlässig?« Halten Sie Ausschau nach Situationen, in denen Sie etwas nicht zu Ende geführt haben. Mit anderen Worten: Werfen Sie einen Blick auf *Ihr* Verhalten. Sinn der Übung ist es, ein offenes Gewahrsein für das eigene Verhalten zu haben und zu behalten – ohne es zu werten oder den Versuch zu unternehmen, etwas daran zu verändern. Allerdings könnten sich, sobald Sie Ihrer Handlungen gewahr werden, die entsprechenden Veränderungen ganz spontan einstellen. Welche Erfahrung machen Sie jetzt? Welches Gefühl haben Sie in Bezug auf die andere Person? Und in Bezug auf sich selbst? Wahrscheinlich neigen Sie inzwischen dieser Person gegenüber weniger zu vorschnellen Urteilen, aber unter Umständen werden Sie feststellen, dass entweder leichte Schuldgefühle oder andere Emotionen aufkommen.

3. Versetzen Sie sich nun in den Totpunkt, indem Sie sich darin üben, den Verbotsaspekt der Regel anzuwenden. Halten Sie sich davon ab, weiter geringschätzig über Harry zu reden.

Stellen Sie sich die Frage: »Wenn ich jetzt in diesem Moment an Harry nichts auszusetzen habe, was könnte dann schlimmstenfalls geschehen?« Bleiben Sie offen. Falls irgendwelche Empfindungen, Emotionen oder Körperwahrnehmungen auftreten, etikettieren Sie diese, und verweilen Sie bei ihnen, indem Sie ein- und ausatmen. Lassen Sie zu, dass Sie sich in *Einfach das* begeben. Diese spezielle Frage führt uns zum Kern unseres Verhaltens, und wenn wir nicht vorschnell klein beigeben, können wir herausfinden, was uns zu diesem Verhalten motiviert – mit anderen Worten, was es uns bringt, wenn wir andere schlecht machen. Sollten Sie dieses Verhalten im Umgang mit einem bestimmten Personenkreis an den Tag legen, dann versuchen Sie, sich davon abzubringen, über andere zu reden, indem Sie sich entweder aus der Gruppe zurückziehen oder aber sich auf die Zunge beißen. Bleiben Sie in der oben beschriebenen Weise für Ihre Reaktionen offen.

4. Denken Sie nun bitte über folgende Frage nach: »Wie sähe meine Beziehung zu diesem Menschen aus, wenn ich sein Verhalten einfach akzeptieren würde, statt es zu bemäkeln und zu beanstanden?«

GESPRÄCHE

SCHÜLER: Wie sieht es damit aus, wenn wir etwas über einen Menschen für uns behalten, über den uns etwas Nachteiliges bekannt ist? Ich meine nicht den Fall einer Lüge, so wie wir das in Zusammenhang mit der Regel vom wahrheitsgemäßen Sprechen erörtert haben. Sondern nehmen wir beispielsweise einmal an, ich sei mit einer Gruppe von Menschen zusammen und jemand von ihnen erklärte, wie wundervoll doch die und die Person sei. Ich hingegen wüsste, dass diese Person sich unethisch verhalten hat. Es könnte sich um jemanden handeln, den wir alle kennen, auch um einen spirituellen Lehrer. Kommt es, wenn ich nun den Mund halte, in gewisser Weise einer Aussage gleich?

DIANE: Mir fallen dabei solche Ratschläge ein, wie sie wahrscheinlich vielen von uns in der Kindheit nahe gebracht wurden: »Kannst du über einen Menschen nichts Gutes sagen, dann sag gar nichts.« Allerdings habe ich das Gefühl, so leicht werden wir, wenn wir uns auf das, was um uns herum vor sich geht, wirklich einlassen wollen, nicht davonkommen. Die Frage ist: Was beabsichtigen wir mit unserem Schweigen? Manchmal ist Schweigen die beste Handlungsoption. Falls bereits viele Worte darüber gemacht worden sind und man selbst keine wissenswerte neue Information hinzusteuern kann, zieht man es wahrscheinlich vor, still zu sein. Ein andermal wiederum ist das Schweigen lauter vernehmbar, als Worte es sein könnten. Nichts, zur rechten Zeit gesagt, kann Bände sprechen. Andererseits gemahnt uns die Menschheitsgeschichte daran, wie viel Unheil und menschliches Leid daraus hervorgehen können.

SCHÜLER: Wie steht es mit dem Gegenstück zu jener Perspektive, aus der wir die Fehler unserer Mitmenschen wahrnehmen. Bisweilen stelle ich fest, dass ich bestimmte Menschen nur in den höchsten Tönen lobe. Verfestige ich nicht auch damit meine Wahrnehmung von ihnen – bloß auf eine andere Art?

DIANE: Ja, das ist zwar eine etwas verzwicktere Variante, aber im Grunde dasselbe Phänomen. Denken Sie daran, die Praxis soll ans Licht bringen, wie uns die Mäkelei dazu dient, die Identität des Selbst zu festigen.

SCHÜLER: Mich erstaunt, was Sie über den Unterschied zwischen dem Reden und dem Nachdenken über die Fehler einer anderen Person sagen. Soll das bedeuten, dass der bloße Gedanke an die Fehler eines anderen Menschen ebenso viel Schaden anrichtet, als würde man diesen Gedanken aussprechen?

DIANE: Wenn wir bereits auf den Gedanken aufmerksam werden, so meine Erfahrung, sind wir eher in der Lage, durch unsere Praxis die eine oder andere Gegenmaßnahme einzuleiten. In diesem Sinn besteht daher ein gewaltiger Unterschied zwischen dem Gedanken und dem Sprechakt. Aber, wie schon an anderer Stelle angesprochen, der Gedanke legt den Weg zur Zunge mit Lichtgeschwindigkeit zurück, und dazwischen spielen sich allerhand interessante Dinge ab. Den Großteil der Zeit ist uns dabei nicht bewusst, was wir gerade zu tun im Begriff sind, bis wir hören, wie die Worte unserem Mund entschlüpfen. Oder wir bekommen sogar erst die Auswirkungen unserer Worte zu spüren.

7

Ich begebe mich auf den Weg, anderen auf gleicher Stufe zu begegnen

Bescheiden sein bedeutet, keine Vergleiche anzustellen. In der Gewissheit, wirklich zu sein, ist das Selbst weder besser noch schlechter, weder größer noch kleiner als irgendetwas anderes auf der Welt. Es ist nichts, doch gleichzeitig mit allem eins.

Dag Hammarskjöld[18]

Im Lichtstrahl dieser Regel werden die offenkundigen und die weniger klar ersichtlichen Verhaltensweisen erkennbar, bei denen andere uns als Vergleichsmaßstab für das eigene Selbstwertgefühl dienen, indem wir uns entweder höher oder niedriger einstufen als sie. Manchmal begegnet uns diese Regel in einem etwas anderen Wortlaut. Zum Beispiel: Nicht sich selbst auf Kosten der anderen loben. Oder: Nicht sich selbst loben und andere schlecht machen. Bei der vorigen Regel sind wir der Frage nachgegangen, wie wir andere – und uns selbst – herabsetzen, indem wir unser Augenmerk auf die Fehler unserer Mitmenschen richten. Anhand dieser Regel untersuchen wir nun, was uns davon abhält, anderen auf gleicher Stufe zu begegnen. Mit »gleich« meine ich nicht, dass wir über die gleichen Talente und Fähigkeiten, Stärken oder Schwächen verfügen. Vielmehr ist damit gemeint, dass wir als Menschen gleichwertig sind. Diese Regel fasst das Reich des Wettbewerbs, der Konkurrenz, in den Blick und

führt uns vor Augen, dass wir das Leben oft wie ein Spiel betrachten, in dem es Gewinner und Verlierer gibt.
Wieder ein anderer Schüler hat diese Regel wie folgt formuliert:

> Existiere ich nur im Reich von Beurteilung, Bewertung und dem Vergleich mit anderen? Oder auch außerhalb davon? Existieren andere, wenn ich durch das Reich der Phantasie und des Glaubens wirbele? Unsicherheit, Wut und Scham versperren den Weg. Ich gelobe, dass ich mich vom eiskalten Atem der Angst, einem pochenden Herzen und einem elenden Gefühl in der Magengrube durch diese Hindernisse hindurch leiten lassen werde.

Auf vielfältige Weise, sei es offenkundig oder kaum wahrnehmbar, vermeiden wir Gefühle von Unbehagen und Unsicherheit, indem wir uns an anderen messen, mit ihnen vergleichen. Verhältnismäßig leicht sind jene Verhaltensweisen zu erkennen, die zeigen, dass wir uns selbst größere Bedeutung beimessen als anderen, während wir sie mit Geringschätzung behandeln. Durch diese Haltung versuchen wir den Eindruck zu erwecken, in einer überlegenen Position, in einer Position der Stärke, zu sein. Diese Haltung führt uns in das Reich des Wettbewerbs, der Konkurrenz, und lehrt uns, stets die Nase vorn zu haben.
Uns an anderen zu messen bleibt allerdings keineswegs auf den Bereich des Sprechens beschränkt, sondern bezieht sich auch darauf, wie wir uns unseren Mitmenschen gegenüber verhalten. Zum Beispiel gehen wir bei unseren Aktivitäten anderen Menschen aus dem Weg, ignorieren sie oder schließen sie von diesen Aktivitäten aus. Aber nicht nur als Individuen messen wir uns selbst größere Bedeutung bei als anderen, sondern auch als Gruppe.
Gleichgültig, welchen Standpunkt wir in dieser oder jener

Frage vertreten – wir schaffen es, für uns selbst eine überlegene, eine aufgeklärte Sicht der Dinge in Anspruch zu nehmen. Wenn wir so reden oder handeln, bleibt die Klarheit ebenso auf der Strecke wie die Möglichkeit, Neuland zu entdecken oder in einen Dialog einzutreten.

Der vietnamesische Zen-Lehrer Thich Nhat Hanh hielt während des Vietnamkriegs vor einem liberalen, politisch engagierten Publikum in Berkeley, Kalifornien, einen Vortrag. Auf die Frage nach der Notwendigkeit politischer Aktivitäten antwortete er einem Zuhörer Folgendes: Ja, es sei wichtig, politisch aktiv zu werden. Noch wichtiger jedoch sei es, sich in Erinnerung zu rufen, dass man zum Zustandekommen eines Friedens keinen Beitrag leiste, solange man für sich selbst eine moralisch überlegene Position reklamiere.

So hat er uns in Erinnerung gerufen, wie tüchtig wir einerseits zwar sein können, wenn es um das Schreiben von Briefen oder Petitionen und um das Durchführen von Unterschriftenaktionen geht, während wir andererseits auf ziemlich verlorenem Posten dastehen, sobald es darauf ankommt, unser Herz und unseren Geist für jene Menschen zu öffnen, in denen wir unsere Widersacher sehen.

Ferner können wir uns als Individuum mit anderen vergleichen, um zu sehen, wo wir als Liebhaber, Eltern, Freunde, Mitarbeiter oder auch als Zen-Schüler stehen. Überall sind wir von Beispielen umgeben, die zeigen, dass wir, auf offenkundige oder subtile Weise, diese Strategie einsetzen, um uns tiefer gehenden Empfindungen, etwa dem Gefühl der eigenen Wertlosigkeit, Verletzlichkeit oder Angst, zu entziehen.

Selbst wenn wir uns keineswegs bewusst größere Bedeutung beimessen als anderen, um daraus unser Selbstwertgefühl abzuleiten, können wir erkennen, ob wir trotzdem in Konkurrenzdenken verstrickt sind. Dazu brauchen wir bloß zu beobachten, wie wir reagieren, wenn uns ein Fehler unterläuft. Nehmen wir einmal an, Sie hätten eine wichtige Verabredung vergessen. Rechtfertigen Sie dann postwendend Ihr Verhalten, indem Sie nach Ausreden suchen? Machen Sie etwas anderes beziehungsweise jemand anderen dafür verantwortlich, dass Sie die Verabredung versäumt haben? Liegt der Fehler an anderer Stelle? Der springende Punkt dabei ist folgender: Durch die umgehende Rechtfertigung bringen wir uns selbst sofort wieder in eine Position, in der wir über der Situation stehen.

Aber welches Risiko würden wir eigentlich eingehen, wenn wir sagen: »Tut mir Leid, ich habe die Verabredung vergessen?« Damit sagen wir nicht einfach nur die Wahrheit, sondern wir sind zugleich bescheiden – *weder besser noch schlechter*. Wir haben die Verabredung vergessen. Basta. Warum belassen wir es nicht dabei? Was ist das für eine Stimme, die automatisch nach einer Rechtfertigung sucht? Sobald uns wirklich klar ist, dass wir Fehler machen können, erkennen wir echte Bescheidenheit. Und statt zu reagieren, tragen wir der Situation Rechnung, indem wir sagen: »Tut mir Leid.«

Wenn unser Augenmerk darauf gerichtet ist, besser als die anderen zu sein, tritt in Wahrheit eine Blockierung und Absonderung ein. Gelegenheiten, unsere wechselseitige Verbundenheit zu erkennen, verstreichen ungenutzt. Wir benötigen all unsere Energie, um unsere Schwächen und Fehler zu verhehlen. Die Arbeit mit dieser Regel kann uns nicht nur helfen zu erkennen, wie wir andere Menschen beurteilen, sondern im Rahmen dieses Prozesses können wir zugleich zu einer offeneren und mitfühlenderen Auseinandersetzung mit den eigenen Fehlern gelangen.

Ein Volksstamm der tasmanischen Urbevölkerung kennt ein ausgesprochen interessantes Gemeinschaftsritual. Wenn sich ein Mitglied dieser Gemeinschaft ungeschickt angestellt und so das Gesamtgefüge aus dem Gleichgewicht gebracht hat, kommt die Gruppe rund ums Feuer zusammen, um dort das ganze »Schauspiel« noch einmal aufzuführen. Hat zum Beispiel ein Mann in einem Konflikt mit seiner Frau viel Geschrei veranstaltet, sie aus der Hütte gejagt und dadurch im Dorf für einigen Aufruhr gesorgt, dann holt man ihn vor die Gemeinschaft – nicht um über die Angelegenheit zu verhandeln oder ihn zu maßregeln, sondern um ihm zu helfen, die Absurdität des eigenen Verhaltens zu erkennen. Heiter und unbekümmert spielen Mitglieder der Stammesgemeinschaft die Szene zwischen ihm und seiner Frau in einem Rollenspiel nach. Alle Dorfbewohner einschließlich der Kinder nehmen rege Anteil daran. Sie lachen, scherzen und imitieren das Verhalten des Mannes so, dass die ganze Absurdität dieses Verhaltens zum Vorschein kommt – bis der Betreffende sich schließlich entspannt und die Absurdität seines Handelns selbst einsieht. Interessanterweise nimmt neben den anderen Dorfbewohnern auch seine Frau an der schauspielerischen Umsetzung des Dramas teil. Nicht lange, und die ganze Szenerie verwandelt sich in ein großes Fest, bei dem der Ehemann und seine Frau die übrigen Dorfbewohner bewirten.

Das Ritual dient dem Zweck, die eigene Fehlbarkeit vor aller Augen einzugestehen, damit man die Angelegenheit wieder in einer angemessenen Perspektive sehen und sogar darüber lachen kann. Eine ungewöhnliche, aber sehr einfühlsame Methode, mit unseren Verhaltensweisen umzugehen. Ganz im Unterschied dazu stufen wir uns vielfach entweder *geringer als* unsere Mitmenschen oder *besser als* sie ein, oft verbunden mit Handlungen, deren negative Konsequenzen sich weit bis in die Zukunft auswirken können.

Die Anforderung, uns selbst größere Bedeutung beizumessen als anderen, erhält ihren Antrieb häufig aus einer Geschichte, einer »Story« über andere Menschen, die wir uns selbst glauben machen. Ein Beispiel: Eines Tages kommen Sie an Ihren Arbeitsplatz, und Ihnen fällt auf, dass Ihr Kollege, der an seinem Schreibtisch beschäftigt ist, nicht von seiner Arbeit aufblickt, um Sie zu begrüßen. Wenn Sie dabei denken, dass er wohl gerade alle Hände voll zu tun und Sie gar nicht bemerkt hat, ist das in Ordnung. Was aber, falls Sie denken: »Er schenkt mir ja gar keine Beachtung. Mag er mich nicht?« Mitunter kann sich solch ein Gedanke schließlich in der Weise entladen, dass Sie Ihrem Kollegen bei der nächsten Gelegenheit eine Abfuhr verpassen – verknüpft mit dem Gedanken: »Ich bin ihm nicht wichtig.«

Vielleicht fragen Sie sich, inwiefern diese Situation verdeutlicht, dass wir uns selbst größere Bedeutung beimessen als anderen? Nun, bei etwas eingehenderer Betrachtung zeigt sich das durchaus. Messen wir uns nämlich selbst größere Bedeutung bei als anderen, dann kommt es in gewisser Weise zu einer Absonderung, einer Abtrennung. Aber kann ich mir tatsächlich sicher sein, dass mein Kollege mir keine Beachtung schenkt, geschweige denn mich nicht wertschätzt? Welche Umstände liegen wirklich vor in dieser Situation? Es könnte sein, dass er mich nicht einmal hereinkommen hört oder dass er einfach in seine Arbeit vertieft ist.

Uns größere Bedeutung beizumessen als anderen kann manchmal die Form annehmen, dass man sich als der eifrigere Mitarbeiter erweist oder als derjenige, der besonders große Verantwortung übernimmt. Hier ein Beispiel: Sie und Ihr/e Partner/in kommen sehr abgespannt von der Arbeit nach Hause. Die Kinder sind hungrig, und es ist Zeit, das Abendessen zuzubereiten. Beide wissen Sie, dass der jeweils andere müde ist. Wer sorgt also dafür, dass das Essen auf den Tisch kommt? Ihr/e Partner/in sinkt auf die Couch nieder und sagt zu Ihnen: »Du wirst heute kochen müssen.« Sie haben zwei Möglichkeiten, in die Küche zu gehen. Einmal mit dem Gedanken: »Ich bin zwar müde, aber einer muss es ja machen, und dieser eine bin heute ich.« Eine andere Strategie könnte sein, diese Situation zu nutzen, um sich selbst auf einen Sockel zu heben. Haben Sie eine Idee, wie das ablaufen könnte?

SCHÜLER: In einer derartigen Situation hätte ich vielleicht den Gedanken: »Wenn ich das nächste Mal müde bin, soll sie das Essen für mich machen.«

DIANE: Gut. Ein erster Gedanke. Was könnte als Nächstes kommen?

SCHÜLER: Vielleicht der Gedanke: »Was für ein guter Mensch ich doch bin.«

EIN ANDERER SCHÜLER: Bei mir könnte es sein, dass ich in dieser Situation Unmut und Widerwillen verspüre oder mich als Märtyrer sehe.

DIANE: »Wie gut bin ich doch! Ich bin so ein guter, leidender Mensch.« Jetzt liegt die Messlatte aber sehr hoch! In welche Position bringt das Ihre Partnerin? Mit anderen Worten: Wenn ich der Gute bin, was kann sie dann noch sein?

SCHÜLER: Weniger als gut.

DIANE: Weniger als gut. Ja. Sobald wir einen Vergleich anstellen, haben wir uns in jenen Beurteilungs- und Wertungsbereich begeben, der mich von der anderen Person trennt und mit dessen Hilfe ich mich höher einstufe als sie. Wenn ich gut bin, muss sie daher weniger als gut sein. Bin ich ein Märtyrer, dann muss sie jemand sein, den es zu retten gilt. Wie steht's mit dem Unmut? Mit diesem Denkmuster *warum ich?* »Warum muss ausgerechnet ich in diese Situation gebracht werden?« Nun, wer hat beschlossen, das Abendessen zu kochen? Das waren Sie. Warum dann aber der Unmut? Was hat es damit auf sich?

SCHÜLER: Ich glaube, wenn ich Unmut verspüre, dann fehlt mir innerlich noch die wirkliche Bereitschaft, einfach zu tun, was getan werden muss. Ich mache es zwar, aber unter einem gewissen Vorbehalt.

DIANE: Ja. Die Hände bewegen sich, doch nicht das Herz. Die

Hände legen gewissermaßen jeden Handgriff auf die Goldwaage.

SCHÜLER: Und wenn nicht anerkannt wird, wie gut ich bin, kommen Wut und Unmut ins Spiel.

DIANE: Und wie sähe die Situation aus, wenn Sie das Abendessen einfach deshalb kochen würden, weil es in Anbetracht all der hier vorliegenden Umstände dem Leben zugute käme, so zu handeln?

SCHÜLER: Dann käme jede Handbewegung von Herzen.

DIANE: Ganz gewiss.

Gegeneinander aufrechnen

Wenn wir unser Selbstwertgefühl daraus herleiten, wie viel wir für andere tun, kann das eine recht verzwickte Angelegenheit sein. Reagieren wir allerdings auch nur ansatzweise verstimmt, sobald unserem Handeln keine Anerkennung zuteil wird, dann zeigt dies ziemlich zuverlässig, dass wir aufgrund einer eigenen Anforderung handeln. Und woher wissen Sie genau, ob Sie sich in einer Situation, in der Sie keine Wertschätzung erfahren, reaktiv verhalten? – Haben Sie Gedanken wie: »Seht doch, was ich alles getan habe, und trotzdem klopft mir niemand auf die Schulter oder sagt mir, wie toll ich das gemacht habe«? Werden Sie wütend, oder fühlen Sie sich zurückgesetzt und nicht gebührend gewürdigt? In gewisser Weise mögen wir es natürlich alle gern, wenn Dinge, die wir für andere tun, Anerkennung finden. Keinesfalls will ich sagen, daran sei irgendetwas nicht in Ordnung. Wollen wir allerdings aus dem Einsatz für unsere Mitmenschen das eigene Selbstwertgefühl herleiten beziehungsweise dadurch den Anforderungen oder Erwartungen eines anderen Menschen gerecht werden, dann hängt, so möchte ich es ausdrücken, ein Preisschild an unserer Hilfsbereitschaft.

Sie können arbeiten bis zum Umfallen; Sie können der tüchtigste Mensch in Ihrem Beruf sein; Sie können ein liebevoller Partner und ein fürsorglicher Elternteil sein. Solange Sie jedoch erwarten, aufgrund der Hilfe und Unterstützung, die Sie anderen zuteil werden lassen, Bestätigung für Ihr Selbstwertgefühl zu erhalten, gibt es da etwas, das Sie in Augenschein nehmen sollten.

Aber nicht immer messen wir uns selbst größere Bedeutung bei als anderen, stufen uns höher ein als sie, sondern wir stufen uns auch niedriger ein als andere. Diese besonders versteckte Verhaltensform verdient eine genauere Überprüfung. Falls Sie merken, dass Sie sich gewohnheitsmäßig mit anderen vergleichen und dabei nach eigener Einschätzung regelmäßig den Kürzeren ziehen, dann ist es wichtig, dieser Denkweise auf den Grund zu gehen. Es steckt sehr viel *ich* in dem Gedanken: »Er verfügt auf diesem Gebiet über mehr Erfahrung als ich, und daher ist er besser als ich. Da kann ich auch gleich mein Amt in diesem Ausschuss niederlegen, denn ich bin hier sowieso zu nichts nütze.« Klingt es zu stark vereinfacht? Bei manchen von uns zeigt sich dieses Muster häufig, wenn wir uns mit anderen vergleichen. Dabei begreifen wir eines nicht so leicht: Es ist völlig in Ordnung, nicht in allen Dingen gut zu sein.

Ob wir uns nun höher oder niedriger einstufen als andere, in jedem Fall ersetzen wir die schlichte Wahrheit, dass wir Menschen in einigen Dingen gut, in anderen Dingen hingegen nicht so gut sind, durch die Vorstellung, wer wir oder andere sind beziehungsweise sein sollten. Wir erleben Erfolge und Misserfolge. Wir wissen, und wir wissen nicht. Manch Nützliches gelingt uns, anderes geht uns total daneben. So sind wir Menschen eben.

DIE PRAXIS

Innehalten. Hinsehen. Hinhören.
Beachten Sie, auf welche Weise Sie sich mit anderen vergleichen. Unterziehen Sie – wie bei den anderen Regeln – Ihre Handlungen, Worte, Körperwahrnehmungen und Gedanken einer eingehenden Überprüfung. Zweifellos werden Sie merken, dass Sie bestimmte Arten, sich an anderen zu messen, favorisieren und dass andere Arten sorgsam auf bestimmte Menschen und Situationen abgestimmt sind.
Wenn Sie diese Überprüfung vornehmen, ist es unbedingt erforderlich, mit der Situation zu arbeiten, die Sie gerade vorfinden. Es kann jede beliebige Situation sein, in der Sie sich beim Vergleich mit anderen ertappen. Vielleicht stellen Sie fest, dass Sie insgeheim anderen Menschen einen Misserfolg wünschen. Möglicherweise warten Sie darauf, eine Situation oder eine Person für etwas verantwortlich machen zu können. Oder Sie könnten herausfinden, worauf Ihre Frustration und Ihre Wut über all die am Arbeitsplatz unerledigt liegen gebliebenen Dinge beruhen: auf der Tatsache, dass Sie besser sein wollten als die anderen und deshalb versucht haben, alles zu bewältigen – sich um die Kinder kümmern, einer Berufstätigkeit nachgehen und so weiter.
Unter Umständen werden wir die Dinge gelegentlich sogar so einzurichten wissen, dass andere keine allzu guten Resultate erzielen, damit wir daraufhin zu Hilfe geholt werden müssen. Der Gedanke: »Ich muss die Angelegenheit selbst in die Hand nehmen, sonst wird ja doch nichts Richtiges draus«, kann uns nicht nur der eigenen Bedeutung versichern, sondern er nimmt anderen letztlich auch die Möglichkeit, ihr Bestes zu geben. Darüber hinaus macht diese Art von Handlung den anderen deutlich, dass wir ihnen nicht zutrauen, das zu schaffen. Solch ein *Erlöser*-Denken bringt uns jedoch in die Bredouille: Denn was auch immer wir uns da aufgehalst ha-

ben, von nun an müssen *wir* es tun. Handelt es sich um etwas, wofür wir Zeit haben oder was wir gern tun – kein Problem. Andernfalls aber werden wir uns wahrscheinlich ausgenützt fühlen, oder wir werden wütend werden, weil wir uns fragen: »Wieso ausgerechnet ich?«

Beobachten Sie, wie Ihre Gedanken eine Story über Menschen kreieren, statt zuzulassen, dass die Betreffenden sich selbst als diejenigen erweisen, die sie sind. Ab einem gewissen Punkt wird es Ihnen dann und wann gelingen, einzugreifen, noch bevor Sie mit solchen Projektionen begonnen haben.

Erfahren Sie nun, wie es ist, sich ohne Story auf die betreffende Person einzulassen. Dazu müssen Sie nicht erst neue Bekanntschaften schließen, Sie können es ebenso gut mit Ihrem Partner, Ihren Kindern oder jemand anderem, den Sie schon seit langem kennen, ausprobieren.

Versuchen Sie ihnen so zu begegnen, als begegneten Sie ihnen zum ersten Mal – als Fremde, genau wie bei der vorigen Regel. Richten Sie die Aufmerksamkeit auf ihre körperlichen Kennzeichen. Welche Farbe haben ihre Augen? Betrachten Sie ihr Gesicht, als sähen Sie es zum ersten Mal.

Hören Sie, was sie sagen und wie sie dies tun – die Worte, die Pausen und die Sprachmelodie. Das ist nicht so schwierig, wie es scheinen mag. Es kommt lediglich darauf an, dass Sie Ihre Aufmerksamkeit dem, was Sie vor sich haben, zuwenden; und nicht dem, was in Ihrem Kopf vor sich geht. Keine Storys, einfach das, was ist.

Jedes Mal, wenn Sie feststellen, dass Sie in Gedanken abgeschweift sind und sich erneut eine Geschichte zusammenreimen, kehren Sie wieder zu der Person zurück, die Sie vor sich haben, während Sie zugleich mit den auftauchenden Gefühlen oder Empfindungen in Tuchfühlung bleiben.

Sich entspannen und in den Totpunkt begeben

Während Sie sich Windung um Windung tiefer hineinbegeben in die Praxis, können Sie sich jetzt fragen: »Was könnte mir im schlimmsten Fall passieren, wenn ich nicht besser wäre als …?« Entspannen Sie sich, und begeben Sie sich in die Frage hinein, bis Sie mit ihr vertraut sind wie mit einem bestens bekannten alten Pullover. So gelangen Sie in den Totpunkt. Dringen Sie nicht auf eine Antwort, sondern versuchen Sie Offenheit zu wahren, so dass die Antwort von ganz allein ins Bewusstsein tritt. Irgendwo tief in uns wissen wir über die mit unseren Handlungen verknüpften Absichten Bescheid – bloß ist uns nicht bewusst, dass wir es wissen.

Solch eine Frage ist also eine echte Einladung, aufmerksam hinzuhören. Hier wird keine Antwort verlangt, und vor allem handelt es sich nicht um eine Prüfung. Die Antwort kann prompt erfolgen, möglicherweise wird sie aber auch Tage, Wochen, ja Monate in Anspruch nehmen, in denen wir unsere Aufmerksamkeit immer wieder zu der Wahrnehmung zurückkehren lassen, wie es sich anfühlt, wenn sich diese Erfahrung des Möglichseins einstellt.

Hören Sie auf Ihre Gefühle und Körperwahrnehmungen, und erspüren Sie sie. Wie immer Ihre Erfahrung beschaffen sein mag, lassen Sie einfach zu, dass sie auf ganz natürliche Weise zustande kommt, während Sie ein- und ausatmen. Lassen Sie während des Atmens die Gedanken über Ihre Erfahrung mit dem Erfahren selbst verschmelzen. An diesem Ort ohnegleichen stehen Sie allein da – in der Präsenz und der Fülle all dessen, was Sie ausmacht.

SCHÜLER: Inwiefern steht es in einem Zusammenhang mit dieser Regel, wenn wir uns geringer als andere einstufen? Das ist mir noch immer nicht klar.

DIANE: Möchte jemand eine Antwort darauf geben?

SCHÜLER: Während meiner Arbeit mit dieser speziellen Regel habe ich mich in der folgenden Praxis geübt: Jedes Mal, wenn ich mit einer Gruppe von Menschen zusammensaß – wenn ich mit dem Zug zur Arbeit gefahren bin, in der Meditationshalle, bei einer Besprechung in der Firma –, bin ich durch den Raum gegangen und habe beobachtet, wie ich mich in Relation zu jeder einzelnen Person erlebe. Für jede Person nahm ich mir nur zirka 30 Sekunden Zeit.

Nachdem ich diese Praxis eine Zeit lang durchgeführt hatte, wurde mir eins klar: Egal ob ich der eigenen Wahrnehmung zufolge besser als diese Person oder geringer als sie war, der Vergleich rückte – in meiner Vorstellung – immer *mich* absolut ins Zentrum dessen, was die anderen taten. Solange ich verglich, ließ ich die anderen außen vor.

EIN ANDERER SCHÜLER: Es macht dich zum Maßstab, an dem jeder andere gemessen wird.

DIANE: Genau.

DER ANDERE SCHÜLER: Das Alberne daran ist, dass es – jede Wette – bei vielen anderen Leuten in solchen Situationen ganz genauso abläuft.

DIANE: Und wir wundern uns, warum wir alle so verwirrt sind.

DER ANDERE SCHÜLER: Bei der Arbeit mit dieser Regel ist meine Tarnung gründlich aufgeflogen. Eine meiner Anforderungen beinhaltet, dass ich immer das *Richtige* tun muss. Daran messe ich mich in Beziehung auf andere. *Richtig* bedeutet aus meiner Warte, *Gutes* zu tun und zu sagen. Mit der Regel zu arbeiten empfand ich als schwierigen und subtilen Prozess, denn eigentlich kann ich mich ziemlich gut so ausdrücken und mich so verhalten, dass ich vor anderen in einem vorteilhaften Licht dastehe. Für mich geht es bei der Regel weniger um das Offenkundige als um das Verborgene. Wie mir nach einiger Zeit klar zu werden begann, helfe ich meiner Identität über weite Strecken dadurch auf die Sprünge, dass ich mein Kommunikationsverhalten manipuliere.

Zum Beispiel liegt es mir im Blut, den Leuten zu sagen, was sie hören möchten. Deshalb wurde es zu meiner Praxis, zu beobachten, wann ich mich so verhielt, und wenigstens teilweise ausfindig zu machen, was es mit dieser Anforderung auf sich haben könnte. Zunehmend bemerkte ich, dass ich das Bedürfnis hatte, Anerkennung und Bestätigung zu finden; das Bedürfnis, gemocht zu werden; das Bedürfnis, als Mensch ohne Fehl und Tadel angesehen zu werden. Daran habe ich mich gemessen. Ferner begann ich zu erkennen, dass ich, auch ohne gleich etwas ausgesprochen Nachteiliges über einen anderen Menschen zu sagen, meinen Gesprächspartner durch die Art meiner Darstellung dazu bringen konnte, negative Rückschlüsse auf die betreffende Person zu ziehen. Selbstverständlich geschah dies zu dem Zweck, mich selbst in ein vorteilhafteres Licht zu rücken. Das sind sehr subtile Muster. Ich weiß, dass immer noch vieles davon meiner Aufmerksamkeit entgeht.

Außerdem empfinde ich es als schmerzlich, all dies zu erkennen, weil mir unweigerlich klar wird, dass ich mancherlei Schaden angerichtet oder aber mich mächtig ins Zeug gelegt habe, damit den Leuten auffällt, dass ich Gutes tue. Diese Praxis ist für mich von allergrößter Bedeutung. Denn mich so zu verhalten, wie ich es gerade beschrieben habe, ist für mich so selbstverständlich wie die Luft, die ich atme. Diese Dinge sind subtil und schwer zu fassen. Ich spüre, dass diese Praxis auf der zellulären Ebene etwas klärt.

Die Vollkommenheit desjenigen, der weder besser noch schlechter ist

»Wie die Luft, die ich atme, ... subtil und schwer zu fassen.« Die Worte dieses Schülers beschreiben sehr schön die Intensität wie auch die Spezifik unserer reaktiven Verhaltensmuster. Wir haben das Gefühl, diese Muster steckten uns in den Knochen – wie das Knochenmark. Doch wir müssen nicht für den Rest unserer Tage immer weiter in dieser Weise leben. Wir sind vollkommen, so wie wir sind, selbst wenn wir uns und andere nicht als vollkommen erleben. Rilke erinnert uns daran:

> Deine ausgeübten Kräfte spanne,
> bis sie reichen zwischen zwein
> Widersprüchen ... Denn im Manne
> will der Gott beraten sein.[19]

Diese Praxis, bei der wir uns an den Regeln orientieren, bietet uns genau das: die Gelegenheit, Vollkommenheit wirklich zu erleben – die Erfahrung von *weder besser noch schlechter, weder größer noch kleiner als irgendetwas sonst auf der Welt.* Und im Lauf der Zeit, nach und nach, indem wir unsere Muster des Sich-Messens und Sich-Vergleichens mit anderen ausfindig machen und sie allmählich auflösen, können wir Momente erleben, in denen wir einander wahrhaft auf gleicher Stufe begegnen.
Aber halten Sie sich bitte an den Ratschlag des Buddha:

Glauben Sie es nicht, weil ich es sage oder weil Sie es in einem Buch lesen. Glauben Sie nur der eigenen Erfahrung. Darum praktizieren wir. Es erfordert viel Mut. Es erfordert viel Geduld. Es erfordert viel Beharrlichkeit, diese Art von Arbeit zu leisten. Es reicht aber nicht, sich einen Vortrag anzuhören und dann das Gehörte zu glauben.

8

Ich begebe mich auf den Weg der Entwicklung von geistiger Klarheit

Jeder Augenblick, Leben wie es ist – der einzige Lehrmeister.

»Prinzipien der Praxis«, rezitiert in der Ordinary-Mind-Zen-Schule

Erfolg im Leben beruhe, so habe ich sagen hören, zu 90 Prozent auf der eigenen Präsenz. Diesem Gedanken möchte ich hinzufügen: Es gilt, völlig präsent zu sein, *in jedem Augenblick*. Präsent sein bedeutet nicht bloß körperlich, sondern körperlich *und* in geistiger Klarheit präsent zu sein. Diese Regel – mitunter hat sie auch einen anderen Wortlaut, zum Beispiel: anderen Menschen keine Drogen geben und selbst keine nehmen; keine berauschenden Getränke oder andere Rauschmittel zu sich nehmen; nicht die Wahrheit trüben; nicht die Wahrheit verschleiern – hilft uns, offen und ehrlich zu betrachten, in welcher Weise wir nicht präsent sind. Sei es, dass wir unser Erleben durch Verwendung von berauschenden und potenziell süchtig machenden Substanzen wie Alkohol, Zigaretten und anderen Rauschmitteln oder durch suchtähnlich ausgeprägte Verhaltensweisen vernebeln. Auf einer bestimmten Stufe unseres Daseins können wir vielleicht erkennen, dass sämtliche Momente des Lebens unsere Lehrmeister sind, wir jedoch unserem Lehrer nicht immer begegnen wollen und deshalb vielfach versuchen, die eigene

Erfahrung auf die eine oder andere Art und Weise zu kontrollieren, zu modifizieren, zu regulieren. Das ist eine Form von Flucht, und diese kann uns nicht nur tiefer in die Unwissenheit führen, sondern uns auch zu Handlungen veranlassen, deren Triebkraft Gier und/oder Wut ist.

Ein weiterer Schüler hat die Regel in eigenen Worten so formuliert:

Angst hält den Trinkbecher, und in dem überdimensionierten Zerrbild, das aus seinem Schatten entstanden ist, verkrieche ich mich. Der Becher fällt zu Boden, und das schmerzlich grelle Sonnenlicht blendet mich. Mit leeren Händen, beklommener Brust, bebender Stimme und Tränen in den Augen gelobe ich standzuhalten. Ich gelobe, mit offenen Augen dessen zu harren, was ans Tageslicht kommt. Wer lässt die Finger vom Becher?

Falls wir von dem gewohnheitsmäßigen Trott loskommen wollen, in dem wir, unseren reaktiven Verhaltensmustern folgend, hin- und herschaukeln, falls wir uns in irgendeiner Weise wünschen, offener und freier zu leben, falls wir bestrebt sind, wie die Schriftstellerin Barbara Kingsolver es ausdrückt, »dem Leben ins Angesicht zu blicken und seine Liebe zu erwidern«,[20] dann müssen wir uns ansehen, was unseren Blick trübt. Und genau das bietet jeder Lehrer uns an – eine klare Sicht auf unsere Geistestrübungen. Doch schon, um den Lehrer, oder die Lektion, zu erkennen, müssen wir wach sein. Vor allem darum geht es bei dieser Regel – dass wir wach sind für unsere Lehrer. Sie zeigt uns, auf welche Weise wir bei den Lehrstunden, den vielen Lektionen, die wir Tag für Tag erhalten, während wir unserem ganz gewöhnlichen Alltag nachgehen, blaumachen oder irgendwo auf den hinteren Plätzen vor uns hin träumen.

Ferner leitet sie uns zur Entwicklung des uns allen innewohnenden Potenzials für Klarheit an. In ihrem Licht kommt zum Vorschein, auf welche Weise, sei es durch den Gebrauch von Genuss- beziehungsweise Rauschmitteln oder durch andere Verhaltensweisen, wir diese Klarheit beeinträchtigen. Die dem Geist innewohnende Klarheit können wir uns durch den Vergleich mit fruchtbarem, noch unbearbeitetem Erdreich veranschaulichen: Es steckt voller Möglichkeiten, ist gesättigt von Nährstoffen und wimmelt nur so – millionenfach – von Insekten, Enzymen, Bakterien und sonstigen Mikroorganismen, deren ganzes Potenzial bereitsteht, die ausgesäten Samen mit vereinten Kräften aus dem Erdreich hervorsprießen zu lassen. Und ganz wie ein Gärtner sich sorgsam um die Erde kümmert, sie zum Beispiel vor Verunreinigung durch Schadstoffe und gefährliche Gifte schützt, damit ihr volles Potenzial dem Wachstum der ausgesäten Samen zugute kommt, so können wir einen Geist kultivieren, der reich ist und fruchtbar, offen und bereit, die Saat aufgehen zu lassen, die ihm durch die Alltagsgeschehnisse – unsere Lehrmeister – eingepflanzt wurde.

Diese Regel ist nicht auf geistige Transformation ausgerichtet. Vielmehr hilft sie uns herauszufinden, in welcher Weise wir auf Abwege geraten, wenn wir den Geist trüben. Hier geht es darum, Gebrauch zu machen von der Klarheit, über die wir bereits verfügen und die nur darauf wartet, dass wir sie nutzen – von jener Klarheit, die uns in die Lage versetzt, jedwede Saat, mit der das Leben uns in Berührung bringt, aufgehen zu lassen.

Ursprünglich stand im Blickpunkt dieser Regel der Verzicht auf Alkohol. Dann wurde sie jedoch erweitert, um andere Rauschmittel mit einzubeziehen: Marihuana, Tranquilizer, Halluzinogene und so weiter. Darüber hinaus gilt es, in diesem Zusammenhang heute auch an subtilere Möglichkeiten zu denken, wie wir uns von der eigenen Präsenz, von unserer geistigen Klarheit, abkehren können. Die Rede ist hier nicht nur vom Gebrauch oder Missbrauch bewusstseinsverändernder Drogen, sondern ebenso von Koffein, von Zigaretten und vom Essen; außerdem von im Übermaß ausgeübten Aktivitäten – wie Sporttreiben, Fernsehkonsum, Internetsurfen, Arbeiten; von Extremerfahrungen, die rauschhafte Zustände hervorrufen; und von allem, wodurch wir uns sonst noch abkehren können von der unmittelbaren Geist-/Körpererfahrung.

Bei der Erkundung dieser Regel richten wir unser Augenmerk also nicht so sehr darauf, welche Genuss- beziehungsweise Rauschmittel oder welche Aktivitäten im Einzelnen *akzeptabel* für uns sind. Vielmehr schauen wir in erster Linie auf die Intention, die wir jeweils damit verbinden, und wir schenken dem Umstand Beachtung, dass uns jedes Genussmittel und jegliche Aktivität dazu dienen kann, uns noch tiefer in jene gewohnheitsmäßigen Muster hineinzuziehen, mit denen wir den Gegebenheiten des Alltags begegnen. Ich möchte hier auf Folgendes hinaus: Der Umgang mit Alkohol, Drogen, Fernsehen, was auch immer, zeugt nicht per se vom Versuch, sich der Wirklichkeit zu entziehen. Dazu kommt es erst durch die Art des Gebrauchs, den wir von diesen Dingen machen.

In einigen Traditionen geloben die Schüler in Verbindung mit dieser Regel Abstinenz. So wie wir mit der Regel arbeiten, kann es im Verlauf unseres Selbsterkundungsprozesses sehr wohl Phasen geben, in denen wir auf bestimmte Genussmittel oder Aktivitäten verzichten. Die auf strikte Untersagung abgestellte Betrachtungsweise der Regel – etwa nach dem Muster: Rühren Sie keinen Tropfen Alkohol an! Finger weg von Drogen jedweder Art! – machen wir uns allerdings nicht zu Eigen.

Es bedarf eigentlich keiner Erwähnung, dass aufgrund von physischen oder psychischen Indikationen vom Arzt verschriebene pharmazeutische Drogen, sofern sie gewissenhaft und mit Augenmaß eingesetzt werden, unter bestimmten Voraussetzungen die beste Option sein können – obwohl sie

das Bewusstsein verändern können. Bei unserer Arbeit mit dieser Regel wollen wir nicht in erster Linie herausfinden, inwiefern oder in welchem Grad eine bestimmte Substanz oder Aktivität unsere Erfahrung trüben oder verändern könnte. Vielmehr soll diese Vorgehensweise uns deutlich machen, wie wir sie dazu gebrauchen beziehungsweise missbrauchen können, die im Leben – so wie es ist, in jedem Geschehnis, in jedem Augenblick und an jedem Ort – gegenwärtige Weisheit und Intelligenz zu verhüllen.
Ein kühles Bier an einem heißen Tag ist eine ausgesprochen erfrischende Angelegenheit, sofern wir nicht alkoholabhängig sind und es nur trinken, um uns zu erfrischen – nicht aus anderen Gründen. Wenn wir es uns gemütlich machen, um uns im Fernsehen einen guten Film anzuschauen, kann das überaus entspannend sein, sofern wir dadurch nicht beispielsweise den Rechnungen, die wir auf dem Schreibtisch liegen haben, aus dem Weg gehen oder der Enttäuschung darüber entrinnen wollen, dass wir im Beruf gerade eine Aufstiegschance verpasst haben. Eiscreme ist eine köstliche Leckerei, sofern wir uns nicht in dem Versuch, uns über den Schmerz der Trennung von unserem Partner hinwegzutrösten, gleich eine ganze Literpackung reinziehen. Bei dieser Regel geht es darum, uns anzusehen, auf welche Weise wir wovon auch immer zu dem Zweck Gebrauch machen, die eigene Erfahrung zu modifizieren beziehungsweise ihr zu entgehen – in einer der Varianten, die ich aufgeführt habe, oder in jeder beliebigen anderen Form.

DIE PRAXIS

Zu Beginn unserer Arbeit gehen wir der Frage nach, auf welche Weise wir versuchen, unsere Gedanken, Empfindungen und Körpererfahrungen zu kontrollieren oder zu regulieren, indem wir abschalten, uns in eine bestimmte Stimmung bringen oder uns antörnen. Ich habe festgestellt, dass die Menschen, die mit dieser Regel arbeiten, über ein sehr weites Spektrum von Erfahrungen verfügen. Manche trinken nie, führen ein völlig drogenfreies Leben und sind deshalb anfänglich der Meinung, die Regel übergehen zu können. Anderen, die auf eine durch Drogenmissbrauch dominierte Vorgeschichte zurückblicken, jagt diese Regel eine Heidenangst ein. Wieder andere, die sich zunächst einmal nur ein wenig mit der Regel befassen, finden heraus, dass sie mit einer weit stärkeren körperlichen Abhängigkeit fertig werden müssen, als ihnen bis dato klar gewesen ist, und das »Komm herein«-Signal über der Zugangstür für die Regel führt sie geradewegs in die Behandlung und auf den Weg der Besserung. Einige Menschen beginnen im Anschluss an einen jahrelangen Genesungsprozess mit dieser Praxis, weil sie die tiefer liegenden Muster, die ihr Suchtverhalten prägen, in Erfahrung bringen wollen.

Ein guter Einstieg in die Erkundung dieser Regel besteht darin, sich ein bevorzugtes Genuss- beziehungsweise Rauschmittel oder eine bevorzugte Aktivität herauszusuchen – etwas, dem Sie sich regelmäßig mit einer gewissen Anhaftung widmen (es nicht tun zu können würde eine Reaktion bei Ihnen hervorrufen) – und sich bei der entsprechenden Aktivität im Geist selbst zu beobachten.

Die Nachforschungen vertiefen

Auf wie viele Arten kann man ein Glas Wein trinken?

In meinem Bekanntenkreis gibt es einen ausgesprochenen Weinkenner und -genießer. Tatsächlich hat er ziemlich lange gezögert, sich an die Arbeit mit den Regeln heranzuwagen. Er hatte die Befürchtung, sein Hobby, Wein zu sammeln (und ebenso die Vorliebe, sich während der Meditation in Gedanken auszumalen, wie er seinen Weinkeller umgestalten und umsortieren könnte), werde er dann aufgeben müssen. Als Einstieg in seine Praxis beschloss er, wenigstens fünf Minuten lang still dazusitzen, um den Zustand von Geist und Körper zu beobachten – erregt, ruhig, angespannt, entspannt –, bevor er sich ein Glas Wein einschenkte. Nun mag es vielleicht den Anschein haben, als seien fünf Minuten keine allzu lange Zeitspanne. Wenn Sie sich aber davon abhalten, einer Gewohnheit nachzugeben, können Ihnen fünf Minuten wie eine Ewigkeit vorkommen.

Nach zwei Wochen war er zu der Einsicht gelangt, dass er ein Glas Wein auf ganz unterschiedliche Weise trinken konnte, je nachdem, was sich in seinen Gedanken abspielte, während er nach dem Glas griff. Manchmal war er hundertprozentig präsent, wenn er die Aromafülle des Weins erschnupperte und auskostete, wie sich der Geschmack Schicht um Schicht dem Gaumen erschloss. Bei diesen Gelegenheiten, so erklärte er, habe er nicht einen einzigen Gedanken daran verschwendet, ob er vielleicht einen weiteren Schluck nehmen wolle, wie viel Wein er noch im Glas habe oder wie voll die Flasche noch sei. Geist und Körper waren ausgeglichen, bevor er den ersten Schluck zu sich nahm. Ein anderes Mal wiederum machte er die gegenteilige Erfahrung. Er verspürte Anspannung und Erregung und konnte es kaum abwarten, das erste Glas runterzukippen.

Seine Einsicht mag dem Leser wenig überraschend vorkommen, und wenn mein Schüler im Voraus darüber gesprochen hätte, wäre er vermutlich zu derselben Einsicht gelangt. Doch geht es bei dieser Übung nicht um rationale Einsichten, sondern darum, wach und für die gesamte Bandbreite der Erfahrung präsent zu sein, während Sie der jeweiligen Aktivität nachgehen.

Den Beobachter hinzuziehen

Lassen Sie es anhand des von Ihnen bevorzugten Genussmittels oder der von Ihnen bevorzugten Aktivität auf einen Versuch ankommen. Denken Sie bitte daran, unsere Leitvorstellung ist hier nicht notwendigerweise, abstinent zu sein, sondern Erfahrungen zu erkunden. Seien Sie offen für jedwede Einsicht. Lassen Sie sie zu. Sagen Sie »hallo« zu ihr. Behalten Sie sie im Auge. Beobachten Sie sie genau. Lernen Sie sie gründlich kennen. Wie fühlt sich Ihr Körper an, wenn es ihn nach etwas verlangt? Erspüren Sie, was Sie physisch dazu treibt, zwischen den Fernsehprogrammen hin und her zu schalten oder im Internet zu surfen. Stellen Sie fest, woran Sie dabei denken oder welche Gedanken Sie vermeiden. Finden Sie heraus, was es ist, dem Sie aus dem Weg zu gehen versuchen.

Nachdem Sie eine Weile entsprechend praktiziert und einen Sinn dafür entwickelt haben, welches Gefühl sich einstellt, bevor, während und nachdem Sie sich Ihrer bevorzugten Methode der Bewusstseinstrübung widmen beziehungsweise gewidmet haben, können Sie beginnen, die ganze Angelegenheit ein wenig tiefer gehend zu ergründen, indem Sie mit einer Ausweitung Ihrer Achtsamkeit experimentieren. Dabei handelt es sich um eine ausführlichere Form jener Praxis, bei der es gilt, mindestens fünf Minuten lang still dazusitzen, bevor man sich seiner Aktivität widmet: Bleiben Sie jetzt, aber auch anschließend mindestens fünf Minuten lang genauso still sitzen, gleichgültig in welchem Zustand Sie sich inzwischen befinden.

Das ist viel leichter gesagt als getan, doch es ist möglich. Ein anderer Schüler, der mit dieser Regel arbeitete, schaffte es sogar, sich ein paar Minuten lang hinzusetzen, als er einmal spätnachts von einer Party nach Hause kam und ziemlich betrunken war. Alles, woran er sich am nächsten Tag noch zu erinnern vermochte, war sein Bemühen, nicht vom Meditationskissen zu fallen. Aber er hat dabei etwas gelernt – selbst wenn der Lernerfolg nur in der Erfahrung bestanden haben sollte, wie man es schafft, betrunken in der Meditationshaltung zu sitzen.

Diese Praxis ist also gar nicht so einfach und erfordert jedes Fünkchen Achtsamkeit, das Sie nur aufbringen können! Ob es sich nun um Essen, Alkohol, Sport oder um ein anderes Schlupfloch handelt: Den Weg zurück können Sie finden, indem Sie sich wieder Ihrem Körper zuwenden. Was spüren Sie, wenn Sie fünf Minuten lang innehalten, bevor Sie die Tür des Kühlschranks öffnen? Welche Gedanken und Empfindungen haben Sie, nachdem Sie den Kühlschrank geschlossen haben? Und wie steht es diesbezüglich, wenn Sie Ihr Geschirr nach dem Essen in die Spüle stellen?

Ich kenne einen auf dem Weg der Besserung befindlichen Heroin-Abhängigen, der sich mit der Notwendigkeit konfrontiert sah, nach einem schmerzhaften chirurgischen Eingriff ein Schmerzmittel einzunehmen. Die Aussicht, seinem Organismus von neuem Drogen respektive schmerzstillende Medikamente zuführen zu müssen, empfand er als höchst beunruhigend. Monatelang zermarterte er sich den Kopf, was er tun solle. Sogar die dringend gebotene Operation hat er verschoben. Ihm war sehr wohl bewusst, dass er mit der Einnahme von Schmerzmitteln auf tückische Gewässer zusteuern würde. Zwar war der vom Leuchtturm ausgehende Lichtstrahl klar und deutlich erkennbar, doch er hatte keine Wahl, sondern musste auf Kurs bleiben, obgleich er das um jeden Preis vermeiden wollte. Nachdem er sich über verschiedene andere Methoden der Schmerzlinderung informiert hatte, musste er schließlich einsehen, dass an den Barbituraten kein Weg vorbeiführen würde.

Seine Praxis in Zusammenhang mit dieser Regel bestand darin, die Medikamente zu nehmen und gleichzeitig, sobald er die einsetzende Wirkung verspürte, zu allem, was mit ihm geschah, einen möglichst engen Kontakt aufrechtzuerhalten. Bisweilen bleibt uns gar nichts anderes übrig. Wir haben die Dinge nicht immer so unter Kontrolle, wie wir meinen. Und gerade in solchen Situationen können wir unseren Meister finden.

Als er sich in den ersten Wochen nach der Operation selbst dabei zuschaute, wie er die zunehmende und wieder abnehmende Schmerzintensität verfolgte und in Abhängigkeit davon die angemessene Dosierung des Medikaments festlegte, bemerkte er, dass er sich unter Aufbietung jedes irgendwie verfügbaren Fünkchens Achtsamkeit unter Beobachtung halten musste. Dabei stieß er auf eine Anforderung, die er ganz tief in sich trug: Er musste die Kontrolle behalten! Während seiner Abhängigkeit – auf den anfänglichen Marihuana-Konsum war eine Alkoholismus-Phase gefolgt, später dann noch die Abhängigkeit von Kokain und Heroin – hatte er, wie ihm klar wurde, von Anbeginn an versucht, eine Modifikation der eigenen Erfahrung herbeizuführen, um auf diese Weise der Angst und der Wut zu entgehen, die bei ihm bereits früh im Leben angelegt worden waren. Durch diese Modifikation seiner Erfahrung versuchte er all das zu kontrollieren, was er nicht anschauen konnte.

Selbst nachdem der Betreffende einen jahrelangen, therapeutisch begleiteten Genesungsprozess durchlaufen hatte, war *dieser* Lehrer noch nicht fertig mit ihm. Jetzt musste er sich der Tatsache stellen, dass er diese Kontrolle nicht hatte und sie auch nicht permanent haben konnte. Gemäß dem 12-Schritte-Kanon der Anonymen Alkoholiker stand er wieder auf Stufe eins: »Ich muss zugeben, dass ich ohnmächtig bin.« Daraufhin fragte er sich: »Wer ist dieses ›Ich‹, das ohnmächtig ist?«

Welch wundervolle Frage! Und schon hatte er seinen nächsten Lehrer gefunden.

Ein klarer Himmel, manchmal verhüllt von ständig sich wandelnden Wolkenformationen

Nachdem wir uns dabei beobachtet haben, wie wir im Umfeld dieser Regel agieren, ist eines deutlich geworden: Die kristallene Klarheit des Geistes wird unweigerlich getrübt. Das ist nur natürlich, denn es liegt in der Beschaffenheit des menschlichen Daseins begründet. Denjenigen Trübungen, die durch das Trinken bestimmter berauschender Getränke und durch die Ausübung bestimmter Aktivitäten hervorgerufen werden, mögen wir zwar ein Ende bereiten können. Nicht abwenden lässt sich hingegen, dass der Geist, während wir unser Leben als denkende und mit einem Körper ausgestattete Wesen leben, getrübt ist. Dies lernen Menschen, die kaum jemals berauschende Getränke trinken oder anderweitigen, die Wahrnehmung trübenden Aktivitäten nachgehen, im Umgang mit der Regel zu verstehen.

Um von einer Seite des Zimmers zur anderen zu gehen und die Tür zu öffnen, nachdem es geklingelt hat, oder um die Seiten dieses Buches umzublättern, müssen wir denken. Doch wird in der Nanosekunde jedes Gedankens der makellos reine Geist von *Einfach das – Einfach dieser Moment* – getrübt. In einem gewissen Sinn macht uns also jeder Gedanke, der aufkommt, trunken. Da wir aber nun einmal, um als Menschen funktionieren zu können, auf das Denken angewiesen sind, haben wir ständig einen kleinen Schwips. Wenn wir bestimmte Substanzen zu uns nehmen oder bestimmten Aktivitäten nachgehen, die eine Modifikation unserer Erfahrung herbeiführen, macht uns das lediglich noch etwas »trunkener«!

Darüber hinaus ist unser Gehirn das reinste Drogenlabor – befasst mit der Produktion Tausender von Substanzen, die auf ihrem Weg durch den Körper unsere Stimmungen und Verhaltensweisen regulieren. In einem 24-Stunden-Rhythmus produziertes Melatonin leitet den Schlaf ein. Adrenalin, bei drohender Gefahr ausgeschüttet, gewährleistet eine vermehrte Blutzufuhr in der Muskulatur, damit wir »auf dem Sprung« und zum Handeln bereit sind. Ferner verstärkt es die Aufmerksamkeit. Außerdem verdanken diejenigen Drogen, die wir absichtlich zu uns nehmen, ihre Wirkung großenteils ihrer Ähnlichkeit mit Neurotransmittern – jenen natürlichen chemischen Botenstoffen, die für eine Art Pendelverkehr zwischen den Neuronen im Gehirn sorgen, um den Informationsaustausch zwischen diesem Steuerungszentrum und dem übrigen Körper zu ermöglichen. Endorphine werden typischerweise hoch dosiert ausgeschüttet, wenn wir Schmerzen haben. Unter Marathon- und anderen Langstreckenläufern sind sie als so genannte »Glückshormone«, als euphorisierend wirkende körpereigene Substanzen, bekannt. Serotonin, dessen Freisetzung nach heutigem Verständnis mit unserer Stimmungslage in Zusammenhang steht, wird seit einiger Zeit zur Behandlung von Depressionen verordnet. Die Produktion beziehungsweise Ausschüttung dieser natürlich vorkommenden Substanzen lässt sich durch Drogen, sportliche Betätigung und die Ernährung beeinflussen, ferner selbstverständlich durch viele unserer Aktivitäten.

Was bleibt uns also zu tun? Wenn wir uns in der Praxis dieser Regel üben – und das Gleiche gilt für alle anderen Regeln –, streben wir, wie auch meinem Freund angesichts der unumgänglichen Barbiturat-Behandlung nach seiner Operation klar wurde, folgendes Ziel an: die Klarheit zu entwickeln, um mit großer Aufmerksamkeit und Präsenz möglichst rasch erfassen zu können, wann wir dazu ansetzen, unseren gewohnheitsmäßigen Mustern zu gehorchen.

Unsere Arbeit mit dieser Regel ist nicht etwa deshalb so wertvoll, weil wir die Wolken, die sich wie Schleier über die Klarheit des Geistes legen, ein für alle Mal aufzulösen versuchen. Durch sie gelangen wir vielmehr zu dem Verständnis, dass weder allein die Wolken noch allein der klare blaue Himmel die Fülle des Lebens ausmachen – es gehört zum menschlichen Dasein, dass Wolken aufziehen und anschließend wieder verfliegen. Unser Ziel ist es, so gut wie möglich über die Wolken Bescheid zu wissen und nicht an der einen oder der anderen von ihnen zu haften.

Durch unsere Praxis können wir Erfahrungen sammeln, in denen der Blick sich auf den klaren Himmel öffnet und alles Denken und der Traum von einem Selbst vollständig verschwinden. Doch dann klingelt das Telefon, die Kinder müssen von der Schule abgeholt werden, Rechnungen gilt es zu bezahlen, zusätzlicher Abwasch taucht in der Spüle auf – und unsere reaktiven Verhaltensmuster zeigen sich von neuem. Die Wolken ziehen wieder auf, und nun lautet die alles entscheidende Frage: Werden wir auf sie aufmerksam, bevor wir in Aktion treten und sich womöglich ein Gewitter entlädt?

GESPRÄCHE

SCHÜLER: Mich erstaunt, wie stark wir durch eine Kultur geprägt sind, die uns ständig zu verstehen gibt, dass einige Erfahrungen des Geistes oder des Körpers in Ordnung sind, andere hingegen nicht. Ständig auf Achse und mit unerschöpflicher Energie aktiv zu sein ist zum Beispiel in Ordnung – müde zu werden hingegen nicht. Mir fallen dabei so schlichte Dinge ein wie Energieriegel und Energiedrinks, die wir über den Tag verteilt zu uns nehmen, um immer weiter aktiv zu bleiben. Mir kommt es vor, als wolle man uns die Botschaft vermitteln: Je höher die Erfahrungsintensität, desto besser. Als wolle man uns sagen, sobald wir die Dinge etwas langsamer angehen lassen wollen, weil wir müde sind, stimme etwas nicht mit uns. Ich frage mich gelegentlich, wie all dies in jenes übergreifende Wertesystem unserer Kultur eingebunden ist, als dessen Inbegriff wir wahrscheinlich die Devise »mehr ist besser« ansehen können.

DIANE: Was wir in den Mund stecken, zeugt davon, was in unserem Kopf vor sich geht. Eigentlich nicht weiter überraschend. In diesen Dingen spiegelt sich offenbar unsere Gesellschaft wider. Interessant, darüber nachzudenken. Entscheidend für uns ist es allerdings, auf die eigene Intention zu blicken. Die eigentliche Praxis kommt zum Tragen, sobald es um die praktische Handhabung jener körperlichen oder geistigen Zustände geht, mit denen wir unzufrieden sind – die nicht den Anforderungen gerecht werden, von denen auszugehen wir uns angewöhnt haben, um in der Frage, wer wir sind, im Kern die eigenen Vorstellungen wahren zu können.

Doch wenn ich einen Termin einhalten muss und das Gefühl habe, über gar keine Energie mehr zu verfügen, werde ich ganz bestimmt nicht davor zurückschrecken, mir ein Stück Schokolade oder eine Tasse Kaffee zu holen. Denken Sie daran, das Entscheidende ist nicht die Substanz, die wir zu uns nehmen. Entscheidend ist, in welcher Absicht wir Gebrauch von ihr machen – welchen Schaden wir anrichten und welches Leid wir verursachen, wenn wir sie verwenden, um unsere Fähigkeit zu klarem und intelligentem Handeln zu verhüllen.

SCHÜLER: Wie mir bei meiner Arbeit mit dieser Regel bewusst geworden ist, hege ich die Erwartung, dass ich im Kontext bestimmter Situationen bestimmte Gefühle empfinden *sollte*. Zum Beispiel *sollte* ich mich freuen, wenn ich, abends bei der Heimkehr von der Arbeit meine Partnerin und die Kinder erblicke. Falls sich dieses Gefühl nicht einstellt, hole ich mir häufig ein Bier oder ein Glas Wein, um lockerer und entspannter zu werden und das Zusammensein mehr zu genießen. Ich weiß, ich tue das in der Absicht, mich zu entspannen. Kann das so falsch sein, wenn es mir dadurch möglich wird, da zu sein und das Zusammensein mit meiner Familie mehr zu genießen? Würden Sie hier von einer Abhängigkeit sprechen?

DIANE: Aber sind Sie wirklich da? Vielleicht gibt es eine andere Möglichkeit, da zu sein und zugleich der Angespanntheit Rechnung zu tragen, statt sie zu übergehen? Ihre Praxis kann Ihnen das bieten.

Generell lässt sich in vielerlei Hinsicht von Abhängigkeit sprechen. Es gibt eine körperliche Abhängigkeit auf einer zellulären Ebene, bei der der Organismus ab einem gewissen Punkt nach bestimmten Stoffen verlangt. Um diese Ebene dreht es sich bei Drogenabhängigkeit oder bei Alkoholismus. Aber auch in einer allgemeineren Bedeutung kann von Abhängigkeit die Rede sein, mehr oder weniger in dem Sinn, wie Sie es hier beschreiben. So verstehe ich Abhängigkeit – als eine Anforderung, die uns veranlasst, körperlich, verbal und geistig in einer bestimmten Art und Weise zu handeln, um unsere Erfahrung zu modifizieren. Worin besteht in diesem Fall Ihre Anforderung?

SCHÜLER: Dass ich immer entspannt sein und voller Freude nach Hause kommen sollte, um mit meiner Familie zusammen zu sein.

DIANE: Und trifft das zu? Sind Sie immer entspannt, wenn Sie nach Hause kommen, und bereitet es Ihnen immer Freude, mit Ihrer Familie zusammen zu sein, wenn Sie nach Hause kommen?

SCHÜLER: Nein.

DIANE: Wo steht geschrieben, dass Sie immer entspannt sein und immer Freude an Ihrer Familie haben müssen? Diese Frage ist Ihr Zugangspunkt zu der Regel. Sie haben sich in Ihrem Verhalten beobachtet. Begeben Sie sich nun um eine Windung weiter hinein in die Spiralbewegung des Selbsterforschungsprozesses. Holen Sie diese Frage in Ihr

Leben – bevor Sie nach der Bierflasche greifen. Daraus wird für Sie etwas ersichtlich werden. Was es sein wird, weiß ich nicht. Dies zu entdecken bleibt Ihnen überlassen. Aber machen Sie sich zu Eigen, was Sie da entdecken. Ihre Anforderung ist das, wovon Sie abhängig sind – nicht das Bier oder der Wein.

Wenn wir in den Anforderungen die Abhängigkeit sehen, wird für uns erkennbar, wie wir unsere Achtsamkeit verengen, den Geist starr werden lassen und so unser Gewahrsein vom natürlichen Strom des Lebens abtrennen. Sobald wir darauf bestehen, dass unsere Erfahrung eines Geschehnisses auf eine bestimmte Art und Weise zu erfolgen hat, handelt es sich um eine Form von Abhängigkeit. Wenn wir Angst haben, die gewohnten Trapezstangen des reaktiven Verhaltens loszulassen, um offen und zugänglich zu sein für das, was da auf uns zukommen mag, handelt es sich um Abhängigkeit, und das riegelt uns vom Zustrom des Lebenssaftes ab.

SCHÜLER: Was wäre demnach der nicht abhängige Zustand?

DIANE: Diejenigen Momente, in denen uns klar wird, dass wir den Anforderungen, auf deren Einhaltung und Beibehaltung wir bestehen, nicht gerecht werden müssen. Der abhängige Zustand verlangt, dass das Leben/ich/andere eine bestimmte Beschaffenheit aufweisen. Der nicht abhängige Zustand ist frei, offen, weit und *nimmt* das Leben/mich/andere so, wie sie sind, an. Dies ist der Ort der von ganzem Herzen kommenden Offenheit, der Herzensgüte.

SCHÜLER: Umfasst und integriert er auch unseren Widerstand gegen all die gerade beschriebenen Qualitäten?

DIANE: Ja! Gewiss!

SCHÜLER: Zu dieser Regel gehört häufig auch die Aussage, dass wir anderen keine Drogen geben sollen. Würden Sie das erläutern?

DIANE: Wir können innerhalb eines weiten Spektrums von

Möglichkeiten erörtern, wie wir mit dazu beitragen können, dass andere ihre Achtsamkeit trüben. Ebenso wichtig ist jedoch, wie wir anderen helfen, geistige Klarheit zu entwickeln. Die offensichtlichste Art und Weise, wie wir dazu beitragen können, dass andere ihre Achtsamkeit trüben, wäre die Herstellung, der Anbau und/oder der Vertrieb von Rauschmitteln in der Absicht, sie jedem, der sie haben möchte, zu geben. Damit sind selbstverständlich nicht Aktivitäten wie der Anbau von Marihuana oder anderen Drogen für rein medizinische Zwecke gemeint. In unserer Gesellschaft sind wir, das weiß ich wohl, über die ganze Thematik recht gut informiert. Aber auch hier kommt es wieder auf die eigene Absicht an und darauf, wie weitgehend wir bereit sind, der persönlichen Verantwortung ins Auge zu blicken. Weiß derjenige, der die Drogen anbaut, in wessen Händen sie am Ende landen werden – in denen eines gefestigten Erwachsenen oder in denen eines hin- und hergerissen nach Orientierung suchenden Heranwachsenden?

Das Netz der wechselseitigen Beziehungen lässt sich nicht so klar definieren. Daher können wir schwerlich sagen, mit einem Missbrauch, den andere Menschen mit was auch immer begehen, hätten wir rein gar nichts zu tun. Heißt das aber andererseits, dass wir die Spirituosenfirmen oder die Nachbarin, die im Spirituosenladen um die Ecke arbeitet, um ihre Familie finanziell über die Runden zu bringen, dafür verantwortlich machen sollten, wenn manche Menschen sich mit Hilfe des Alkohols dem Leben, wie es ist, zu entziehen versuchen? Selbstverständlich nicht. Doch ruft es uns die unausweichliche Komplizenschaft in Erinnerung, die jedem von uns im Leben unserer Mitmenschen zukommt. Zum Beispiel denke ich manchmal an die Kinder in den Klassenzimmern, die ich bei meinen Hospitationen als Therapeutin für Lernbehinderte kennen gelernt habe. Ihre Verhaltensauffälligkeiten wurden durch Medikamente abgeschwächt, die sie beruhigen und ihre Konzentrationsfähigkeit verbessern sollten. Gewiss geschah dies seitens der Lehrer, der Eltern, der Ärzte in wohlmeinender Absicht. Dennoch frage ich mich, wie häufig diese Kinder behandelt worden sind, um ihre persönliche Energie und Spontaneität so zu modifizieren, dass beides dem entsprach, wonach der volle elterliche Terminkalender verlangte oder worauf die Lehrer angewiesen waren, damit sie in den überfüllten Klassenräumen überhaupt unterrichten konnten.

Ebenso wichtig ist in diesem Zusammenhang, was wir unternehmen, um andere bei der Entwicklung von geistiger Klarheit zu unterstützen. Am besten gelingt das – wie immer –, indem wir selbst ein Beispiel dafür geben. Wäre es, wenn Sie nach einem anstrengenden Arbeitstag angespannt und müde nach Hause kommen, eine Möglichkeit, statt nach dem Bier im Kühlschrank zu greifen, sich ein paar Minuten Zeit zu nehmen, um sich still hinzusetzen, allein mit der gesamten Erfahrung Ihrer Gedanken und Körperwahrnehmungen? Überlegen Sie mal, was Ihre Kinder daraus lernen könnten. Und falls jemand keine Kinder hat oder allein stehend ist – dann hat das trotzdem enorme Auswirkungen auf die *Familie der Dinge*.

Anderen zu helfen ist mitunter nicht so leicht wie eine Änderung des eigenen Verhaltens. Manchmal erfordert es all den Mut und all die Stärke, die wir aufbringen können, weil wir uns von Angesicht zu Angesicht dem stellen müssen, wovor wir uns zutiefst fürchten.

Vor einigen Jahren begriff ich, dass ein mir sehr nahe stehender Mensch unter einer schweren Alkoholabhängigkeit litt. Nachdem ich das mit meinem ersten Ehemann erlebt hatte, brauchte ich einige Zeit, bevor ich erkannte und anerkennen konnte, dass dies erneut geschah und es sich meiner Kontrolle entzog. Ihm Geld für die Miete zu schicken und alles mir Mögliche zu tun in dem Bemühen, die Realität dieser Situation zu verdrängen, führte nicht weiter. Mit diesem Menschen, der mir lieb und teuer war, ging es stetig bergab – in einem Besorgnis erregenden Tempo. Ich habe an Alanon-Treffen[21] teilgenommen, und als ich dort den Freundinnen oder Freunden, den Müttern, Vätern, Söhnen und Töchtern zuhörte, die darüber sprachen, wie sie sich der Wahrheit über die Abhängigkeit ihrer Lieben stellten, sah ich, welchen Mut und welche Stärke den menschlichen Geist kennzeichnen. Sie berichteten, wie sie ihre Lieben im Gefängnis besucht, sie in Müllcontainern schlafend und in den allerschlimmsten Szenarien vorgefunden haben, die man sich nur ausmalen kann.

Aber immer noch nicht hatte ich *meinen* Lehrer getroffen. Dies geschah an einem kalten Februartag, als ich einen verzweifelten Telefonanruf aus Neuengland[22] erhielt, wo die Temperaturwerte zu jener Zeit gerade unter den Gefrierpunkt sanken. Einmal mehr wurde ich um Geld gebeten. Dieses Mal für eine Mietzahlung zur Abwendung der Zwangsräumung. Letztere hätte bedeutet, den eisigen Temperaturen ohne ein Dach über dem Kopf ausgesetzt zu sein. Als ich den Worten aus dem Telefonhörer lauschte, geschah etwas mit mir. Wie ein Echo von weit her kam mir etwas in den Sinn, das ich vor Jahren gelesen hatte, etwas darüber, dass es »für ein menschliches Wesen ... keine andere Lebensweise gibt als diese Lebensweise«. Die Saat war aufgegangen. Suzuki Roshis Worte, die ich vor einer Reihe von Jahren gelesen hatte, als mir damals das Buch auf meinem Couchtisch in die Hände fiel, waren mir wieder zu Bewusstsein gekommen. Dies Leben ist mein Leben. Das Leben ist das Leben des mir lieben Menschen. Und so galt es, ihn in sein Leben zu entlassen. Unter Umständen sogar in den Tod. Ich konnte ihn nicht retten, und ebenso wenig konnte ich seine Probleme für ihn lösen. Darum antwortete ich: »Diesmal kann ich dir kein Geld schicken. Tief in dir weißt du, glaube ich, warum. Wenn deine Vermieterin eine Zwangsräumung in die Wege leitet und du auf der Straße sitzt, dann könntest du versuchen, zu einem Treffpunkt der Anonymen Alkoholiker zu gehen oder eine andere Unterkunft zu finden.«

War das leicht? Selbstverständlich nicht, auch nicht mit Suzuki Roshis weisen Worten als Rückhalt. Meine Stimme bebte, und ich war der Panik nahe. Ohne ein weiteres Wort hängte er ein, und fast ein Jahr lang sollte ich nichts mehr von ihm hören. Heute ist der Betreffende seit fast fünfzehn Jahren trocken. Doch beide erinnern wir uns des weisen Ratschlags: Ergreife die Möglichkeiten beim Schopf, die jeder Tag dir bietet, Augenblick für Augenblick. Es ist dein Leben. Du hast nur dieses eine. Darum lebe es in vollen Zügen, indem du ihm ins Gesicht siehst und dein Bestes gibst, um andere dabei zu unterstützen, das Gleiche zu tun. Und so setzt die Kette sich weiter fort.

Eine Garantie, dass alles ohne Leid ausgeht, gibt es nicht. Ein anderer Mensch zu einem anderen Zeitpunkt und an einem anderen Ort könnte auf das gleiche Vorgehen ganz anders ansprechen. Keinesfalls möchte ich zum Ausdruck bringen, mein Verhalten in der beschriebenen Situation sei die jederzeit einzig angemessene Vorgehensweise. In einer anderen Situation könnte es durchaus die dem Leben am meisten zugute kommende Handlung sein, wenn man das Geld schickt. Doch Folgendes möchte ich gern deutlich machen: Die Regel leitet uns an, Klarheit in unsere Absichten zu bringen, mit anderen Worten, für kristallene Klarheit zu sorgen, wenn es um die Motive geht, die hinter unseren Handlungen stehen – auch und gerade hinter jenen Handlungen, die anderen Menschen zu mehr Klarheit verhelfen sollen.

DIE FORTSETZUNG DES GESPRÄCHS

SCHÜLER: Ich weiß, Sie warten bestimmt schon auf diese Frage: Während der gesamten Menschheitsgeschichte fanden Drogen Verwendung, um die Pforte zu spirituellen Erfahrungen zu öffnen. Wäre das als Verwendung von Rauschmitteln zur Trübung der Achtsamkeit anzusehen?

DIANE: Sie haben Recht, ich habe mich schon gefragt, wann sie wohl kommen würde! Ja, zweifellos gibt es Belege dafür, dass man mit Hilfe von Rauschmitteln veränderte Bewusstseinszustände und eine Öffnung der Wahrnehmung erleben kann. In einer wissenschaftlichen Fachzeitschrift habe ich unlängst von einer Studie über Gase gelesen, die in Griechenland von Wissenschaftlern an jener Stelle im Felsgestein nachgewiesen wurden, an der sich einst das Delphische Orakel befand. Das Gas, Äthylen, kann in niedriger Konzentration einen Trancezustand hervorrufen. Leute, die LSD und andere moderne Drogen benutzen, berichten von ähnlichen bewusstseinserweiternden Erfahrungen. In jüngerer Zeit hat man Drogen wie Ecstasy verwendet, um Hemmungen abzubauen und so den Benutzer zur Empfindung größerer Offenheit und stärkerer Verbundenheit mit anderen zu befähigen. Doch lassen Sie uns nicht vergessen, dass mit jeder der eben genannten wie auch mit anderen Drogen viele Menschen, und zwar nicht nur die Benutzer, Schaden genommen haben. Selbst in Delphi wusste man sehr wohl, dass Todesgefahr bestand, wenn man in die Höhle ging, in der das Gas austrat. Wie viele Menschen haben heute unter dauerhaften körperlichen Schäden zu leiden, weil sie auf die Suche nach veränderten Bewusstseinszuständen gegangen sind?
Ich habe bereits erwähnt, mein Anliegen ist es nicht, die Vorzüge und Nachteile dieser oder jener Substanz zu erörtern, mag es sich nun um Marihuana handeln, um Ecstasy

oder um Koffein. Vielmehr möchte ich deutlich machen, dass die entscheidende Frage lautet: Wollen wir nach einer kurzlebigen Erfahrung suchen oder eine Transformation erreichen? Zahlreiche Substanzen können die Pforte öffnen. Sobald jedoch der euphorische Rauschzustand vorüber ist, schlägt die Pforte zu. Sie stehen draußen und sind wieder derjenige, der Sie zuvor schon waren. Geistige Klarheit zu entwickeln bedeutet nicht, dass wir etwas loswerden oder etwas zu transformieren versuchen. Es bedeutet einfach, dass wir *dem Leben ins Gesicht sehen.* Und in dieser unmittelbaren Begegnung gelangen wir zu einer Erfahrung von Klarheit und staunen, dass sie uns verfügbar ist. Wir brauchen keine äußeren Substanzen. Darauf können Sie sich verlassen.

Ihr Leben wird weitergehen. Die Frage ist: Werden Sie präsent sein?

9

Ich begebe mich auf den Weg, nur das zu nehmen, was mir bereitwillig gegeben wird, und bereitwillig alles zu geben, was ich kann

Geben und Nehmen sind im Grunde ein und dasselbe, abhängig davon, ob man offen oder verschlossen lebt. Lebt man offen, wird man ein Medium, ein Mittler. Wenn man so lebt wie ein Fluss, erlebt man das Leben in seiner Fülle, man fließt dahin mit dem Strom des Lebens und stirbt, um als Ozean ein neues Leben zu gewinnen.

Henry Miller[23]

Wir leben in einer komplizierten Welt des Gebens und Nehmens. Nehmen, was uns nicht zusteht, umfasst weit mehr, als jemandem die Brieftasche zu stehlen oder das Geld der Firma, für die wir tätig sind, zu unterschlagen. Das zu erkennen kostet uns, wenn wir mit dieser Regel arbeiten, keine große Mühe. Subtilere Formen von »nehmen, was uns nicht zusteht«, gehören hier gleichfalls mit hinein: zum Beispiel alle erdenklichen Formen von Steuerhinterziehung oder das Mogeln in einer Prüfungssituation; illegales Kopieren von Musikstücken, von Video- und Audiobändern; oder die Berechnung überhöhter Forderungen für erbrachte Dienstleistungen. Ebenso zählt der Raubbau dazu, den wir an natürlichen Ressourcen betreiben, weil wir meinen, das Öl, die Hölzer und die Bodenschätze seien unser *Eigentum*.

Ganz lang wird diese Liste erst, wenn wir darüber hinaus auch noch die folgende Tatsache in Rechnung stellen: Gerade das Stehlen, das Sich-Aneignen dessen, was einem nicht zusteht, treibt unser Sozialsystem und unser Wirtschaftssystem in eine immer prekärer und immer verworrener werdende Schieflage – und zwar in einem weit höheren Maß, als irgendjemand einräumen mag. Zugleich verschiebt es jenen Punkt immer weiter, an dem wir, jenseits aller Grundbedürfnisse, glauben, genug zu haben.

Jemand hat den Generaldirektor einer sehr erfolgreichen Investmentgesellschaft gefragt: »Welchen Gewinn erwirtschaften Sie?« Mit einem wissenden Lächeln gab der Generaldirektor zur Antwort: »Denselben wie jeder andere – nicht genug!«

Wie ich bereits an anderer Stelle erwähnt habe, drückt einer meiner Schüler diese Regel folgendermaßen aus:

> Gelegentlich, wenn sich das Gefühl einstellt, ich hätte einen berechtigten Anspruch auf etwas, das andere entweder haben wollen, benötigen oder besitzen, beschließe ich, diesen harten Ball des rechtmäßigen Anspruchs, des Getrenntseins, bei mir zu behalten, damit ich spüren kann, wie er sich anfühlt, und bevor ich etwas unternehme, zunächst einmal so lange zu warten, bis ich mir über seine Beschaffenheit im Klaren bin.

Der zweite Teil der Regel, *bereitwillig alles geben, was ich kann,* beinhaltet ebenfalls weit mehr, als wir wahrscheinlich annehmen würden. Hier geht es nicht nur darum, wie viel Geld wir jedes Jahr für karitative Zwecke spenden. Viel eher läuft diese Aussage auf die Frage hinaus, wie offen wir in unserer *inneren Einstellung* sind, wenn es darum geht, unsere Zeit, unsere Energie, unsere Talente und unser Engagement zur Verfügung zu stellen. Dies kann sich daran zeigen, wie viel Zeit wir uns nehmen, um bei einer Person zu verweilen, die dringend ein bisschen Freundlichkeit braucht. Es kann sich daran erweisen, wie viel Zeit wir zur Verfügung stellen, wenn es um Dinge geht, die nicht unmittelbar uns betreffen. Wie Henry Millers Worte es ausdrücken, ist es beileibe nicht so, als hätten Geben und Nehmen nichts miteinander zu tun. In Wirklichkeit vollführt die Welt einen Tanz des abwechselnden und wechselseitigen Gebens und Nehmens. Ohne das eine können wir das andere nicht haben.

Lassen Sie uns zunächst einmal betrachten, auf wie vielfältige Art und Weise wir uns nehmen, was uns nicht bereitwillig gegeben wurde. Anschließend können wir einige unserer Überzeugungen untersuchen – in Hinblick auf das, was wir nicht zu haben glauben; in Hinblick auf das, wovon wir meinen, dass wir es haben sollten; und ebenso in Hinblick auf das, was wir haben. Manchmal wird die erste Hälfte dieser Regel auch als Verbot im Sinn von: »Du sollst nicht stehlen!«, formuliert. Im Wesentlichen werden hier aber Zusammenhänge angesprochen, die tiefer reichen als »nicht nehmen, was uns nicht zusteht«.

Die Regel lädt uns ein, gründlich in Erwägung zu ziehen, inwieweit wir eigentlich bei alldem, was wir wollen oder brauchen, jemanden danach fragen beziehungsweise darum bitten. Und sie lädt uns ein, gründlich zu überdenken, inwieweit wir das geben, was zu geben wir in der Lage sind, oder ob wir es anderen Menschen nicht anbieten oder zur Verfügung stellen. Anschließend leitet sie uns dazu an, Vorstellungen des Mangels und des Verdienthabens eingehender zu untersuchen. Sie leitet uns, mit anderen Worten, dazu an, unseren Ansichten auf den Grund zu gehen, die besagen, dass wir mehr benötigen und auch mehr verdienen als das, was wir tatsächlich haben.

Nehmen, was uns nicht bereitwillig gegeben wird: Auf einer ganz simplen und vordergründigen Ebene können wir uns darunter die Aneignung von etwas – materiellen Gütern, Geld, Ideen, Kunstwerken – vorstellen, das uns nicht zusteht, also jemand anderem gehört. Ein derartiges Sich-Aneignen reicht vom bewaffneten Raubüberfall bis hin zu Situationen wie jener an der Supermarktkasse, wenn der Kassiererin ein Fehler zu Ihren Gunsten unterläuft und Sie das einfach geschehen lassen, statt zu sagen: »Verzeihen Sie, ich glaube, Ihnen ist ein Fehler unterlaufen. Ich habe mehr zu bezahlen.« Betrug und Diebstahl sind weitere Formen des Stehlens – und die Übergänge zum Lügen sind in beiden Fällen mehr oder weniger fließend. Menschen betrügen bei der Steuererklärung, in Prüfungssituationen, im Umgang mit ihrem Partner. Das alles können wir hier, als eine Form von Diebstahl, zum Gegenstand der Untersuchung machen.

Dann gibt es dieses weit verbreitete Stehlen nach dem Motto: »Kannst du etwas haben, dann nimm es dir.« Wie viele Servietten ziehen Sie aus dem Serviettenspender, wenn Sie sich einen Kaffee zum Mitnehmen kaufen? Oder wie steht es mit dem Einstecken der zusätzlichen Zuckertütchen oder -stückchen und der winzigen Marmeladenpackungen im Restaurant? Und wie mit der Benutzung des Firmentelefons für persönliche Zwecke, um einige Gebühreneinheiten zu sparen? Wie mit der Durchführung von ein paar persönlichen Erledigungen während Ihrer bezahlten Arbeitszeit?

Aus einer erweiterten Perspektive können wir darüber hinaus untersuchen, wie wir diese Denkweise auf unsere Umwelt ausdehnen, indem wir davon ausgehen, dass wir uns – schließlich ist doch alles da – getrost bedienen können. Bedarf es wirklich eines Aufklebers auf dem Lenkrad unseres Autos, auf dem zu lesen steht: »Könnte ich diesen Weg vielleicht auch zu Fuß zurücklegen?«, damit wir nicht vergessen, unseren Verbrauch an Erdöl beziehungsweise Erdölprodukten wie Benzin und Dieselkraftstoff zu senken? Entsprechendes gilt für das elektrische Licht, das beim Verlassen des Zimmers eingeschaltet bleibt, oder für das Papier, das wir in die Mülltonne statt in den Recyclingcontainer werfen. Um überhaupt zu bemerken, dass die Lampen eingeschaltet sind, obgleich wir den Raum verlassen, brauchen wir Präsenz. Und diese können wir schwerlich aufbringen, wenn unsere Gedanken sechs Schritte voraus und bereits zur Tür hinausgeeilt sind, während unsere Hand noch nach dem Türknauf greift.

Sobald wir ein wenig mehr Bewusstheit dafür entwickelt haben, was wir uns alles allein deshalb nehmen, weil es uns zur Verfügung steht, wird eines klar: »Nur nehmen, was mir bereitwillig gegeben wird«, beinhaltet die Freiheit, uns das Notwendige zu nehmen. Die Lizenz zu nehmen, so viel wir nur können, ist nicht mit inbegriffen. Von anderen nehmen wir alles Mögliche in Anspruch – ihre Zeit, ihre Aufmerksamkeit, ihre Energie. Auch die Lektionen des Lebens werden uns von ihnen zuteil. Wenn das Leben unseren Kindern eine wertvolle Lektion erteilt, warum sollten wir uns dann einmischen? Aber hinter alldem steht, wie selbstverständlich, stets die Frage: »Was bringt uns das?«

Auf einer subtileren Ebene leitet uns die Regel zu der Tür mit dem Hinweisschild »etwas bekommen«. Sie ermutigt uns, den hinter jener Tür zu findenden Ansichten, Annahmen und gewohnheitsmäßigen Denkmustern zu begegnen, die uns antreiben, zu bekommen, was wir wollen – eine Begegnung, die uns zur Entdeckung des *Erreichenwollens* führt. Dieses Bedürfnis, etwas zu erreichen, wird ziemlich oft durch die Überzeugung des *Nicht-genug-Seins,* des *Ungenügens,* des *Mangels* genährt, die bei jedem von uns eine andere Erscheinungsform annimmt. Es kann daher rühren, dass Sie meinen, einen berechtigten Anspruch geltend machen zu dürfen – da Ihnen mehr geschuldet wird, als Sie erhalten. Aber sie kann auch daher rühren, dass Sie glauben, das Leben sei nicht genug und stehe nicht auf Ihrer Seite – dass Sie glauben, unvollkommen, verletzlich, klein und ohnmächtig zu sein. Die Regel bietet uns nun die Gelegenheit, der Welt, unserem Partner, unseren Nachbarn und Freunden, unseren Kindern und nicht zuletzt uns selbst jenseits solcher Denkmuster zu begegnen, indem wir in den ganz gewöhnlichen, mit unseren täglichen Aktivitäten einhergehenden Gesten erkennen, welche Großzügigkeit, wie viel Anerkennung, Fülle und Überfluss das Leben uns zuteil werden lässt.

Verschüttete Milch

Es war einmal eine arme, allein erziehende Mutter mit drei Töchtern. Sie schickte eine ihrer drei Töchter in den kleinen Laden an der Ecke, wo sie Milch einkaufen sollte. Auf dem Rückweg blieb der Schuh des Mädchens in einem Spalt hängen, der sich im Belag des Gehsteigs gebildet hatte. Als es stolperte, entglitt ihm die Milchtüte, und die Milch floss zur Hälfte auf den Boden. Weinend kehrte es nach Hause zurück, kam sich tollpatschig und minderwertig vor und hatte ein schlechtes Gewissen, als es der Mutter berichtete, dass nur noch eine halbe Tüte Milch übrig geblieben sei.
Am nächsten Tag trug die Mutter einer der beiden anderen Töchter die Besorgung auf. Und das Gleiche geschah: Auf dem aufgeplatzten Asphalt geriet sie ins Straucheln, so dass im nächsten Moment die Hälfte der Milch über den Boden verschüttet war. Allerdings betrachtete sie das Malheur mit anderen Augen als ihre Schwester. Ein Blick in die Milchtüte zeigte ihr, dass diese noch halb voll war. Und so setzte sie ihren Weg wohlgemut fort, mächtig stolz, dass sie trotz allem die Hälfte der Milch hatte retten können. Daheim, dessen war sie sich sicher, werde es keinen großen Unterschied machen, dass nun bloß noch die halbe Menge Milch zur Verfügung stand. Zwar sei sie gestrauchelt, erzählte sie ihrer Mutter,

dennoch sei es ihr gelungen, die Hälfte der Milch unbeschadet nach Hause zu bringen.
Am dritten Tag schickte die Mutter ihre dritte Tochter zum Einkauf der täglichen Ration Milch. Die Stadtverwaltung hatte den Schaden in der Asphaltdecke noch nicht behoben, so dass auch dieses Mädchen strauchelte und die Milch halb verschüttete. Wie ihre Schwestern hob sie die Milchtüte mit der verbliebenen Milch auf und setzte ihren Weg fort. Diese Tochter sah die Situation wiederum mit anderen Augen. Zuerst murrte sie ein bisschen: »Verflixt noch mal!«, während sie ein kurzes Aufwallen von Wut bei sich beobachtete. Aber dann warf sie einen Blick in die Tüte und dachte: »Hmmm, ungefähr die Hälfte ist zwar futsch, aber die andere Hälfte ist ja noch da.« Auf dem Nachhauseweg überlegte sie, welche Konsequenzen die Situation wohl mit sich bringen würde und wie sich am besten damit umgehen ließe. Zu Hause angekommen, sagte sie zur Mutter: »Tut mir Leid, aber genau wie meine Schwestern bin ich über den Spalt im Gehsteig gestolpert und habe die Milch zur Hälfte vergossen. Wenn wir schön Acht geben, wie wir sie verwenden, und jeder von uns etwas weniger nimmt, könnte sie aber dennoch für heute reichen. Doch jetzt muss ich beim Gemeindeamt anrufen, um Bescheid zu sagen, dass es auf dem Gehsteig diesen gefährlichen Spalt gibt, damit nicht jemand anderes hinfällt und sich verletzt.«

Im Grunde ist es die altbekannte Vorstellung von halb leer und halb voll, auf die immer wieder gern zurückgegriffen wird, wenn es darum geht, eine optimistische und eine pessimistische Lebenshaltung gegenüberzustellen. Und im Allgemeinen hält man dabei jene Sicht der Dinge, in der das Gefäß als halb voll erscheint, für die sinnvollste. Die obige Fassung der Geschichte legt hingegen nahe, dass es für die Beantwortung der Frage nach der sinnvollsten Sicht der Dinge nicht einfach nur auf die Einschätzung ankommt, wie voll oder wie leer das Gefäß ist. Denn in Wahrheit ist es beides: Weder handelt es sich hier allein um eine Mangelsituation, wie es der Wahrnehmung der ersten Tochter entspräche, noch um schieren Überfluss, wie uns die zweite Tochter glauben machen möchte. Die dritte Sicht beinhaltet demgegenüber eine umfassendere Perspektive, denn sie berücksichtigt nicht nur, wie man unter den gegebenen Umständen am besten vorgehen sollte, sondern bezieht in die Überlegungen auch den Gedanken mit ein, dass jemand anderes sich verletzen könnte und man daher unbedingt die Behörden auf das im Gehsteig entstandene Loch aufmerksam machen sollte.

Die beiden ersten Töchter reagieren auf den Vorfall mit der verschütteten Milch so, wie es ihren gewohnheitsmäßigen Denkmustern entspricht. Im Unterschied dazu begegnet die dritte Tochter der Situation im Totpunkt – zwischen dem Hin- und Herschaukeln der Trapezstange – und entscheidet sich dann für diejenige Handlung, die dem Leben am meisten zugute kommt. Wir verlieren, und wir gewinnen. Wir nehmen, und wir geben.

Wessen Blüte?

Als ich damit beschäftigt war, dieses Buch zu schreiben, hatte ich mitunter Mühe, die richtigen Worte zu finden. Reminiszenzen an das, was andere Autoren geschrieben oder was meine Lehrer und Schüler gesagt haben, fanden Eingang in meine Gedanken und in die Sätze, die ich niederschrieb. Anfangs war ich deswegen etwas besorgt, denn es warf die Frage nach der Urheberschaft auf – welches waren ihre Worte, welche waren meine? Doch dann ging mir auf, dass auch ihre Worte nicht aus sich selbst entsprungen sein konnten. Die Saatkörner in unserem Gemüsegarten gelangen nicht von allein zur Blüte. Diese kleinen grünen Triebe, die sich ihren Weg durch das dunkle Erdreich suchen, resultieren aus dem spezifischen Potenzial, das dem Samen innewohnt. Allerdings sind sie auch das Produkt von Sonne und Regen, den Mikroben und Enzymen. Aber ebenso sind sie das Ergebnis unserer Bemühungen, ihnen einen fruchtbaren Boden zur Verfügung zu stellen und dessen Fruchtbarkeit zu erhalten. Wem gebührt nun also der Besitzanspruch auf die Blüte?

Mit all den Worten, die Eingang in dieses Buch gefunden haben, verhält es sich ebenso. Es sind meine Worte, und es sind nicht meine Worte. Wo klar ist, dass ich Anleihen bei jemandem vornehme, gebe ich das in Form einer Quellenangabe deutlich zu erkennen. Ist hingegen keine klare Unterscheidung möglich, dann nehme ich die Worte gern an und gebe sie ebenso gern weiter.

Bei der Arbeit mit dieser Regel haben manche Menschen das Gefühl, dass sie ihnen die Beziehung zwischen »nicht nehmen, was nicht bereitwillig gegeben wird« ebenso unübersehbar vor Augen führt wie ihre mangelnde Bereitschaft, etwas anzunehmen, das ihnen jemand bereitwillig anbietet. Wie viele von uns scheuen sich, Dank, Liebe, Nähe, Hilfe von jemandem anzunehmen, der sie uns aufrichtig anbietet? Welche automatischen Ablehnungsreaktionen stellen sich angesichts einer ausgestreckten Hand ein? Und was geschieht mit uns, wenn wir nichts annehmen? Wenn wir nichts annehmen, sind wir dann noch fähig, entweder zu sagen: »Ich möchte gern«, oder: »Ich möchte nicht gern«?

DIE PRAXIS

Achten Sie zunächst einmal darauf, wie Sie – in augenfälliger oder subtiler Weise – sich nehmen, was Ihnen nicht zusteht, oder wie Sie zögern, bereitwillig das zu geben, was Sie geben können. Ziehen Sie dabei nicht nur Materielles in Betracht, sondern ebenso Zeit, Aufmerksamkeit und so weiter. Möglicherweise werden Sie anfangs nur offensichtliche Dinge bemerken. Bis Sie etwas Subtiles erfassen, kann es ein Weilchen dauern.

Eine der Schwierigkeiten im ersten Teil der Erkundung liegt darin, dass nicht immer ganz unmissverständlich klar ist, was Ihnen bereitwillig angeboten wird beziehungsweise was Sie jemandem bereitwillig anbieten. Wenn Sie die Kassiererin, die sich zu Ihren Gunsten verrechnet, nicht darauf aufmerksam machen oder wenn Sie innerhalb Ihrer bezahlten Arbeitszeit persönlichen Angelegenheiten nachgehen, ist das eine klare Sache. Ebenso klar liegt der Fall, wenn Sie auf der Straße achtlos an einem Menschen vorübergehen, der offenkundig Ihre Hilfe braucht; oder wenn Sie Ihren finanziellen Verpflichtungen nicht nachkommen, obwohl Sie über die entsprechenden Mittel verfügen. In vielen anderen Alltagssituationen gehört zum klaren Erkennen die feste Absicht zum Innehalten, Hinsehen und Hinhören.

Achten Sie an Ihrem Arbeitsplatz darauf, wie viel Zeit Sie sich für die Frühstücks-, Mittags- oder Kaffeepause oder für den Gang zur Toilette genehmigen. Achten Sie darauf, ob Sie sich aus der Firma ein paar Utensilien für den Eigenbedarf mit nach Hause nehmen oder ob Sie einen Freund beziehungsweise eine Freundin auf Spesenrechnung zum Abendessen einladen. Und beobachten Sie zu Hause, wie Sie die Zeit oder die Aufmerksamkeit Ihrer Mitbewohnerin oder Ihres Zimmergenossen, Ihres Partners oder Ihrer Kinder selbstverständlich mit Beschlag belegen.

Mitunter, das habe ich bei der vorigen Regel angesprochen, können wir mittelbar Beihilfe dazu leisten, dass andere ihre Achtsamkeit trüben. Entsprechend können wir auch unsere Kinder oder andere uns nahe stehende Menschen unter dem Deckmantel, sie schützen zu wollen, der Lehren berauben, die das Leben für sie bereithält. Das wurde mir klar, als ich den schweren Entschluss gefasst hatte, meinem Freund mitzuteilen, dass ich das Geld für die Miete nicht schicken würde. Ich wusste, dass er nur dann eine Chance hatte, wenn ich ihm den Weg frei machte für die Lektionen, die er nur allein lernen konnte. Weil ich ihm nichts gab, konnte ich ihm etwas geben.

Die Nachforschungen vertiefen

Unter dem Mikroskop

Damit Ihnen der Prozess des Beobachtens anfangs erleichtert wird – Sie die eigenen Handlungen gewissermaßen in einem vergrößerten Maßstab betrachten können –, sollten Sie sich ein oder zwei spezielle Handlungen heraussuchen und sie unter sorgfältige Beobachtung stellen. Eine Bekannte hat die Zeit, die sie auf dem Weg zur Arbeit und später wieder auf dem Nachhauseweg im Auto verbrachte, als Zugangspunkt genutzt. Im fließenden Verkehr oder wenn sie auf eine Mautstelle zufuhr, begann sie bewusst zu beobachten, wie sie Gas gab, um die Lücke zum Vordermann zu schließen und so einen anderen Verkehrsteilnehmer, der auf ihre Spur einscheren wollte, an der Durchführung seines Vorhabens hinderte. Sie beobachtete, wie sie aufs Gaspedal trat oder schnell ein Fahrmanöver ausführte, um den eigenen Wagen noch kurz vor einem anderen in die Parklücke zu steuern. Ihre Aufmerksamkeit richtete sie nicht deshalb auf die eigene Fahrweise, weil sie vorhatte, Veränderungen daran vorzunehmen. Vielmehr wollte sie lediglich versuchen, sich selbst beim Fahren zu beobachten – wie ein besserwisserischer Beifahrer sozusagen, bloß dass dieser Beifahrer keine besserwisserischen Kommentare abgab. Nicht lange nach Beginn ihrer Praxis stellte sie fest, dass dieses Gewahrsein, auch nachdem sie angekommen war und die Firmenräume betreten hatte, im

Umgang mit den Kolleginnen und Kollegen, weiterhin vorhanden war.
Sie berichtet Folgendes:

> Nachdem ich mich eine Weile jeden Tag auf dem Weg zur Arbeit beobachtet hatte, erkannte ich, dass mich das Gefühl großer Dringlichkeit antrieb, wenn ich um eine Parklücke konkurrierte, mich zum vordersten Platz auf der Rolltreppe durchschlängelte oder als Erste an der Kaffeemaschine sein wollte. Ich begann zu begreifen, dass mein Dringlichkeitsgefühl, das ich als plötzlich einsetzendes, mit einer schnellen, kurzen Atmung einhergehendes Prickeln in der Brustgegend verspürte, etwas mit solchen Gedanken zu tun hatte wie: »Wenn ich das nicht kriege, dann ...« – Dann was? Diese Frage ließ mich nicht mehr los. Was glaubte ich wohl, könnte mir schlimmstenfalls passieren, sollte es mir nicht gelingen, in die Lücke zwischen den beiden vor mir fahrenden Autos hineinzustoßen? Was könnte mir im schlimmsten Fall passieren, sollte ich nicht ganz vorn auf der Rolltreppe stehen? Selbstverständlich könnte ich mir auf diese Fragen die rationale Antwort geben, dass nichts Schreckliches geschehen würde. Dessen ungeachtet jagte meine Besorgnis mir in der betreffenden Situation jedoch das Gefühl ein, es handele sich um etwas ganz Dringliches, und dieses Gefühl trieb mich in eine Art Tunnelblick-Wahrnehmung hinein – für mich gab es nur noch den Gedanken: »Ich muss es schaffen.« Gleichzeitig konnte ich nichts finden, womit ich mich wirklich hätte beeilen müssen.

Das ist ein bedeutsamer Punkt – der Unterschied zwischen *wollen* und *müssen, möchten* und *brauchen.* Manchmal werden diese Worte achtlos verwendet. Unter Umständen sagen wir: »Ich *muss* mal kurz hier durch.« Dabei meinen wir in

Wirklichkeit: »Ich *möchte,* dass Sie mich kurz durchlassen.« Manchmal müssen wir; manchmal möchten wir einfach nur, oder wir würden gern. Lassen Sie uns das nicht durcheinander bringen. Beides hat unter bestimmten Voraussetzungen seinen Platz. Ist uns der Unterschied klar, dann sind wir frei zu nehmen, und wir sind frei zu geben. Bei einem nicht situationsgerechten Verhalten hingegen – wenn ich eine Notwendigkeit geltend mache, wo sie nicht besteht –, kann mein vermeintliches, mein unnötiges Müssen die Möglichkeiten einer anderen Person einschränken, etwas wirklich Notwendiges zu tun. Es kann ihre Option einschränken, *nein, ja* oder *vielleicht* zu sagen.

Doch über den Unterschied zwischen müssen und wollen, wirklich brauchen und gern haben möchten sollten wir nicht leichtfertig daherreden. Das ist ein wichtiges Thema, über das jeder von uns sich seine Gedanken machen sollte angesichts der wachsenden Zahl von obdachlosen Familien in den USA und in aller Welt. Geschwollene Bäuche und durch Unterkühlung oder Erfrierung hervorgerufene Wunden und Gewebsschädigungen schreien es laut und deutlich heraus – *Mangel und Not.*

In null Komma nichts würde ich einen Laib Brot stehlen, falls ich kein Geld hätte und wüsste, dass ich dadurch mich oder meine Kinder vor dem Verhungern schützen könnte. Hier sprechen wir jedoch über einen anderen Hunger – nicht über Dinge, die zur schieren Überlebenssicherung notwendig sind. Vielmehr sprechen wir über einen Hunger, der aus einem Missverständnis herrührt, dem zufolge das Selbst als etwas für sich Bestehendes existiert und es ihm grundlegend an etwas fehlt. Dies ist eine Armut des Geistes, die daher rührt, dass man sich selbst als bedürftig, als Mangel leidend wahrnimmt. Eine Armut, in der wir uns selbst glauben machen, das Leben übergehe uns, weil andere mehr haben als wir, und wir meinen, es sei notwendig, dass auch wir unseren Anteil abbekommen. Aus diesem Geist des Mangels entstehen Neid, Verlangen, Gier, Engherzigkeit und Verschlossenheit.

Was fehlt?

Für jemand anderen, der diese Regel zu seiner Praxis gemacht hat, erwuchs aus der Arbeit die Frage: Was fehlt? Er gelangte zu folgender Einsicht:

> Es fällt mir viel leichter zu sehen, was meiner Meinung nach fehlt, als zu sehen, was ich unmittelbar vor Augen habe. Als sei ich süchtig danach, mich als ein nur halb fertiges Wesen zu sehen. Und das bringt es mit sich, dass ich erfolgreicher sein und mehr von diesem oder weniger von jenem sein muss. Versuche ich, in dieser Erfahrung des Mangels präsent zu sein, dann verwandelt sie sich in Angst. Ich fühle die Angst, dass ich verloren bin, wenn ich kein Verlangen habe und mich nicht an den Mangel halte. Als gebe es da ein Bedürfnis, das mich an der Vorstellung, unter einem Mangel zu leiden, festhalten lässt, damit ich immer weiter versuchen kann, ihn wettzumachen. Darin besteht meine Anforderung. Das Einzige, was mir ohne sie bleibt, ist das alles überlagernde Trugbild, nichts zu sein. Und das macht wirklich Angst. Doch nachdem ich eine Zeit lang damit praktiziert habe, komme ich mit dieser Angst allmählich etwas besser zurecht. An manchen Tagen geht das leichter als an anderen. Aber eigentümlicherweise macht es mir immer weniger aus. Nicht so sehr, weil die Angst verschwände – offenbar glaube ich einfach weniger an sie.

Wenn wir so durch und durch davon überzeugt sind, dass uns etwas fehlt, dann muss diese Überzeugung von der Annahme herrühren, dass es etwas zu erreichen gilt. Diese Annahme trifft die Regel in ihrem Kern. Sind wir vollkommen wach und präsent für *Einfach das,* dann ist unser Geist erfüllt, und der Gedanke an einen Mangel kann gar nicht aufkommen, weil es nichts gibt, was wir erreichen müssten. Die Milchtüte ist zur Hälfte vollständig mit Milch gefüllt und zur anderen Hälfte vollständig nicht mit Milch gefüllt – einfach wie es ist.

Etwas erreichen zu wollen spielt eine beherrschende und mitunter zerstörerische Rolle in unserem Dasein. Wir leben in einer Welt, die uns nach dem beurteilt, was wir erreicht haben, und häufig sind wir von der Position oder den materiellen Errungenschaften eines Menschen beeindruckt. Allerdings bleibt diese Denkweise keineswegs auf die Welt des Materiellen beschränkt, sondern erstreckt sich ebenso auf die Welt der Spiritualität. Viele Menschen wollen Erleuchtung oder wollen ein tiefer gehendes Verständnis erreichen, um auf der Grundlage ihrer spirituellen Praxis etwas zu erlangen, von dem sie glauben, es fehle ihnen. Die Geisteshaltung, die darauf beharrt, den Becher als halb leer anzusehen, ist diejenige Geisteshaltung, die gewohnheitsmäßig die meisten Dinge als leer ansehen wird. Niemals wird genug vorhanden sein.

Wir leben außerdem in einer Welt, in der viele Menschen es für angemessen halten, sich nach Belieben aus den natürlichen Ressourcen zu bedienen, um den unstillbaren Hunger zu befriedigen, der sich durch die Idee von Mangel und Brauchen einstellt. Erneut stelle ich die Frage: möchten oder müssen? Die Erde gibt ihre Bodenschätze bereitwillig her. Doch wie wir sie uns nehmen, zeugt vielfach von sehr wenig Weisheit. Wenn es für mich ein Muss ist, den ganzen Winter über in einem Wohnzimmer zu sitzen, in dem konstant eine Temperatur von gut 20 °C herrscht, dann wird daraus schnell eine Notwendigkeit für das Energieversorgungsunternehmen, mir mehr Heizungsenergie zur Verfügung zu stellen. Daraufhin muss meine Regierung größere Ölvorräte verfügbar halten.

In Zusammenhang damit entstehen dann in den Händen einiger weniger Personen Profite in Höhe vieler, vieler Milliarden, was dann wiederum ..., und so weiter. Wir sind sogar bereit, Regierungen zu stürzen und in den Krieg zu ziehen, um die Erfüllung dieser Bedürfnisse, oder vermeintlichen Notwendigkeiten, sicherzustellen. Darum ist es so wichtig für uns, gründlich unter die Lupe zu nehmen, was unsere Handlungen motiviert, wenn wir etwas nehmen, das uns nicht bereitwillig gegeben wird.

Der Geist des Mangels erstreckt sich auch auf unsere Gefühle für uns selbst. Als eine meiner Schülerinnen untersuchte, wie sehr sie auf andere angewiesen ist, um sich in ihrem Selbstwertgefühl bestätigt zu fühlen, stieß sie auf etwas sehr Interessantes:

Ich musste feststellen, dass ich mich manchmal, statt Eigenverantwortung für mein Verhalten zu übernehmen, auf die Meinung anderer Menschen stütze, um mich selbst zu definieren. Indem ich ihnen eine Einschätzung meines Verhaltens entweder entlocke oder sie unumwunden danach frage, versuche ich aus ihnen herauszubekommen, worüber eigentlich nur ich ganz allein mir klar werden kann. Ich versuche ausfindig zu machen, was ihre Zustimmung findet und was nicht, um zu definieren, wer ich bin. Indem ich mich um das bemühe, was nicht bereitwillig gegeben wird, kann ich es mir leicht machen. Ich bin fein raus, denn ich kann mich vor meinen wahren Gefühlen drücken, solange ich meine Aufmerksamkeit ihnen und ihren Meinungen schenke, statt auf das eigene Handeln und die eigenen Emotionen zu achten. Statt sauer darüber zu werden, dass ich es nicht schaffe, etwas richtig zu machen, kann ich mich über die zu erwartende ärgerliche Reaktion der anderen aufregen.

Ganz klar wurde mir das im Lauf meines letzten Aikido-

Kurses. Wenn ich eine neue Bewegung nicht begreife und nicht ausführen kann, dann gebe ich Kommentare ab in der Art von: »Nein, was bin ich für ein Trampel«, oder: »Wie können Sie es bloß ertragen, mit mir zu arbeiten?«, alles in der Hoffnung, mein Übungspartner werde erwidern, dass ich mich doch anstrenge und meine Sache eigentlich recht gut mache. Ich möchte, dass er mich rehabilitiert, indem er mir nachsieht, dass ich etwas nicht kann. Daran wird mir klar, dass ich von ihm haben möchte, was ich mir nur selbst geben kann, und dass ich bereit bin, die Dinge dahin gehend zu beeinflussen, dass ich erhalte, wovon ich meine, ich müsste es haben.

Das Wörtchen »aber« durch »und« ersetzen

Eine weitere nützliche Übung kann uns helfen, mehr von dem uns umgebenden Überfluss zu sehen: Wir ersetzen einfach das Wörtchen *aber* durch *und.* Oft sagen die Menschen Dinge zu mir wie: »Ich versuche, meinen Kindern mit größerer Offenheit zuzuhören, *aber* sie machen mich so wütend.« Oder: »Ich möchte dies tun oder so sein, *aber* ...« Das Wort *aber* bringt die ausschließende Geisteshaltung zum Ausdruck. Es trennt, lässt aus und zensiert, was ist, während das Wort *und* einbezieht. Gleichgültig um welche Erfahrung es sich handelt – »Ich versuche, meinen Kindern mit größerer Offenheit zuzuhören, *und* sie machen mich so wütend.« Oder: »Ich möchte dies tun oder möchte so sein, *und* ...« –, an diesen beiden Wörtern kann sich der Unterschied erweisen zwischen jemandem, der über innere Offenheit verfügt, und jemandem, der im Grunde seines Herzens verschlossen ist.

Üben Sie sich darin, sich beim Sprechen selbst zuzuhören. Beobachten Sie, wann und unter welchen Voraussetzungen Sie die Wörter *aber* oder *und* verwenden. Anfangs werden Sie es vielleicht ein bisschen schwierig finden, dies zu erfassen, *und* falls Sie beharrlich sind, werden Sie feststellen, dass Sie sich leichter dabei auf die Sprünge kommen können. Sobald Sie herausfinden, dass Sie *aber* als Mittel der Zensur oder zum Ausschluss eines Gedankens verwenden, sollten Sie den Gedanken unverzüglich neu formulieren, indem Sie *aber* durch *und* ersetzen.

Die Verschlossenheit des Herzens rührt aus der Überzeugung, jede Unannehmlichkeit, die in unserem Leben auftaucht, gehöre eigentlich gar nicht dazu. Das verschlossene Herz sucht sich aus, was es hereinlassen und was es draußen halten will. Sofern etwas keine Bedrohung darstellt für unseren selbstbezogenen Traum, darf es herein. Stellt es eine Bedrohung dar, wird es ausgeschlossen. Im Unterschied dazu hat das Herz eines Menschen, der von Grund auf offen ist, keine Angeln, die zuließen, dass sich eine Tür öffnet oder schließt, weil solche Herzen keine Tür kennen.

Ebenso ist es möglich, sich diese Praxis im Sinn eines großen Kreises vorzustellen. Der Kreis steht für das Leben. Er umfasst: genug und nicht genug, Geben und Nehmen, Leben und Sterben, Krieg und Frieden, Freude und Leid, was ist und was nicht ist, Form und Leerheit – das vollständige Spektrum ausnahmslos aller Bedingungen. *Aber* siedelt die in Erscheinung tretende Bedingung außerhalb des Kreises an, wohingegen *und* sie einlädt, hereinzukommen. Das eine Wort verschließt, während das andere öffnet.

Geschenke mit Preisschild?

Wirkliches Geben kennt kein Anhaften. Es fließt dahin mit dem Strom des Lebens. Doch vom Geben kann auch eine verwirrende und manipulierende Wirkung ausgehen, wenn das Gegebene mit einem Preisschild versehen wird. Dieses Geben hat keine Freiheit. Der Gebende hat sein Herz nicht geöffnet, er verengt vielmehr seinen Blick auf das, was er für seine Gabe bekommen kann. Die Preisschilder weisen unterschiedliche Kosten aus: Wir wollen Wertschätzung erfahren, als großzügig und mitfühlend gelten oder als jemand, der auf die Erfüllung ihm zustehender Ansprüche verzichtet. Auf dem Preisschild steht: »Ich gebe, doch du musst es entgelten. Jetzt bist du mir etwas schuldig.«

Immer wenn wir bei uns eine Reaktion verzeichnen, nachdem wir jemandem etwas geschenkt haben – Geld, andere Dinge von materiellem Wert, Zeit, Aufmerksamkeit, ja selbst unsere Liebe –, ohne dafür eine Gegenleistung erhalten zu haben, wissen wir, dass wir unser »Geschenk« mit einem Preisschild versehen haben. Wenden wir unsere Achtsamkeit diesem Muster zu, das unser Verhalten beim Geben prägt, dann kann das ein Licht darauf werfen, wie wir uns und andere definieren.

Als ich vergangene Woche im Lebensmittelgeschäft an der Kasse anstand, habe ich einen jungen Mann vorgelassen, da er bloß einen einzigen Artikel, ich hingegen einen ganzen Einkaufswagen voller Waren hatte. Von meiner Seite aus schien es sich zunächst einfach um eine praktisch motivierte Geste zu handeln. Als der junge Mann es dann aber versäumte, »danke schön« zu sagen, ertappte ich mich dabei, wie ich anfing, Urteile zu fällen – nicht nur über ihn, sondern über viele junge Leute und deren Eltern, die ihren Kindern nicht beibringen, wie man danke sagt, und so weiter ... Bevor ich ihn vorließ, so wurde mir klar, hatte es, wenn auch nur in Ansätzen, einen Gedanken gegeben wie: »Seht her, bin ich nicht ein guter Mensch, dass ich so etwas tue?«

Diese Regel ruft uns in Erinnerung, dass es keiner unserer Erfahrungen an etwas mangelt. Beginnen wir zu erkennen, nach welchen gewohnheitsmäßigen Mustern wir nehmen, nicht nehmen, behalten, geben, nicht geben, dann können wir, und sei es auch nur für einen kurzen Moment, offen sein für alles, was da ist. Ich spreche hier nicht von einer naiven

Sicht der Dinge nach der Devise: »Der Becher ist immer halb voll«, sondern von einer Einsicht, die über eine philosophische Perspektive weit hinausgeht.
Wenn wir erst einmal unsere gewohnheitsmäßigen Trapezschwünge erkennen, sehen wir auch die Begrenztheit unserer Sicht in Hinblick auf das uns Verfügbare. Bereits nachdem sie den Weg zur Arbeit und wieder zurück bloß ein paar Mal gefahren war, bemerkte die Frau, die sich selbst beim Autofahren beobachtete, nicht nur, wie häufig sie sich in eine Lücke drängte oder andere Verkehrsteilnehmer schnitt, sondern auch, wie oft die anderen Gas gaben, um sie am Einscheren zu hindern, und wie oft sie vom Gas gingen, um ihr Platz zu machen.

Sich von seiner guten Seite zeigen

Großzügig sein, *Dana* zu praktizieren, hat innerhalb der buddhistischen Überlieferung einen hohen Stellenwert. Allerdings besteht die Praxis von *Dana* nicht einfach nur im Geben, um anderen eine helfende Hand zu reichen. Auch mit Blick auf die vielfältigen Möglichkeiten, etwas dazu beizutragen, dass ein Herz sich öffnet, das aufgrund von Wut, Eifersucht, Angst oder Ablehnung verschlossen war, kann offenes und vorbehaltloses Geben eine nachhaltige Wirkung ausüben. Es kann das reaktive Verhaltensmuster des Nehmens außer Kraft setzen, so dass aus Nehmen Geben wird.
Ein Schüler fasst diesen Zusammenhang in folgende Worte:

> Wenn ich ohne Erwartung geben würde; wenn ich annehmen würde, ohne zu beurteilen; wenn ich einfach diesen Moment erfahren würde, ohne ungeduldig zum nächsten zu eilen; dann ... ?

Vor einigen Jahren tauchte auf vielen Autos in den USA ein Aufkleber auf, der sich damals großer Popularität erfreute. Darauf stand zu lesen: »Zeig dich öfter einfach mal von deiner guten Seite.« Das war als wohlmeinender Appell zu verstehen, freundlich zu anderen zu sein – frei von Berechnung und ohne Erwartung einer Gegenleistung. Zum Beispiel könnten Sie dem Briefträger oder dem Müllmann eine Notiz mit einigen anerkennenden Dankesworten hinterlassen. Stellen Sie sich einmal vor, was für Auswirkungen das auf unsere Welt haben könnte – eine Welt voller Menschen, die »Danke schön!« sagen. Oder Sie könnten eine ältere Nachbarin beziehungsweise einen älteren Nachbarn für ein paar Minuten besuchen. Viele Möglichkeiten, sich einfach mal von seiner guten Seite zu zeigen, sind vorstellbar. Versuchen Sie, jeden Tag etwas für ihre/n Mitbewohner/in, einen Freund oder einen Nachbarn zu tun. Das können ganz einfache Dinge sein: Zum Beispiel könnten Sie die Kleidung des Zimmernachbarn vom Boden aufheben und in den Schrank hängen; Sie könnten die Mülltonnen der Nachbarin hereinholen oder vor ihrem Haus fegen; oder Sie könnten zurückstehen und einer anderen Person den Vortritt lassen, wenn Sie im Supermarkt beide auf dieselbe Kasse zusteuern.

Was werden Sie entdecken, wenn Sie geben und niemand außer Ihnen davon weiß? Beobachten Sie, wie Sie sich fühlen, wenn Sie von ganzem Herzen geben. Wie fühlen Sie sich, wenn Sie »danke schön« sagen oder jemand anderes Ihnen ein Dankeschön schenkt?

Einer meiner Bekannten hatte am Arbeitsplatz Konflikte mit einer Kollegin. Wenn er die Betreffende sehe, so sagte er, könne er nur daran denken, wie schwer sie ihm das Leben in der Firma mache. Er praktizierte intensiv, ließ sich auf die Erfahrung der Wut ein, spürte der Erregung in seiner Brust nach, etikettierte die Gedanken und öffnete sich der tiefer liegenden Angst, die ihre Handlungen in ihm hervorriefen.

Dann nahm er sich vor, noch einen Schritt weiter zu gehen: Er beschloss, Tag für Tag eine schlichte Geste des Gebens auszuführen, um dem eigenen Denkmuster etwas entgegenzusetzen. Jeden Tag tat er etwas für sie – auf seinem Weg zur Kaffeemaschine fragte er sie, ob sie eine Tasse Kaffee haben wolle; er bückte sich, um etwas aufzuheben, das ihr heruntergefallen war; und so weiter. So unbedeutend solche Handlungen vielleicht wirken mögen – diesen einfachen Zeichen des Gebens wohnt große Kraft inne.

Für die Praxis von *bereitwillig alles geben, was Sie können,* müssen Sie nicht Ihr Haus oder Ihre Wohnung von all Ihren Habseligkeiten leer räumen. Damit ist auch nicht gemeint, es sei jetzt für Sie geboten, Ihr Herz weit zu öffnen und sich augenblicklich von allen Abwehrmechanismen frei zu machen. Zunächst einmal bedeutet es, Ihre Widerstände gegen das Geben kennen zu lernen, um dann zu geben, was Sie in diesem Moment geben können. Unternehmen Sie jeden Tag bloß einen einzigen Schritt in die Ihrem Verhaltensmuster entgegengesetzte Richtung, und beobachten Sie, welche Erfahrungen Sie machen, wenn Sie sich auf diese Weise öffnen.

Was ist kaputt an Ihrem Fahrrad?

In einem auf wahren Begebenheiten basierenden Zeitungsbericht in *The International Herald Tribune* habe ich unlängst etwas über eine junge Frau gelesen, die als freiwillige Entwicklungshelferin in dem kleinen westafrikanischen Land Burkina Faso arbeitete. Als sie mit ihrem Fahrrad achtzehn Kilometer weit auf einer holperigen Strecke über Land unterwegs war, brachte eine der Bodenwellen sie zu Fall. Dabei wurde das Fahrrad so sehr in Mitleidenschaft gezogen, dass sie nicht mehr weiterfahren konnte. Doch bis zur nächsten Stadt waren es noch sieben Kilometer. Ungläubig saß sie auf dem Boden, die Sonne brannte, die Temperatur betrug 46 °C, und ihre Feldflasche enthielt nur noch einen kläglichen Rest Wasser. »Großartig«, murmelte sie, als sie sich, das Fahrrad vor sich her schiebend, auf den Weg machte.

Ein paar Minuten später erblickte sie einen älteren Mann, der auf seinem Rad aus der Gegenrichtung kam. *»Yaa boe tara fo weefo?«*, fragte er auf Moore, jene Sprache, die das Volk der Mosi spricht: »Was ist kaputt an Ihrem Fahrrad?« Nachdem sie ihm erklärt hatte, was sich zugetragen hatte, betrachtete er das vermutlich erste Rad mit 21-Gang-Schaltung, das ihm je zu Gesicht gekommen war, warf ihr ein kurzes Lächeln zu und sagte, nun ja, reparieren könne er das nicht, aber: »Wir werden eine andere Möglichkeit finden. Er begann einen Gummiriemen an ihrem Lenker zu befestigen, dessen anderes Ende er an seinem alten Drahtesel festzurrte. Verblüfft und überzeugt, es könne sich nur um einen Scherz handeln, folgte die junge Frau seinen Anweisungen und setzte sich auf den Sattel ihres Rades. Als er daraufhin auf sein Fahrrad stieg und sie mitsamt ihrem Rad ins Schlepptau nahm, erkannte sie, dass es ihm vollkommen ernst war: Er wollte sie samt Fahrrad abschleppen.

Im Nachhinein erinnert sie sich, wie der Mann »vehement in die Pedale trat und schweißtriefend die amerikanische Prinzessin durch die ausgedorrte Wüste zog«, und beschreibt diese Begegnung als »einen der berührendsten Momente meines Lebens«.

Dorfbewohner, die sie entlang des Weges trafen, riefen ihnen zu: »Guten Morgen!« – *»Ney Yibeogo!«*

»Nach einiger Zeit«, so erzählt sie, »bekam ich ein schrecklich schlechtes Gewissen angesichts der Pose, die ich da auf meinem Rad innehatte, winkend wie die Rosenkönigin auf dem Festwagen einer Rosenparade.«

Bergauf und bergab ging es weiter. Auf den ansteigenden Streckenabschnitten trat der Mann schweißüberströmt in die

Pedale seines Fahrrads. Auf den Gefällstrecken dagegen lehnte er sich entspannt zurück und winkte ihr zu, während sie ihn leicht überholte, »wie zwei Pferde auf einem Karussell, deren Position sich ständig verändert, und jedes Mal wurde unsere Heiterkeit wie auch die Verblüffung angesichts unserer misslichen Lage nur noch größer«.
Zwei Stunden später gelangten sie an ihren Bestimmungsort. »Er war erschöpft. Seine Großzügigkeit fand ich Schwindel erregend und Ehrfurcht einflößend. Lange blickte ich in sein Gesicht und in diese gütigen Augen: Niemals, so sagte ich mir, würde ich dies vergessen. Denn aus diesem Mann spricht das Herz von Burkina Faso. Dieser Mann ist in seiner Kultur keine Ausnahme. In ihm zeigt sich ihre Essenz.«
Weiter erklärt sie:

Wenn ich an jenen Moment zurückdenke, als ich auf dem verlassenen Trampelpfad festsaß, war ein Teil in mir ruhig, weil ich wusste, wo ich mich befand. Ich befand mich an einem Ort, an dem man sich niemals einsam oder verlassen fühlt, weil immer jemand kommt, um dir zu helfen; an dem eine ausgemergelte und ausgehungerte Frau einer Fremden ihre letzte Schale mit Essen geben würde; wo die Kinder hellauf begeistert darüber sind, mit einem alten Autoreifen und einem Stock spielen zu können. Diese Prinzipien sind mehr als nur kulturelle Werte, sie sind Ausdruck eines Lebensstils. Burkina Faso heißt: »das Land der rechtschaffenen und beherzten Menschen«. Es ist eins der ärmsten Länder der Welt, doch ein Ort, an dem ich gelernt habe, was Geben wirklich bedeutet.[24]

Ein unscheinbarer Mann auf einer staubigen Straße in Afrika geht mit von Herzen kommender Offenheit auf die Nöte einer Fremden ein, die am Straßenrand festsitzt. Die Fremde ist zutiefst bewegt und teilt die Geschichte daraufhin Lesern in aller Welt mit. Welche Auswirkungen wird die Handlung des Mannes aus Burkina Faso jetzt, da Sie die Geschichte hier in diesem Buch lesen, auf Sie haben? Eine von Großzügigkeit getragene Handlung, mag sie auch noch so geringfügig sein, bringt die nächste großzügige Handlung hervor. Der Strom des Gebens und Empfangens nimmt kein Ende.

10

Ich begebe mich auf den Weg, sexuelle Intimität mit Respekt und von Herzen kommender Offenheit zu leben

Diesen einen wesentlichen Punkt musst du, um den Weg in vollendeter Klarheit zu erkennen, unweigerlich von Grund auf erfassen: den roten Faden [der Leidenschaft] zwischen unseren Beinen, der nicht durchtrennt werden kann. Wenige nur stellen sich dem Problem, und mit ihm fertig zu werden fällt nicht leicht. Gehe es direkt an, ohne zu zögern und ohne zurückzuweichen. Denn wie sonst kann Befreiung zustande kommen?

Sung-yuan Yu-Lu[25]

Wenn es etwas gibt, das eine Breitseite auf unsere Gedanken und Emotionen abfeuert, dann unser sexuelles Begehren. Was als biochemische Reaktion beginnt, als eine Lebensäußerung, die das Leben insgesamt in Gang hält, sucht sich Windung um Windung zügig seinen Weg durch das Labyrinth jener Empfindungen, Begierden, Phantasien und Wünsche, die uns zu innigster Vertrautheit mit unserem Partner führen, in eine imaginäre Gegenwelt zur eigenen Lebenswirklichkeit versetzen oder sogar zu brutalem Missbrauch anderer Menschen verleiten kann. Wenn wir in Klarheit und Freiheit handeln wollen, so bleibt uns, wie der oben zitierte Zen-Meister aus dem zwölften Jahrhundert uns in Erinnerung ruft, gar keine andere Wahl, als jener Leidenschaft unmittelbar ins Auge zu sehen, von der wir uns nicht komplett losreißen können.

In der Sexualität manifestieren sich einige der kraftvollsten Energien überhaupt, und wahrscheinlich geraten wir durch keine andere Energie so häufig in Verwirrung. Daher ist es nicht sonderlich erstaunlich, dass Menschen, die geistige Klarheit entwickeln wollen, dem, was sich auf das sexuelle Verhalten bezieht, schon immer eine besondere Bedeutung beigemessen haben. Im klösterlichen Bereich wird diese Regel vielfach so formuliert, dass sie zu Enthaltsamkeit, zum Zölibat, anspornt: »Lasse dich auf keine Art von sexueller Aktivität ein.« Für Laien hat sie häufig den Wortlaut: »Begehe keinen sexuellen Missbrauch.« Oder: »Missbrauche die Sexualität nicht.«

Die durch sexuelles Begehren hervorgerufene Erregung und die Intensität der Sexualenergie lassen sich nicht so leicht dämpfen. Auch Versuche, diese Begehrlichkeit in richtig, falsch, gut, schlecht, moralisch oder unmoralisch einzuordnen, können sie, günstigstenfalls, in einem begrenzten Maß einschränken. Einfach darüber hinweggehen kann man nicht. Aus diesem Grund fasse ich die Regel weniger als eine Einschränkung im sexuellen Bereich auf, sondern verstehe sie eher im Sinn einer Einladung, die eigene Sexualität eingehend kennen zu lernen.

Ein Schüler hat für diese Regel die folgenden Worte gefunden:

Ich begebe mich auf den Weg, mich auf sexuelle Intimität nicht nur mit entblößtem Körper, sondern auch mit entblößtem Herzen einzulassen. Und ich begebe mich auf den Weg, dem Verlangen wie auch der Angst vor dem Verlangen zu begegnen; dem sehnlichen Wunsch nach Nähe wie auch der Angst vor der Nähe; der Gier nach Macht wie auch der Angst vor der Macht; der Zerstreuung wie auch der Vereinigung.

Sex ist das am stärksten mit sozialen, kulturellen und religiösen Überzeugungen befrachtete menschliche Verhalten – befrachtet insbesondere mit Tabus, bei denen es darum geht, unter welchen Voraussetzungen sexuelle Intimität überhaupt zulässig ist (mit wem, wann, welche Art und so weiter).
Stürzt man sich aus Gier oder aus Wut in sexuelle Aktivitäten oder missbraucht man die Sexualenergie, um zu manipulieren und Macht auszuüben, dann kann daraus ohne Frage viel Leid erwachsen – ein Leid, das nicht nur die unmittelbar Beteiligten betrifft, sondern weitaus größere Kreise zieht. Ebenso steht jedoch außer Frage, dass die sexuelle Energie zu inniger Vertrautheit führen kann, wenn man sich mit Aufrichtigkeit, mit Einfühlungsvermögen, mit innerer Offenheit und mit Großzügigkeit auf sie einlässt. Der Nutzen und die Wirkung, die uns das Arbeiten mit dieser Regel bringt, beruhen allerdings nicht darauf, dass wir herauszufinden versuchen, wie wir uns korrekt verhalten oder welche Tabus wir sinnvollerweise beachten sollten. Für uns kommt es vielmehr darauf an, gründlich zu untersuchen, in welcher Weise wir von dieser machtvollen Energie Gebrauch machen, durch die wir entweder alle Barrieren überwinden oder aber unsere persönlichen Schutzzonen weiter ausbauen und befestigen können.
Worin liegt der Schlüssel, der uns zur tieferen Bedeutung dieser Regel Zugang verschafft? Diesen Zugang erhalten wir, indem wir ergründen, was mit dem *Missbrauch* von sexueller Intimität – von etwas, das doch so natürlich ist – gemeint sein könnte. Dies zu ergründen könnte jedoch leichter gesagt sein als getan, denn während wir einer sexuellen Aktivität nachgehen, macht die schiere Intensität der aufwallenden Energie es schwer, uns so weit im Zaum zu halten, dass wir

zu einer Selbstbeobachtung fähig sind. Und sind wir sexuell inaktiv, dann könnten wir sogar auf den Gedanken kommen, diese Regel betreffe uns nicht. Doch Sexualität spielt auch dann für unseren Umgang mit anderen Menschen eine ganz entscheidende Rolle, wenn wir keinen Sex haben.
Kürzlich hat mich jemand gefragt, ob meiner Meinung nach die Menschen in unserer Zeit sexbesessener seien als vor sagen wir zweitausend Jahren. Für uns führt heute kaum ein Weg vorbei an all den Anspielungen und Hinweisen auf Sexualität, ob nun in der Werbung, im Fernsehen, in Filmen, in der Literatur oder in der Musik. Das könnte den Eindruck hervorrufen, als seien wir nur dann in der Lage, ein gelungenes und glückliches Leben zu führen, wenn wir sexuell aktiv sind. Ja selbst wenn physisch bedingt – aufgrund des Alterungsprozesses – das sexuelle Begehren allmählich nachlässt, wird uns noch die Botschaft vermittelt, wir sollten weiter sexuell aktiv sein. Dennoch bezweifle ich, dass die Menschen sich jetzt innerlich wirklich mehr mit der Sexualität auseinander setzen, als sie das vor zweitausend Jahren getan haben. In den Texten und Schriften des Altertums, einschließlich der Bibel, ist dieses Thema jedenfalls reichlich vertreten. Was wir heute erleben, ist möglicherweise eine Infragestellung alter, innerhalb unserer Kultur vorherrschender Zwänge und der damit einhergehenden Doppelmoral. Heute sind wir offen genug, um über das Leid zu sprechen, das durch Vergewaltigung, durch Inzest, durch sexuellen Missbrauch, durch sexuelle Belästigung und Schikanierung verursacht wird. Als Gesellschaft lernen wir außerdem zu akzeptieren, dass es auch zwischen zwei Menschen gleichen Geschlechts aufrichtige Liebe und Innigkeit gibt. Die Frage, ob es sich bei dem Interesse an Sexualität in unserer Gesellschaft zunehmend um eine Art kulturelle Manie oder einfach um den Ausdruck eines immer offeneren Umgangs mit Sexualität handelt, erfordert eine eigene Erörterung.

Der rote Faden

Was ist nun dieser »rote Faden« der Leidenschaft? Schlicht ein biologischer Trieb zur Fortpflanzung? Bei dem Dichter Ralph Waldo Emerson heißt es dazu:

> Da die Erhaltung der Art ein so vordringlicher Punkt war, hat die Natur sie um jeden Preis sichergestellt, indem sie der Leidenschaft ein enormes Übergewicht verlieh, selbst auf die Gefahr hin, dass es dadurch unablässig zu Chaos und Verbrechen komme.[26]

Sexuelles Begehren ist ein biologischer Trieb. Das steht außer Frage. Mit wissenschaftlichen Mitteln lässt sich bestimmen, dass die sexuelle Leidenschaft in einer stammesgeschichtlich ziemlich alten Region des Gehirns angesiedelt ist, dem so genannten Hypothalamus. Der Hypothalamus reguliert die Körpertemperatur, den Durst, den Hunger und den Sexualtrieb, außerdem weitere lebenswichtige Grundfunktionen. Welchen Sinn und Zweck dieses Begehren erfüllt und worin der Umstand begründet ist, dass es in einem für die elementarsten Überlebensfunktionen zuständigen Abschnitt unseres Nervensystems seinen Platz hat, ist allerdings eine andere Frage.

In einem Gespräch über dieses Thema würde eine Biologin oder ein Biologe das sexuelle Begehren wahrscheinlich einzig und allein der Arterhaltung zurechnen. Während der Hypothalamus ansonsten einen Beitrag zum Überleben des Einzelorganismus leistet, wird der Sexualtrieb dem Überleben unserer Art zugeordnet – mit Blick auf die Generationenfolge wie auch in Hinblick auf den Nutzen, der sich aus einer Neukombination der Gene durch die geschlechtliche Fortpflanzung ergibt.

Aber könnte der Sexualtrieb vielleicht noch aus anderen

Gründen ein elementarer Trieb sein? Könnte zum Beispiel die menschliche Leidenschaft, indem sie die Voraussetzung dafür schafft, dass die der Intimität innewohnende Kraft sich zwischen den Menschen entfaltet, der entscheidende Faktor sein, der uns zur Erfahrung der tiefsten zwischen uns bestehenden Verbindungen den Weg ebnet? Beginnen wir zu untersuchen, was uns den Zugang zu dieser Innigkeit versperrt, so beginnen wir, unsere Sexualität mit Respekt und innerer Offenheit zu leben.

Der Autor John Cheever drückt das folgendermaßen aus:

> Zittern meine Hände vor Begehrlichkeit, dann zittern sie ebenso, wenn ich am Sonntag die Hand nach dem Kelch ausstrecke. Wenn die Lust mein Gemüt erhitzt und mich in Überschwang versetzt, ist das keine stärkere Kraft als diejenige, die mich veranlasst niederzuknien, um das Dankgebet zu sprechen und die Litaneien zu beten. Was kann diese launische Haut anderes sein als ein Segen?[27]

Wahre Innigkeit, wahre Intimität, bedeutet ein von Offenheit getragenes Verhältnis zu uns selbst und zu anderen. Missbrauch von Intimität, insbesondere von sexueller Intimität, hängt damit zusammen, wie wir uns von anderen abschotten und uns so davon abhalten, absolut präsent zu sein. Das führt uns vor Augen, dass wir selbst in den leidenschaftlichsten Umklammerungen einer physischen Umarmung innerlich weit weg und distanziert sein können. Diese Regel kann uns helfen, das Getrenntsein, das sich in solch einer Situation wahrnehmen lässt, tief gehend zu verstehen, weil sie die eingefleischten Denk- und Empfindungsmuster zutage fördert, die sich auf sexuelle Intimität beziehen.

Wir können zum Beispiel eine Vielzahl oberflächlicher Beziehungen eingehen oder von einem Partner zum nächsten wechseln, um durch Sex den Gefühlen von Einsamkeit und

Ablehnung zu entrinnen. Sexuelle Intimität kann uns als Ablenkung dienen, um Gefühlen aus dem Weg zu gehen oder sie zu betäuben, ohne dass wir jemals wirklich in Erfahrung bringen, wovor wir eigentlich fliehen. Ohne dass wir uns darüber im Klaren sind, dient uns Sexualität manchmal vielleicht dazu, Gedanken auszuschalten oder zeitweise von bestimmten obsessiven Vorstellungen, um die unsere Gedanken immer wieder kreisen, loszukommen. Wir können nach dem sexuellen Höhepunkt gieren, nach jenem Aufwallen der Erregung, das unsere Empfindungen von Isolation, Einsamkeit, mangelndem Selbstwert und so weiter verschwinden lässt. Diese Gier bleibt unter Umständen nicht nur unmittelbar auf die Freisetzung unserer Anspannung, auf die schiere Triebbefriedung, beschränkt, sondern schließt darüber hinaus mit ein, dass wir uns geliebt, gebraucht, wichtig und mächtig fühlen wollen. Und das kann wiederum Wut und Eifersucht hervorrufen.

Ein besonders weit verbreiteter Missbrauch von sexueller Intimität geht auf Einsamkeit zurück. Das Herz ist ein einsamer Jäger; und Einsamkeit, eine der tiefer liegenden Emotionen, kann sich im Dunstkreis sexueller Anhaftung in vielfältiger Form bekunden – beispielsweise in Form von Vermeidung: Aus Angst, zurückgewiesen zu werden, oder um Gefühle eigener Wertlosigkeit aufrechtzuerhalten, lässt man sich absichtlich nicht auf sexuelle Intimität ein. Sex mit häufig wechselnden Partnern oder eine sexuelle Beziehung zu zahlreichen Partnern kann eine andere Art sein, wie wir Verbundenheit sicherzustellen versuchen, um uns selbst vorzugaukeln, wir könnten der Einsamkeit und der mit ihr häufig einhergehenden Traurigkeit entkommen. Sind wir einsam, dann durchleben wir oft eine tiefe Traurigkeit und unter Umständen sogar schwere Depressionen. Wir haben ein dringliches Verlangen nach Intimität und sehnen uns danach, im Leben eines anderen Menschen einen ganz wichtigen Platz einzunehmen.

Als ich vor einer Reihe von Jahren, von meinen Eltern tatkräftig unterstützt, eine junge allein erziehende Mutter mit drei bildhübschen Kindern war, habe ich mich oft sehr einsam gefühlt, insbesondere während der Ferien. Immer wieder stellte ich mir die Frage: Warum sind mir meine Kinder und meine liebevolle Familie nicht genug? Warum fühle ich mich so einsam und so tieftraurig? Wir alle haben vermutlich schon mal den Refrain von dem völlig vereinsamten Menschen in der riesengroßen Menschenmenge gehört.
Mit der Zeit begann ich zu erkennen, dass meine Einsamkeit nichts mit anderen Menschen zu tun hatte. Die Einsamkeit, die ich erlebte, war nicht davon abhängig, wer bei mir war beziehungsweise von wie vielen Menschen ich umgeben war. Vielmehr rührte sie von einem tiefer sitzenden Verlangen her, auserkoren zu werden: Meine Familie hatte sich mich nicht ausgesucht – in unsere Familie sind wir hineingeboren worden. Liebhaber hingegen würden mich aussuchen und mich so in gewisser Weise bestätigen.
Wie ich bereits erwähnt habe, kann eine Erkundung dieser Regel ein nützliches Werkzeug sein, um lang gehegte Anforderungen und innerste Überzeugungen zu enthüllen – auch falls Sie sexuell nicht aktiv sind. Es kommt darauf an, aufrichtig zu betrachten, was sich bei uns abspielt. Darin liegt der Schlüssel. Selbst wenn Sie sich für eine Form des Zölibats entschieden haben, können Sie, je nachdem, wie es um Ihre persönliche Libido steht, dennoch Erfahrungen mit sexuellen Energien haben. Entscheidend ist, dass Sie mit Offenheit zu ergründen versuchen, auf welche Art das sexuelle Begehren sich seinen Weg durch das Labyrinth der Alltagsexistenz bahnt beziehungsweise wie es sich dort hineinmogelt. Ob wir uns nun für sexuelle Abstinenz entscheiden oder für sexuelle Aktivität – aus der Arbeit mit dieser Regel können wir in jedem Fall manches lernen.

Eingefrorene Leidenschaften

Diesen Aspekt beschreibt eine Zen-Erzählung sehr anschaulich:

Es war einmal eine alte Frau. Sie hatte die Verantwortung dafür übernommen, sich um die Unterkunft und die Verpflegung eines Einsiedlers zu kümmern, der sich in den Bergen oberhalb ihres Häuschens ganz seiner spirituellen Praxis widmete. Jeden Tag stieg sie auf den Berg hinauf, um ihm Nahrung zu bringen und nachzusehen, ob er über die Dinge verfügte, die er brauchte, damit er weiter seiner Meditation nachgehen konnte.
Nachdem sie das viele Jahre lang regelmäßig getan hatte, beschloss sie, nun sei es an der Zeit zu prüfen, ob er zu einem tieferen Verständnis gelangt sei. Darum entwickelte sie den Plan, ihm beim nächsten Mal das Essen von ihrer wunderschönen jungen Enkeltochter bringen zu lassen. Darüber hinaus erteilte sie der jungen Frau den Auftrag, sie solle den Einsiedler betören, ihren Kopf auf seinen Schoß legen und ihn fragen: »Tut das gut?«
An einem kalten, regnerischen Morgen begann das Mädchen seinen Aufstieg auf den Berg und betrat schließlich die Hütte des Einsiedlers. Es reichte ihm das Essen, legte den Kopf in seinen Schoß und fragte ihn: »Tut das gut?« Der Einsiedler sprang auf, wandte sich rasch ab und rezitierte die Worte eines Sinnspruchs: »Der verdorrte Baum ist in bitterer Kälte verwurzelt. Während dieser Wintermonate steigt keine Wärme empor, regt sich kein Leben.« Daraufhin stieß er das Mädchen aus der Hütte hinaus in den kalten Regen, ohne ihm irgendetwas mit auf den Weg zu geben, womit es sich vor dem Regen hätte schützen können.
Als es zum Häuschen der Großmutter zurückkehrte, er-

zählte das Mädchen, wie sich der Einsiedler in der Hütte verhalten hatte. Die alte Frau rief aus: »Dieser Nichtsnutz! Man sollte es nicht für möglich halten, dass er, nachdem ich ihn all die Jahre in seiner Praxis unterstützt habe, nicht mehr Verständnis entwickelt hat als das! Er trägt ja nicht ein Fünkchen Mitgefühl in sich!«

Noch einmal legte die alte Frau den Weg auf den Berg zurück, doch nur um die Hütte des Einsiedlers in Brand zu setzen. So sorgte sie dafür, dass er von seinem Berg hinunterstieg und hinaus in die Welt gehen musste.

Was hat die alte Frau so sehr erbost? Warum hat der Einsiedler die Prüfung nicht bestanden? Obwohl er dieses zurückgezogene Leben führte, hatte er, das ist der springende Punkt an der Geschichte, nicht gelernt, dass das Herz, die Essenz, von Mitgefühl und weisem Handeln weder darin liegt, sich gänzlich den eigenen Leidenschaften zu überlassen, noch darin, auf Kosten anderer allen menschlichen Leidenschaften vollständig zu entsagen. Selbst nach den vielen Jahren der Meditation ist er nicht imstande, hinter seinem Schutzwall hervorzukommen, um voll und ganz in seiner Erfahrung präsent zu sein. Stattdessen sagt er ein Sprüchlein darüber auf, wie er meint, empfinden zu sollen, und missachtet dabei, was er tatsächlich empfindet. Nicht einmal die Worte, die er verwendet, sind ursprünglicher Natur: Indem er den Sinnspruch aufsagt, fabriziert er ein ganz und gar erkünsteltes Verhältnis zur eigenen Sexualität. Darüber hinaus benutzt er die Enkeltochter der Frau, um seine Fähigkeit unter Beweis zu stellen, dass er sexuelles Begehren überwinden kann. Eine derartige Praxis, das weiß die weise alte Großmutter nur zu gut, ist wertlos, solange die Bereitschaft fehlt, den in die Tiefe reichenden roten Faden der Leidenschaft in die eigene Erfahrung mit einzubeziehen.

Als Erstes praktizieren wir die Regel durch das gezielte Gewahrsein der mit der sexuellen Energie assoziierten physischen Empfindungen. Zunächst die Empfindung im eigenen Körper zu erkunden, die sich im Kontext von Sexualität bei uns einstellen, ist ein guter Ausgangspunkt für die Praxis mit dieser Regel. Setzen Sie sich bequem in der von Ihnen bevorzugten Meditationshaltung hin, und wenden Sie Ihre Aufmerksamkeit dem Körper zu.

Bleiben Sie entspannt, und richten Sie Ihr Augenmerk ganz sacht auf das Ein- und Ausatmen. Vergegenwärtigen Sie sich nun etwas, das Sie sexuell erregt – eine Vorstellung, eine Empfindung oder ein Wort. Es kann sich um eine Person handeln, ein Bild, einen Geruch, eine Melodie. Es kann ein Wort sein oder eine Redewendung. Falls Sie bemerken, dass Sie den Gegenstand Ihrer Aufmerksamkeit als gut, schlecht, krank oder was auch immer zu bewerten beginnen, stellen Sie einfach fest, dass diese Gedanken *wertend* sind, um anschließend wieder zum Gegenstand Ihrer Aufmerksamkeit zurückzukehren. Haben Sie etwas aktiviert, dann werden Sie in Ihrem körperlichen Erleben eine Veränderung bemerken. Möglicherweise wird die Atmung schneller, tiefer oder kürzer. Eine leichte Kontraktion oder Anspannung des Körpers und bestimmte Empfindungen können wahrnehmbar sein.

Aber vielleicht fühlen Sie auch nichts. Nichts zu fühlen ist ebenfalls eine Erfahrung. Wie ist diese Gefühllosigkeit beschaffen? Intensivieren Sie die Untersuchung des Körpers, indem Sie genauer auf das Herz, den Bauch- und den Genitalbereich achten. Haben Sie das Gefühl, als sei der eine oder andere Bereich weiter entfernt? Mit anderen Worten, bemerken Sie, dass die Achtsamkeit nicht in bestimmte Bereiche hineinreicht? Falls sie das nicht tut, versuchen Sie sie in die entsprechende Richtung zu lenken, und beobachten Sie dann, was geschieht. Tauchen im Umfeld dieser Gefühllosigkeit Gedanken, Emotionen oder Wertungen auf wie: »Ich kann das nicht« oder »Darin bin ich nicht gut«? Falls Sie bemerken, dass ein Gefühl wie Angst, Kränkung, Wut oder Macht auftaucht, dann versehen Sie es im Geist mit dem entsprechenden Etikett, und kehren Sie anschließend einfach dahin zurück, dass Sie atmen und fühlen, wie die Empfindung beschaffen ist.

Rufen Sie sich bitte in Erinnerung, dass Sie, wie bei aller Selbsterkundung, weder fordern noch beurteilen. Vielmehr laden Sie einfach ein, indem Sie die Achtsamkeit gezielt jenem Punkt zuwenden, den Sie erkunden wollen. Gerade weil die Frage nach keiner Antwort verlangt, bringt sie viel Licht in denjenigen Bereich, den Sie erkunden wollen. Darin liegt die Stärke dieser Übung. Erwarten Sie nicht unbedingt, dass Ihre Erfahrung angenehm oder auch nur sexueller Natur ist. Diese Übung zielt darauf ab, sich bewusst zu machen, welche Gedanken und Überzeugungen Sie mit der Sexualenergie assoziieren. Sexuelle Energie kann sich regen, aber Angst, Wut, Scham oder andere Emotionen können ebenfalls auftreten. Tatsächlich können andere Emotionen wie Wut oder Angst oft gleichsam huckepack reitend auf der Sexualenergie daherkommen.

Die Nachforschungen vertiefen

Den Beobachter hinzuziehen

Dehnen Sie die Erkundung nun auf Ihre Alltagserfahrungen aus, indem Sie darauf achten, wie Ihre Reaktionen beschaffen sind. Hier versuchen Sie nicht allein Ihre persönliche Erfahrung mit der sexuellen Energie zutage zu fördern, sondern auch Ihre Einstellungen und Ihre Wertungen in Bezug auf die Sexualität anderer Menschen. An diesem Punkt sind Sie bestrebt, einen möglichst scharfen Blick für das zu entwickeln, was in Ihnen vorgeht – auf der Straße, im Bus, am Arbeitsplatz oder wo immer sonst Sie andere Menschen sehen und in Interaktion mit ihnen treten.

Üben gewisse Menschentypen eine abstoßende oder eine anziehende Wirkung auf Sie aus? Ertappen Sie sich dabei, wie Sie über bestimmte Menschen ein Urteil fällen und keinerlei Offenheit für sie aufbringen? Bei dieser Übung sollten Sie alle Gefühle und Gedanken zulassen, ohne sich Einschränkungen aufzuerlegen. Seien Sie offen, und beobachten Sie Ihre Gedanken und Empfindungen – was auch immer auftauchen mag. Stellen Sie irgendwelche Muster fest? Verstehen Sie wie in der zuvor beschriebenen Übung Ihre Selbsterkundung als eine Einladung. Verlangen Sie nicht, dass sich irgendetwas zeigt. Entfernen Sie lediglich die Schleier, die Ihre tief im Innersten gehegten Ansichten, die Ausprägungen Ihres selbstbezogenen Traums, verhüllen.

Es kann sein, dass Sie diese Übung Tage, Wochen, ja Monate lang durchführen müssen, bevor Sie bewusst etwas registrieren. Sofern Sie jedoch behutsam und geduldig mit sich umgehen, wird sich die Tür mit dem Schild »Komm herein« nach und nach für Sie zu öffnen beginnen, und Sie werden Zugang zu dem erhalten, was Sie tief im Innern mit der sexuellen Energie assoziieren. Sie werden herausfinden, wie Sie selbst diese Energie erleben und mit welchen Augen Sie andere Menschen betrachten. Sobald wir in der Lage sind, das zu tun, können wir die nächsten Schritte unternehmen. Sie bestehen darin, zu ergründen, in welcher Weise wir diese Energie einsetzen, um unsere Muster der Selbst-Identität zu stärken, die verschleiern, *was* ist.

Unsere Beziehung zur Sexualität können wir uns so vorstellen, als sei sie irgendwo zwischen zwei Buchstützen angesiedelt. Am einen Ende steht unsere Beschäftigung mit wunderbar reiner Sexualenergie und tief gehender menschlicher

Verbundenheit – kein Festhalten, kein Anhaften –, am anderen Extrem hingegen zeigen sich Verhaltensweisen, die sich entfremdend und zerstörerisch auswirken.
Was es für uns persönlich bedeutet, dieser Regel gemäß zu leben, entdecken wir, wenn wir untersuchen, wie wir unsere Phantasie von einem Selbst mittels sexueller Intimität ausbauen und weiterentwickeln. Es ist hilfreich, die zugrunde liegenden körperlichen und geistigen Reaktionsmuster eingehend zu erforschen. Mit anderen Worten: Wie bei den anderen Regeln sollten wir uns auf eine gründliche Auseinandersetzung mit der Frage einlassen, wer wir zu sein glauben. Diese Praxis kann enthüllen, von welchen Grundüberzeugungen über die eigene Identität unsere durch die Sexualenergie genährten Handlungen motiviert und gesteuert sind. Selbst wenn Sie nach eigener Einschätzung in einer glücklichen und gut ausbalancierten sexuellen Beziehung leben, könnte sich eine eingehende Beschäftigung mit dieser Praxis für Sie als nützlich erweisen. Denken Sie bitte daran: Wir praktizieren die Regeln nicht, um uns festzulegen, sondern um wirkliche Freiheit zu finden und uns auf das Leben einzulassen, indem wir klar und deutlich erkennen, dass alles, was wir zu sein glauben, alles, was wir glauben, haben zu müssen, und alles, wonach wir streben, lediglich eine Illusion ist – lediglich Bestandteil des selbstbezogenen Traums. Jeder Einzelne von uns kann diese Erfahrung machen. Wir müssen nur die Bereitschaft aufbringen, in den trüben Gewässern unserer Begierden umherzutappen, und zur Klarheit einer von ganzem Herzen kommenden Offenheit finden.

Überzeugungen offen legen

In der vorausgegangenen Übung haben wir den Beobachter hinzugezogen, damit wir innehalten, uns ansehen und anhören können, was sich angesichts eines sexuellen Reizes im Geist und im Körper abspielt. Nun gehen wir den Dingen noch weiter auf den Grund, indem wir zu klären versuchen, wie die eigenen Einstellungen zur Sexualität uns dazu dienen, tief in uns gehegte Überzeugungen zutage zu fördern – Überzeugungen, die uns zu Handlungen veranlassen, die wir nur ausführen, um ein tiefer sitzendes Verlangen nach Selbstbefriedigung zu stillen. Welche Arten von gedanklichen/emotionalen Mustern haben Sie bemerkt? Bestand die Neigung, Sinnlichkeit mit einem bestimmten Gedanken oder einer bestimmten Emotion zu verknüpfen – mit Nähe, Macht, Liebe, Sicherheit? Unter Umständen werden Sie feststellen, dass Sie mehr als nur eine Assoziation haben. Entscheiden Sie sich dann für eine Assoziation, und gehen Sie anschließend die folgenden Fragen durch:

- Was erschaffe ich, wenn ich sexuelle Energie mit .... verknüpfe?
- Was erschaffe ich nicht, wenn ich sexuelle Energie mit ... . verknüpfe?
- Wogegen widersetze ich mich, wenn ich sexuelle Energie mit .... verknüpfe?

Wenden Sie den Blick, und führen Sie die Untersuchung weiter fort, indem Sie den Körper gewissermaßen durchleuchten, um zu beobachten, wie der Körper zu Ihnen spricht. Wichtig ist erneut, dass Sie einladen, nicht verlangen. Vergessen Sie das bitte nicht. Wird die Achtsamkeit auf diese Weise eingesetzt, dann *sucht* sie nicht nach einer Empfindung. Vielmehr richtet sie den Lichtstrahl der Aufmerksamkeit behutsam auf den Körper, atmet ein und aus und beobachtet, was eventuell zum Vorschein kommt. Wenn Sie eine Empfindung bemerken, sollten Sie innehalten und zulassen, dass Sie diese Empfindung spüren, während Sie ein- und ausatmen. Lassen Sie die Energie kommen und gehen, und seien Sie offen. Wenn Ihre Erfahrung darin besteht, dass Sie

nichts fühlen, dann verweilen Sie in der Präsenz dieser Erfahrung.
Trenne ich sexuelle Energie von ....?
Was, wenn überhaupt, geschieht dann? Gegen was, wenn überhaupt, widersetze ich mich dann?[28]

Die Antworten eines Schülers:

- Wenn ich sexuelle Energie mit Liebe verknüpfe, entsteht Nähe.
- Wenn ich sexuelle Energie mit Liebe verknüpfe, werden andere Möglichkeiten, Liebe zu erfahren, nicht hervorgebracht.
- Wenn ich sexuelle Energie mit Liebe verknüpfe, widersetze ich mich anderen Möglichkeiten, Liebe zu erfahren.
- Kein Widerstand scheint da zu sein. Ich fühle mich einfach offen.

Die gerade angeführten Fragen und Antworten sind nur Beispiele. Was die sexuelle Energie anbelangt, haben wir vielerlei Überzeugungen: Schwäche, Feindseligkeit, Impotenz, Verachtung, Macht und Sicherheit – all diese Vorstellungen sind in unsere Wahrnehmungen sexueller Intimität eingebunden. Wenn wir zulassen, dass diese Ansichten in unser Verständnis von Intimität Eingang finden und es trüben, wenn wir zulassen, dass sie einer offenen Erfahrung der Sexualität als reine, starke Verbindung zwischen Menschen im Weg stehen, haben wir unsere Sexualenergie missbraucht.

GESPRÄCHE

SCHÜLER: Für die Frage, was *Missbrauch* von Sexualität ist, scheint es demnach darauf anzukommen, inwieweit unsere Handlungen uns von den Dingen abschneiden, denen wir innerlich aus dem Weg gehen wollen. Und dabei spielt es keine Rolle, ob wir das allein oder mit anderen tun.

DIANE: Genau. Jedes Mal, wenn wir unsere Sexualenergie einsetzen, um der eigenen Erfahrung zu entgehen oder sie zu modifizieren, bauen wir eine Mauer auf vor dem *Leben, wie es ist.* Wir nehmen uns selbst so wahr, als verfügten wir über eine gesonderte Existenz, als existierten wir getrennt von allen und allem anderen. Dabei entfernen wir uns noch weiter von der Realität und verstricken uns noch tiefer in Begierde und Anhaftung. Das würde ich als Missbrauch bezeichnen.

SCHÜLER: Aber handelt es sich bei dem, was Sie als Sexualenergie bezeichnen, bloß um einige im Gehirn freigesetzte chemische Wirkstoffe? Doch wie wird sie, ausgehend von dieser biochemischen Grundtatsache, dann für uns zu einem Mittel, die Ego-Identität zu stützen – zu etwas, das missbraucht werden kann und nicht einfach nur chemisch Informationen übermittelt?

DIANE: In der Tat gehen erotische Empfindungen und Gedanken mit der Ausschüttung sehr wirkungsvoller chemischer Substanzen einher. Mitunter assoziieren wir die entsprechenden Empfindungen mit intimer Nähe und Liebe und werden süchtig danach; insbesondere wenn wir durch die eine oder andere der zuvor erwähnten Formen von Missbrauch sexueller Intimität kurzfristig Befriedigung und Entspannung erleben.

SCHÜLER: Können Sie etwas über häufig wechselnde Partnerschaften als Missbrauch von Intimität sagen?

DIANE: Jenseits der anfänglichen Verliebtheit kann sexuelle Anziehung auf einer tiefer liegenden Ebene bedrohlich sein, weil wir spüren, dass auch im übertragenen Sinn die Hüllen zu fallen beginnen – wir uns als der Mensch erweisen, der wir sind. Das kann Angst machen, und deshalb halten wir vielleicht lieber nach neuen Sexualpartnern Ausschau. An die Stelle einer in die Tiefe gehenden Intimität tritt dann ein in die Breite sich erstreckendes Spektrum von Sexualkontakten.

Das Ganze kann allerdings eine verzwickte Angelegenheit sein, vor allem in offenen Beziehungen, bei denen zwei oder mehr Beteiligte sich bereit erklären, mit zahlreichen Partnern Intimkontakte zu haben. Ich treffe hier keine Aussage für oder gegen derartige Arrangements, möchte allerdings mit Nachdruck darauf aufmerksam machen, dass so etwas leichter gesagt als getan ist. Allen, die sich auf solch eine Konstellation einlassen, möchte ich raten, sich – in jeder der daran beteiligten Beziehungen – wirklich ganz genau anzusehen, auf welcher Ebene man eine Entwicklung von Intimität zulässt, und äußerst wachsam zu sein gegenüber Emotionen, die man angesichts der vermeintlichen Freiheit allzu leicht unterdrückt: Emotionen wie Eifersucht, das Gefühl, übergangen zu werden, und so weiter. Außerdem möchte ich die Frage stellen: »Was kommt auf mich zu, wenn ich daran denke, mich an eine einzige Person zu binden?«

SCHÜLER: Obgleich Sie über Einsamkeit gesprochen haben, über das Bedürfnis, akzeptiert zu werden, und auch darüber, dass wir uns vor tief gehender Intimität in Acht nehmen, ist mir immer noch nicht klar, in welchem Verhältnis Sex und Angst stehen.

DIANE: Wenn wir zutiefst überzeugt sind, dass etwas Schreckliches geschehen wird, sobald wir uns als der Mensch erweisen, der wir sind, dann jagt Nähe uns Angst ein. Und darum gehen wir möglicherweise überhaupt keine sexuelle Beziehung ein, oder wir belassen alles auf einer ziemlich oberflächlichen Ebene, indem wir zahlreiche Partner haben oder nach kurzer Zeit wieder Schluss machen und die Beziehung unverbindlich halten. Zum Beispiel kann es unsere innerste Überzeugung sein, wir seien ein von

Grund auf mit Mängeln behafteter und darum wenig liebenswerter Mensch. Bei sexuellen Kontakten könnten wir Gefahr laufen, enttarnt und daraufhin, weil die Schalter mit der Aufschrift *mit Mängeln behaftet* und *nicht liebenswert* betätigt werden, in ebenjene Erfahrung katapultiert zu werden, die unserer innersten Überzeugung entspricht. Wir sind voller Angst und fühlen uns verletzlich. Um diese Erfahrung also zu vermeiden, halten wir möglicherweise die sexuellen Beziehungen, die wir eingehen, ganz strikt in einem eng begrenzten Rahmen. Andererseits könnten wir versuchen, unsere Affäre dadurch abzusichern, dass wir mehrere Partner in petto haben.

Wenn bei unserer Praxis mit dieser Regel Angst und/oder ein Gefühl von Verletzlichkeit aufkommen, sollten wir uns der Erfahrung von *Einfach das* zuwenden, die Energie ungehindert fließen lassen und erleben, wie ihre Kraft abnimmt und zunimmt. Doch um diesen letzten Teil der Praxis üben zu können, müssen wir uns zunächst einmal offen mit der Frage konfrontieren, wie es um unser Verhältnis zur Sexualität steht. Auf diese Weise begeben wir uns auf den Weg der Regel, *an sexueller Intimität mit Respekt und von Herzen kommender Offenheit teilzuhaben.*

11

Ich begebe mich auf den Weg des Loslassens von Wut

Wut ist für mich offenbar nicht länger ein unzurechnungsfähiger Fremder, den man in den Keller einsperrt, sondern ein vertrauter, schattengleicher Zwillingsbruder, der plötzlich in unvermutetem Gewand im Zimmer erscheint. Ich erkenne nun, dass die Wut ein Stammgast ist in meinem Leben.

Die Regel in der Formulierung eines Schülers

Auf den nächsten Seiten dieses Buchs werden Sie nicht erfahren, wie Sie es vermeiden, jemals wieder wütend zu werden. Aber Sie werden einige hilfreiche Wege kennen lernen, wie Sie sich über Ihre ganz persönliche Beziehung zur Wut klar werden können, und zwar unabhängig davon, ob Sie ihr bei sich selbst oder bei anderen Menschen begegnen. Der entscheidende Punkt für uns ist: zu lernen, angesichts von Wut hellwach zu sein, statt blindlings drauflos zu agieren. Gelingt es uns, und sei es nur für einen Augenblick, der Wut als Sinneserfahrung unsere Aufmerksamkeit zuzuwenden, dann machen wir das, was Stephen Levine als »Tee am offenen Feuer trinken« bezeichnet, als »mit unserer Empörung oder Verwirrung einen Tee trinken, ... [ihr] von Angesicht zu Angesicht begegnen. Anstelle eines Verhaltens aus Wut lernen wir, uns zur Wut zu verhalten.«[29]

Die Regel hat häufig den Wortlaut: »Lass der Wut keinen

freien Lauf.« Eigentlich kommt es bei dieser Regel jedoch auf Folgendes an: Weder sollten wir die Wut »füttern« noch sie verleugnen, sondern sie gründlicher zu verstehen lernen, damit wir, wenn sie da ist, möglichst geeignete Maßnahmen ergreifen können. Wir sollten also zu unterscheiden wissen, wann eine Handlung aus *selbstbezogener* Wut hervorgeht und wann aus *lebensbezogener* Wut, das heißt aus einer Wut, die eine unverfälschte, das Leben stärkende Antwort oder Entgegnung auf eine bestimmte Situation bereithält.

Selbstbezogene Wut zieht immer weitere Kreise. Sie nimmt kein Ende. Den Eindruck, diese Regel lade uns ein, die Flammen der Wut anzufachen, möchte ich zwar nicht erwecken, aber eindeutig weist sie uns in die Richtung, diese Emotion unmittelbar zu erfahren und den Unterschied zwischen einem geschickten und einem ungeschickten Gebrauch von Wut zu begreifen. Wie bei allen anderen Dingen gilt auch hier: Wenn wir etwas nicht zu ergründen versuchen, können wir es nicht verstehen. An Wut sollten wir weder festhalten, noch sollten wir sie beiseite schieben oder füttern. So lernen wir, unsere mit dem Aufkommen von Wut verbundenen Denkmuster und Körperreaktionen rasch zu erkennen.

Das Auftreten von Wut – wie das Auftreten jeder anderen Emotion – ist etwas ganz Natürliches. Wir verfügen durchaus über die Möglichkeiten, ihre Kraft und ihre Wirkung zu erfahren, ohne an ihr zugrunde zu gehen oder uns von ihr erfassen zu lassen. Wut ist ihrer Natur nach wie eine Flamme, die licht und klar brennt und dann verschwindet. Die Regel des Loslassens von Wut zu praktizieren bedeutet: kennen lernen, wie sie in und durch uns wirksam wird, und ihre Energie in unserem Leben erfahren. Das ist der Weg des *Loslassens von Wut*.

Eines Nachmittags flüsterte jemand einem Mann ein, seine Frau halte ihn zum Narren: Jede Nacht treffe sie sich im Garten heimlich mit ihrem Liebhaber. Der Mann besaß ein

aufbrausendes Naturell. Daher geriet er in Rage und er schwor, er werde die Frau mitsamt ihrem Liebhaber auf frischer Tat ertappen. Bei Einbruch der Dunkelheit stieg er also im hinteren Teil des Gartens auf einen hohen Baum und erwartete ihr Kommen. Er wartete bis tief in die Nacht, und je mehr ihm die Kälte und die Müdigkeit zu schaffen machten, umso ärger wurde seine Wut.
Niemand tauchte auf, abgesehen von einem Waschbären und einer streunenden Katze. Während der Mann weiterhin hoch oben im Baum hockte, geriet er mit jedem Gedanken an all die Dinge, die sich da wohl hinter seinem Rücken abspielen werden, mehr und mehr in Weißglut. Er verlor derart die Fassung, dass er glatt vom Baum fiel. Kaum lag er auf dem Boden, stieß er auch laute Drohungen und Verwünschungen aus. Er veranstaltete einen solchen Lärm, dass seine Nachbarn aus den umliegenden Häusern angelaufen kamen, um herauszufinden, wer wohl mitten in der Nacht diesen Tumult verursache.
Nacht für Nacht, so entfuhr es diesem törichten Zeitgenossen, der inzwischen regelrecht rasend war vor Wut, lege er sich nun in seinem Baumversteck auf die Lauer, um seiner untreuen Frau und ihrem Liebhaber auf die Schliche zu kommen. Einer der Nachbarn trat daraufhin hervor, kratzte sich am Kopf, warf dem der Länge nach auf dem Boden liegenden Mann einen spöttischen Blick zu, und dann platzte es aus ihm heraus: »Aber Sie sind doch gar nicht verheiratet!«

Wie in dieser Geschichte kann die Wut uns so sehr an der Nase herumführen, dass wir allen erdenklichen Phantomen hinterherjagen. Doch Wut kann auch eine Informationsquelle für uns sein, uns auf Umstände und Situationen aufmerksam machen, in denen wir besser etwas unternehmen sollten. Wie können wir der Wut begegnen? Und was können wir von ihr lernen? Um diese Fragen geht es bei der Regel.

Viele von uns empfinden Wut als eine schwierige Emotion. Möglicherweise sind wir der Meinung, Wut sei in jedweder Situation fehl am Platz, inakzeptabel, unspirituell, gefährlich, und bereits die leisesten Anzeichen von Wut sollten unterdrückt werden. Manche tragen sie wie eine weithin sichtbare Armbinde mit sich herum, die anderen signalisiert: »Leg dich besser nicht mit mir an!« Andere verbergen sie – wie den eingangs angesprochenen unzurechnungsfähigen Fremden – in der Abstellkammer. Bei manchen Menschen gleicht sie einer Landmine, die darauf wartet, dass irgendein unglückseliger Zeitgenosse sie im Vorbeigehen berührt und auslöst. Anderen verschafft sie ein Gefühl von Macht und Stärke. Einige fragen sich: »Was soll eigentlich das ganze Theater? Wer? Ich? Wütend?« Manche von uns fühlen sich angesichts der Wut eines anderen eingeschüchtert und ziehen sich entmutigt in das undurchdringliche Stillschweigen von Geist und Körper zurück.

Sinnvollerweise sollten wir zu Beginn unserer Arbeit mit dieser Regel erst einmal einige der Meinungen, die wir über Wut hegen, unter die Lupe nehmen.

GESPRÄCHE

SCHÜLER: Ich sollte nicht wütend sein. Das ist meine hartnäckigste Meinung über Wut.

DIANE: Warum?

SCHÜLER: Weil sonst der Eindruck entsteht, ich sei außer Kontrolle.

DIANE: Ihr Gedanke ist also: Wenn ich wütend bin, hat es den Anschein, ich sei außer Kontrolle. Gibt es da sonst noch etwas, eine andere Meinung über Wut?

SCHÜLER: Wut tötet.

DIANE: Wut tötet. Weitere Meinungen?

SCHÜLER: Es ist gut, seine Wut loszuwerden.

DIANE: Aber wie ist Ihre Meinung über Wut? Warum ist es gut, sie loszuwerden?

SCHÜLER: Weil sie uns innerlich zerfrisst, wenn sie nicht zum Ausdruck gebracht wird.

DIANE: Uns innerlich zerfrisst. Offenbar sind Sie der Meinung, sie sei in gewisser Weise zerstörerisch?

SCHÜLER: Ja. Ich bin der Meinung, dass Wut immer zerstörerisch ist.

EIN ANDERER SCHÜLER: Wäre ich ein besserer Mensch, dann fände ich eine bessere Möglichkeit, wie ich mit dieser Situation umgehen könnte, statt wütend zu sein.

DIANE: Was gibt es demnach gegen Wut einzuwenden? Welche Meinung steht dahinter?

SCHÜLER: Sie ist ein Zeichen, dass an anderer Stelle etwas nicht in Ordnung ist, dass ich nur schlecht mit etwas klarkommen kann oder dergleichen. Die Wut zeigt dann, dass ich ein Versager bin. Ich sollte die Wut bemerken, bevor sie groß wird.

DIANE: Warum ist es von diesem Denkmuster her gesehen so wichtig, die Wut frühzeitig zu erfassen?

SCHÜLER: Weil es nicht gut ist, sie zu haben.

DIANE: Aha, aber warum ist das aus der Perspektive eines selbstbezogenen Denkens nicht gut?

SCHÜLER: Weil ich der Meinung bin, dass Wut schlecht ist. Wut ist wirklich heftig. Allerdings bin ich mir, glaube ich, nicht sicher, ob Wut *immer* schlecht ist; sie kann auch Schutz geben. Nach meinem Empfinden geht es in Ordnung, wenn ich zum Beispiel Wut über Gesetze zum Ausdruck bringe, die anderen Menschen gegenüber ungerecht sind. Diese Energie der Wut geht in Ordnung – wenn es aber darauf hinausläuft, für mich selbst einzutreten, geht das nicht in Ordnung.

DIANE: Warum geht das nicht in Ordnung? Mit anderen Worten: Was ist Ihre Meinung über Wut? Ist sie zerstörerisch? Ist sie kränkend?

SCHÜLER: Das kann sie sein.

DIANE: Falls Sie der Ansicht sind, dass Wut Menschen kränken kann, sind Sie dann mit einbezogen in diese Kränkung?

SCHÜLER: Wirkliche Angst habe ich davor, dass sie meine Schwäche zeigt.

DIANE: Sie macht Schwäche deutlich. Ja. Um diese Überzeugung sind wir, wie nun ans Licht kommt, gekreist – Wut zeigt meine Schwäche.

Meine Wut

Ausgangspunkt für Wut können sein ein Haufen – von unserer Mitbewohnerin oder unserem Mitbewohner im Spülbecken stehen gelassenen – schmutzigen Geschirrs, die Hausaufgaben, die unsere Kinder vergessen haben, oder Bombenangriffe gegen unschuldige Menschen und erbärmliche Massaker, über die wir etwas in den Nachrichten gesehen haben.

Wut kann nach außen oder nach innen gerichtet oder völlig richtungslos sein. Sie kann vor sich hin köcheln, kann überkochen, kann spürbar oder nicht spürbar sein. Sie hat viele Gesichter, und ihre Kraft kann stark machen oder zerstören. Hinter ihrer Fassade der Macht verbergen sich Angst und Ohnmacht. Sie scheint über eine ganz eigene Kraft zu verfügen, die sich als kleine Momente von Tollkühnheit zeigen, in denen Vernunft und rationales Denken völlig in den Hintergrund treten. Wir können versuchen, ihr auszuweichen, sie zu ignorieren, uns an sie zu klammern. Wir können sagen, sie sei *Ihre* oder *meine* Wut.

Einmal bat ein Schüler die Zen-Lehrerin: »Bitte, können Sie mir helfen, mich von meiner Wut zu befreien?«
Die Lehrerin antwortete: »Ich kann Ihnen helfen, sich von Ihrer Wut zu befreien. Zuerst aber müssen Sie mir die Wut zeigen.«
Der Schüler erhob Einspruch: »In diesem Moment bin ich doch gar nicht wütend. Ich kann sie Ihnen nicht zeigen.«
Daraufhin schickte die Lehrerin den Schüler mit dem Auftrag fort, erst einmal seine Wut zu finden und sie mitzubringen, um sie ihr zu zeigen.
»Erledigen Sie diese Aufgabe«, sagte sie, »dann kann ich Ihnen helfen.«
Als der Schüler zurückkam, berichtete er der Lehrerin: »Überall habe ich nach meiner Wut gesucht, konnte sie aber nirgends finden.«
»Es freut mich, dass ich Ihnen helfen konnte!«, erwiderte die Lehrerin.

Der Schüler in dieser Geschichte hat sich selbst als *wütend* gesehen. Solange seine entsprechenden körperlichen und geistigen Gewohnheiten jedoch nicht durch einen Reiz ausgelöst werden, kann er die Wut nicht finden. Jedes Aufkommen von Wut können wir uns wie Punkte auf einem Blatt Papier vorstellen, die so dicht hintereinander auftauchen, dass sie den Eindruck einer lückenlosen Linie vermitteln. In Wirklichkeit aber handelt es sich bei dem, was der Schüler als seine Wut betrachtet, um vielfältige Reaktionen, durch die in seinem Geist und in seinem Körper chemische, biologische und psychische Vorgänge in Gang gesetzt werden. Alles, was da geschieht, entsteht und vergeht von einem Moment zum andern. Ohne uns vorher eine Zeit lang in der Beobachtung von Wut geübt zu haben, werden wir sie allerdings schwerlich als dieses flüchtige, von Augenblick zu Augenblick sich vollziehende Geschehnis erleben. Wenn jemand sich daraufhin aber blindlings in den Wirbel wütender Gedanken und die mit dem Zustand der Wut einhergehenden Körperwahrnehmungen hineinziehen lässt, könnte man sagen, dass er oder sie *sich in Wut gehen lässt.*

Gleichgültig, ob es sich um gärende Frustration handelt, um stotternde Verwirrung oder ob man vor Wut kocht – den Lichtstrahl des Gewahrseins einzuschalten, damit wir innehalten, hinhören und hinsehen, ist allemal sehr schwierig. Wie bei der Sexualenergie kann es uns schwer fallen, den Totpunkt der Wut überhaupt zu *finden;* geschweige denn, in ihm zu *ruhen.* Bestrebungen, uns der Wut zu öffnen und sie einzuladen, damit wir sie besser kennen lernen, können – bestenfalls – eine gute Hilfestellung leisten, mehr nicht.

Sind wir uns allerdings über die eigene Intention völlig im Klaren – wissen wir, dass wir auf jeden Fall herausfinden wollen, wie es überhaupt mit der Wut bei uns aussieht –, dann setzt ganz allmählich eine Veränderung ein. Vielleicht werden wir, manchmal erst im Rückblick, feststellen, dass wir in der Hitze des Gefechts, beziehungsweise auf die Hitze des Gefechts, nicht mehr so schnell reagieren. Wir merken, dass wir näher an den Brandherd heranrücken können, ohne uns gleich die Finger zu verbrennen, und wir brauchen auch nicht mehr so zu tun, als lodere da gar kein Feuer. Wenn wir diesen Gast in unser Gewahrsein einladen, verstehen wir im Lauf der Zeit – mit jeder neuen Situation und ihren jeweils neuen Rahmenbedingungen, mit jedem neuen Aufwallen von Wut – immer häufiger, was den Unterschied ausmacht zwischen einer Reaktion auf diese machtvolle Energie und einer situationsgerechten Antwort.

Lebensbezogene und selbstbezogene Wut

Die Beantwortung der Frage, wann es in Ordnung sei, wütend zu werden, und wann nicht, scheint Menschen, die ihre ersten Gehversuche auf dem Weg dieser Regel unternehmen, stets vor kaum lösbare Rätsel zu stellen. Die meisten von uns hätten, glaube ich, gern eine Liste zur Hand, die fein säuberlich aufführt, wann Wut angemessen und wann sie unangebracht sei. Aber sind unsere Emotionen, die sich doch immer aus einer spezifischen Lebenssituation ergeben, tatsächlich jemals unkompliziert?

Der Schlüssel zur Lösung des Problems ist, sich wirkliche Klarheit über die eigene Motivation zu verschaffen: Motiviert die Wut uns zu Handlungen, die entweder für uns selbst und/oder für andere gut sind oder die uns selbst und/oder anderen Schaden zufügen. Im ersten Fall können wir von einem lebensbezogenen Handeln sprechen, im zweiten Fall von einem haltlosen Sich-gehen-Lassen. Lebensbezogener Wut wohnt eine transformierende Kraft inne. Sie kann uns als Weckruf dienen, sie kommt und geht schnell.

An dieser Stelle möchte ich gern ein anschauliches Beispiel für die transformative Kraft von Wut anführen. Aufgebracht und empört über den Tod ihrer 13-jährigen Tochter, verursacht durch einen betrunkenen Autofahrer, dessen Akte bereits mehrere Verstöße unter der Rubrik »Alkohol am Steuer« aufwies, der jedoch nichtsdestoweniger Inhaber eines gültigen kalifornischen Führerscheins war, wurde Candace Lightner zur Mitbegründerin von MADD (Mothers Against Drunk Drivers), »Mütter gegen Trunkenheit am Steuer«. Zielsetzungen des Vereins sind die Verhinderung von Autofahren unter Alkoholeinfluss, Unterstützung der Opfer und Präventivmaßnahmen gegen Alkoholkonsum bei Minderjährigen. Die Aktivitäten, zu denen sich die Frauen von MADD aufgrund ihrer Erfahrungen von Schmerz und Wut veranlasst sahen, haben schließlich in den Bundes- und Landesparlamenten zur Verabschiedung von Gesetzen gegen Trunkenheit am Steuer geführt und so zur Rettung vieler Leben beigetragen.

Lebensbezogene Wut steckt voller Potenzial für nutzbringendes Handeln. Sie gewinnt an Intensität, je mehr wir uns auf entsprechende Gedanken und Handlungen einlassen. Doch sie hat ihren Preis: ein verschlossenes Herz und einen verschlossenen Geist.

Die Kraft einer lebensbejahenden Wut

Es war einmal ein Samurai, der die Meisterschaft über das Himmelreich und das Reich der Hölle erlangen wollte. Darum machte er sich auf den Weg zu einem gebrechlichen alten Mönch, der hoch oben im Gebirge lebte und weithin für sein tiefgründiges Verständnis gerühmt wurde. Als der Samurai müde und frierend an der Hütte des alten Mannes ankam, stieß er, ohne auch nur anzuklopfen, kurzerhand die Tür auf und verlangte, während er in die Hütte hineingepoltert kam, nach einem Platz am Feuer und nach etwas Warmem zu essen. Der verblüffte Mönch, der vor dem Feuer sitzend seinen Tee getrunken hatte, stellte bedächtig die Teeschale ab und stand auf, um dem Samurai etwas Warmes zu essen zu holen. Nachdem der gegessen hatte und ein wenig zur Ruhe gekommen war, drehte er sich zu dem alten Mönch hin und verlangte in barschem Tonfall: »Zeig mir den Weg, auf dem ich die Meisterschaft über Himmel und Hölle erreichen kann!«

Wieder setzte der alte Mönch seine Teeschale ab und erhob sich. In voller Größe reichte er dem Samurai kaum bis an die Schulter. Er blickte dem Samurai in die Augen und wies ihn zurecht: »Wie kommst du darauf, dass ich dir irgendetwas beibringen werde? Du bist bloß ein einfältiger Trottel mit übel riechendem Atem und verfaulten Zähnen. Du siehst aus, als hättest du schon seit Monaten nicht mehr gebadet, und aus deinem Mund kommen ordinäre Torheiten.«

Die Augen des Samurai traten aus den Augenhöhlen, und sein Gesicht lief rot an vor Zorn. Er erhob sein Schwert über den Kopf des alten Mönchs, als wolle er ihm einen Hieb versetzen, atmete heftig und wirkte, als werde er gleich bersten. Unter dem bedrohlichen Schatten des hoch erhobenen Samuraischwerts setzte der Mönch sich wieder hin, nahm seine Teeschale in die Hand, trank einen Schluck und sagte: »Das ist die Hölle.«

Sprachlos und tief bewegt, weil er sah, dass der alte Mönch das eigene Leben aufs Spiel gesetzt hatte, um ihm zu zeigen, was »Hölle« bedeutet, ließ der Samurai sein Schwert sinken. Liebe und Dankbarkeit für die Großzügigkeit und die innere Offenheit dieses furchtlosen Mönchs erfüllten sein Herz. Da der alte Mönch sah, wie bewegt der Samurai war, fuhr er fort: »Und das ist der Himmel.«

Diese Geschichte führt uns den Unterschied zwischen lebensbezogener und selbstbezogener Wut in aller Deutlichkeit vor Augen. Als er die Vorhaltungen des alten Mönchs hörte, geriet der Samurai so in Rage, dass er ihn beinahe getötet hätte. Er reagierte lediglich auf die Beschimpfungen, die der alte Mann ihm ins Gesicht schleuderte. Im Unterschied dazu verstand es der alte Mann, Wut in nützliches Handeln zu transformieren.

Man könnte die Geschichte ohne weiteres als Veranschaulichung einer hochgradigen Erleuchtung verstehen. Denn sie zeigt uns, dass der alte Mann nicht wütend wird, als dieser ungehobelte Zeitgenosse in seine Hütte gepoltert kommt. Ich möchte allerdings mit dieser Geschichte ein wenig freier verfahren und mir den alten Mann so vorstellen, als sei er ein bisschen mehr ein Mensch wie ich oder Sie: Vielleicht *hat* er ja Wut gespürt, als der Samurai in seine Hütte hereingepoltert kam. Doch da er gelernt hatte, in Gegenwart dieser starken Emotion innezuhalten, hinzusehen und hinzuhören, war er in der Lage, sie durch sich hindurchfließen zu lassen, ehe er den Mund auftat. Und so hat er seine Empörung lediglich vorgegaukelt, um dem Samurai eine Hilfestellung zu geben.

Ist die Energie der Wut lebensbezogen, so kann sie unsere Bewusstheit für Situationen schärfen beziehungsweise uns vor solchen Situationen warnen, die nach unserem Verständnis ganz und gar nicht dem Leben – unserem Leben, dem Leben anderer Wesen – zugute kommen. Als meine Lehrerin Joko Beck 75 Jahre alt war, ging sie täglich am Strand von San Diego spazieren. Eines Tages stieß sie während ihres Spaziergangs auf zwei Männer, zwischen denen eine üble Schlägerei entbrannt war. Der eine prügelte brutal auf den anderen ein. In einer Anwandlung von Wut, so beschreibt es Joko, habe sie eine Woge der Erregung verspürt. So marschierte sie auf die beiden Männer zu, und mit jedem Körnchen Kraft, das ihr zur Verfügung stand, stieß sie die beiden auseinander und schrie sie an: »LASST DAS!«

Total überrascht, zu erleben, dass diese weißhaarige ältere Dame sie auffordert, aufzuhören und einander keine Verletzungen mehr zuzufügen, ließen sie die Arme sinken und trotteten in entgegengesetzte Richtungen davon. Die schlagartig einsetzende Erregung, der Adrenalinschub, sie geben uns das Signal aufzumerken – *jetzt!* Und wenn wir tatsächlich aufpassen, verwandelt sich die offen und ungehindert brennende Flamme in eine starke Energie, die uns zu einer zündenden Idee und angemessenem Handeln inspirieren kann: Sie kann uns inspirieren, auf die Umstände einzugehen, wie sie sich zum gegenwärtigen Zeitpunkt wirklich darstellen.

Wut kann auch ein Signal sein, ein möglicher Hinweis darauf, dass wir auf eine nicht hinnehmbare Weise behandelt beziehungsweise misshandelt werden. Sie kann den Lichtstrahl auf inakzeptable Situationen lenken, auf Missbrauchssituationen. Sie kann für uns ein Geschenk sein, ein Weckruf, der uns veranlasst, uns solch einer Situation zu entziehen. Doch viele Menschen, die ihre Wut verborgen haben oder die Augen vor ihr verschließen, spüren keine Wut. Und indem sie sich selbst die Schuld geben oder sonst eine fehlgeleitete Vorstellung haben, kann es sein, dass sie in Missbrauchssituationen ausharren.

Die folgende Schilderung einer misshandelten Ehefrau beschreibt diese Art von Erfahrung:

> Es war ein weiter Weg für mich, bis ich schließlich ein wenig Wut verspürte über den Missbrauch, den ich jahrelang von meinem Ehemann hingenommen hatte. Zu sehr war ich von Angst gelähmt, als dass ich der Situation entrinnen konnte. Wut hätte meine Verbündete sein können, denn durch sie wäre ich wieder auf die Beine gekommen und gegangen. Sie hätte mir das Signal gegeben, laut und deutlich vernehmbar: »Augenblick mal. Niemand hat ein Recht, dich zu verletzen. Niemand hat ein Recht, dich derart zu behandeln.«
>
> Gelegentlich höre ich Leute sagen, dass Frauen sich entscheiden, in einer Missbrauchssituation auszuharren, weil diese ihnen etwas gebe, das sie brauchen. Ich bin mir nicht sicher, dass die Dinge so einfach liegen.
>
> Eingepackt in Hilflosigkeit und Verletzlichkeit, existierte da irgendwo in mir die Überzeugung, das Ganze sei mein Fehler – irgendwie hätte ich es doch verdient, so behandelt zu werden. Nicht einmal das leiseste Fünkchen Wut flackerte in mir auf. Ein Jammer, dass dies nicht geschah. Vielleicht hätte ich dann nicht so lange abgewartet, bis mir um das Leben meiner Kinder und um mein eigenes Leben

angst und bange war. Vielleicht wären meine Kinder nicht so sehr in Mitleidenschaft gezogen worden durch all das Gebrüll und all die Gewalt. Aber selbst da noch bin ich aus Angst gegangen, nicht aus Wut.

Erst Jahre später, nachdem ich mich immer wieder in der Praxis, Wut zu erkennen, geübt habe und sie als Bestandteil meiner Erfahrung zulasse, kann ich tatsächlich sagen: Ich glaube, dass niemand ein Recht hat, mich zu verletzen – und bin auch wirklich davon überzeugt!

Eines Tages hat mich jemand sehr rüde bedrängt. Ich konnte fühlen, wie die Wut mit Macht aus den Tiefen meines Seins emporstieg. Was dieser Mensch mir antat, war nicht in Ordnung! Ich hatte eine klare und entschiedene Antwort darauf und habe nicht klein beigegeben. Und das geschah nicht aus Angst, sondern aus Respekt vor mir selbst. Ich habe zu ihm gesagt: »Nimm deine Finger weg!« Und ich wusste, dass ich das Richtige tat. Die Wut fühlte sich sauber und real an, und ich empfand Dankbarkeit, weil ich für ihre Warnung offen war. Mir wurde klar, dass ich offen für sie sein, ihr zuhören und in Aktion treten konnte, ohne an ihr festzuhalten.

Sich in seiner Wut gehen lassen

Wenn wir unser Wohlbefinden daran messen, inwieweit wir unsere Anforderungen, wie wir zu sein haben oder wie die Welt zu sein hat, aufrechterhalten können, werden wir höchstwahrscheinlich eine Enttäuschung erleben. Und wenn wir oder die Welt unseren Anforderungen nicht gerecht werden, kann es sehr leicht geschehen, dass wir mit Wut reagieren. Wir lassen uns in unserer Wut gehen, wenn wir sie benutzen *und an ihr festhalten*, um unsere Identität, unseren Traum von einem Selbst, zu wahren.

Eine mögliche Sicht der Geschichte von dem Mann, der sich hoch oben im Baum auf die Lauer gelegt hat, lässt sich etwa wie folgt zusammenfassen: Aufgrund seiner Überzeugung, er müsse ständig auf der Hut sein, um nicht zum Narren gemacht zu werden, kann sein selbstbezogener Traum fortbestehen. Seine wütende Reaktion auf ein Phantom erwuchs keineswegs aus dem Nichts. Die Anforderung, *sich nicht an der Nase herumführen zu lassen,* hatte für den Mann einen so zwanghaften Charakter, dass er auch dort Gefahr witterte, wo sie überhaupt nicht bestand. Daraus gewinnt die Geschichte ihre Pointe.

Beschreibt einer meiner Schüler eine wütende Reaktion, dann stelle ich in vielen Fällen die Frage: »Ist hier einer Ihrer Anforderungen nicht entsprochen worden? Wenn ja, welcher? Wie ist es? Und wie sollte es Ihrer Meinung nach sein?«

Wenn wir uns vergegenwärtigen, bei wie vielen Gelegenheiten wir gefangen sein können in unserem gewohnheitsmäßigen reaktiven Hin- und Herschaukeln, helfen diese Fragen uns, unsere Achtsamkeit auf die Tatsache zu richten, dass wir uns möglicherweise gerade mitten in solch einer Schaukelbewegung befinden – was uns in unserer durch die Wut hervorgerufenen Erregung oft entgeht. Unsere Achtsamkeit in dieser Weise aus der Reserve zu locken ist der unumgängliche nächste Schritt, wenn wir uns jenen innersten Überzeugungen, die unseren Reaktionen zugrunde liegen, öffnen wollen – wie auch immer diese Überzeugungen beschaffen sein mögen.

Auch die Verleugnung von Wut kann zum Ausdruck bringen, dass man sich in Wut gehen lässt. Manchen von uns wird frühzeitig im Leben vermittelt, Wut auf andere und auf uns selbst sei schlicht inakzeptabel. Falls wir das nicht schon frühzeitig lernen, dann eignen wir es uns vielleicht später an. Viele der religiösen *Ismen,* darunter der Buddhismus, können so praktiziert werden, dass der Eindruck entsteht, wer Wut empfindet, sei nicht *erleuchtet.*

Es gibt vielerlei Möglichkeiten, die Erfahrung von Wut beiseite zu schieben, wenn wir Konfrontationen um jeden Preis aus dem Weg gehen. Mitunter ist uns gar nicht klar, dass wir uns so verhalten. Unter Umständen gehen wir angesichts der Wut eines anderen in Deckung, oder wir beschränken unsere Rolle in der Welt auf einen möglichst genau abgezirkelten Bereich, indem wir unser Leben notorisch durchplanen, uns den richtigen Partner aussuchen, den richtigen Beruf wählen und dergleichen. Nicht dass es falsch wäre, unser Leben zu planen, aber wenn wir Gefühle – wie zum Beispiel Wut – vermeiden, weil wir Angst haben, uns mit ihnen auseinander zu setzen, dann errichten wir um uns herum gewissermaßen unser Privatgefängnis.

Wir lernen viele Methoden, die Wut beiseite zu schieben. Wir könnten die Dinge bagatellisieren und sogleich einen Scherz zum Besten geben, sobald sich das erste Anzeichen von Wut zeigt. Oder unsere Miene bleibt ausdruckslos, und wir machen den Mund nicht auf, wann immer unsere Auffassung von der eines anderen abweicht. Unsere Praxis unterstützt uns darin, diese Strategien als solche zu erkennen. Denn eine so starke Energie wie die der Wut kann man nicht zum Verstummen bringen. Je mehr wir versuchen, sie zu verleugnen, umso eher wird die Situation unaufrichtig werden, uns selbst oder anderen gegenüber.

Mitunter wird die Regel als Verbot jeglicher Wut aufgefasst, als Hinweis auf die schädlichen Konsequenzen, die es mit sich bringt, wenn wir der Wut ihren Lauf lassen. Aber denken Sie bitte daran, was wir hier erreichen wollen: Wir wollen nach Möglichkeit nicht reagieren, sondern auf die Bedingungen eingehen, die in der jeweiligen Situation vorliegen. Und aus dieser Sicht, so meine ich, können wir die Regel, statt in ihr ein Verbot jeder Form von Wut zu erblicken, als Einladung auffassen. Sie lädt uns ein, den Unterschied herauszufinden zwischen einer Wut, die alten Denk- und Wahrnehmungsmustern entspringt – einer Reaktion –, und einer Wut, die einen deutlichen Hinweis auf dem Leben unzuträgliche Umstände oder Situationen gibt – einem Ansprechen auf die realen Gegebenheiten.

DIE PRAXIS

Wie bei den anderen Regeln besteht der erste Schritt der Praxis mit unseren gewohnheitsmäßigen Mustern darin, uns auf eine offene Erkundung dieser Muster einzulassen, um herauszufinden, auf welche Weise sie wirksam werden. Die Regel dient dabei gleichsam als Leuchtturm, dessen Lichtstrahl uns den Weg durch die Klippen einer gefährlichen Küstenregion weist. Und so gilt es die Ausdrucksformen der Wut zu untersuchen, gleichgültig ob es sich um eine auf kleiner Flamme vor sich hin köchelnde Verärgerung oder Verstimmung handelt oder um eine ausgewachsene verbale Attacke oder Hasstirade. Langsam lernen wir, der Wut in die Augen zu blicken und sie anzunehmen. Von Angesicht zu Angesicht lernen wir sie in allen Einzelheiten kennen. Laden Sie sie zu sich ein, und nennen Sie das Kind bei seinem wirklichen Namen. Das kann höchst beängstigend sein. Was würde wohl geschehen, falls wir die Gegenwart unserer Wut auch nur für einen Moment zuließen? Gerade weil das so schwierig ist, ist es wichtig, zuerst einmal herauszufinden, wie es überhaupt mit der Wut steht.

Falls wir mit Wut besonders heftige Erfahrungen gemacht haben, befürchten wir vielleicht, dass in dem Moment, in dem wir uns der Erfahrung von Wut auch nur ein klein wenig öffnen, das Ganze schon unkontrollierbar oder unerträglich sein wird. Wahrscheinlich werden wir Angst haben, dadurch könne eine nicht mehr zu zügelnde destruktive Kraft entfesselt werden. Solche Befürchtungen sind ganz natürlich, und deshalb gehen wir behutsam vor. Sind wir bereit, unsere reaktiven Verhaltensweisen auch nur für einen Augenblick aufzugeben, damit wir für einen kleinen Moment im Totpunkt ruhen, hinhören und die Rhythmen dieser Energie in unserem Körper und in unseren Gedanken spüren können, werden wir vielleicht entdecken, dass wir unserem Transformationsprozess eine wichtige Quelle erschlossen haben.

Die Nachforschungen vertiefen

Den Beobachter hinzuziehen

Werden Sie neugierig, und versuchen Sie in Erfahrung zu bringen, was Sie wütend macht, während Sie Ihren Alltagsaktivitäten nachgehen. Welche Vorkommnisse können bei Ihnen Wut entfachen? Nehmen wir einmal an, auf der Autobahn werden Sie von jemandem geschnitten. Für einen Moment sind Sie wie von Sinnen und bringen Ihre Empörung durch eine eindeutige Geste zum Ausdruck. An Ihrer Reaktion ist nichts Positives, und sie ist in keiner Weise hilfreich. Das wissen Sie sehr wohl. Doch verschafft sie Ihnen eine gewisse Art von Befriedigung – für den Augenblick. Sicher wird es eine Zeit lang dauern, aber wenn Sie sich wirklich vorgenommen haben, offen und aufmerksam zu sein, werden Sie allmählich beobachten, welche Gedanken beim Auftreten dieser Energie im Spiel sind.

Doch zunächst werden, aller Wahrscheinlichkeit nach, mehrere Dinge passieren. Erstens werden Sie im entscheidenden Moment nicht daran denken, die Beobachterposition einzunehmen, sondern das erst anschließend tun. Sodann werden Sie eine Bewertung vornehmen: »So sollte ich nicht denken.« Oder: »Jetzt habe ich das schon wieder gemacht.« Oder: »Diese Angewohnheiten werde ich wohl nie überwinden.« Ferner werden Sie unter Umständen feststellen, dass sich Ihre Gedanken zu einer Geschichte ausweiten, die sich darum dreht, wer wo was getan hat, und so weiter. Falls Letzteres geschieht, Sie also irgendwann bemerken, dass Sie in eine Geschichte abgeschweift sind (dies zu bemerken kann Sekunden, Minuten oder Stunden dauern), nehmen Sie einfach geistig Notiz von dem Gedanken, indem Sie ihn wiederholen – »Ich habe den Gedanken, dass ...«.

Nach wie vor liegt es nicht in Ihrer Absicht, Lösungsmöglichkeiten zu finden. Vielmehr wollen Sie Achtsamkeit dafür entstehen lassen, wie jene Gedanken, die Wutreaktionen bei Ihnen auslösen, beschaffen sind. Und so werden Sie das Gefühl haben, nun über ein wenig Raum zu verfügen, in dem sich ein tiefer gehendes Gewahrsein entwickelt und Ihre Erfahrung sich artikulieren kann. Das für Sie charakteristische Denk- und Empfindungsmuster in Zusammenhang mit Wut wird sich abzeichnen. Haben Sie Geduld. Nur ein paar Übungen reichen nicht, um über Jahre hinweg angesammelte Anforderungen zu erfassen.

Die Praxis eines Bekannten, der im Postamt angestellt war, bestand darin, auf wütende Reaktionen zu achten, die bei ihm auftraten, wenn Leute ihn kritisierten. Anfangs versuchte er jedes Mal, wenn die Wut ihn in Aufruhr versetzte, innezuhalten, hinzusehen und hinzuhören. Letzten Endes sah er sich aber außerstande dazu, weil dieser Fall zu häufig eintrat. Stattdessen beschloss er, das Augenmerk auf seinen Umgang mit denjenigen Leuten zu richten, die bei ihm Briefmarken kauften. Wenn jemand eine Briefmarke haben wollte, war das für ihn stets das Signal, Obacht zu geben. Wurde er dann kritisiert, so hatte er einen Volltreffer gelandet. Wenn nicht, kam einfach der nächste Kunde an die Reihe.

Da er sich nichts Unmögliches abverlangte, begann er interessanterweise im Lauf der Zeit ganz von selbst, seine Reaktionen auf Kritik auch bei denjenigen Leuten zu beobachten, die eine Expressauslieferung in Auftrag gaben oder mit Beschwerden über ihre Postzustellungen zu ihm kamen. Sobald wir den Beobachter hinzuziehen und das Leuchtfeuer der Aufmerksamkeit unser Objekt erhellt, erfasst sein Lichtkegel nach und nach einen immer größeren Bereich.

Sich in den Totpunkt begeben

Wenn Sie erst einmal die eigenen Reaktionen mit etwas größerer Häufigkeit registrieren, ist es wichtig zuzulassen, dass diese Reaktionen in offenem Gewahrsein gegenwärtig sein können. Falls also wertende Gedanken auftauchen, können Sie diese einfach still wiederholen, um sich anschließend dem zuzuwenden, was als Nächstes ansteht: »Ich habe den Gedanken, dass ich immer noch wütend werde über ...« Oder: »Ich fühle überhaupt nichts, sollte es aber.«

Ganz allmählich schält sich dabei ein Verständnis heraus, das erkennen lässt, auf welche Weise wir uns in Wut ergehen. Manchmal sagen Menschen, sie wüssten, dass sie wütend sind, ohne dies jedoch im Körper zu fühlen. Haben Sie Geduld. Der Geist braucht seine Zeit, um die Gedanken mit dem Körper zu verbinden; besonders bei Menschen, denen vor lauter Gedanken schnell der Kopf schwirrt. Viele Praxisformen helfen uns, diese Verbindung herzustellen. Und wenn wir die Praxis unter Anleitung eines Lehrers durchführen, kann uns das auf diesem Weg noch weiter voranbringen.

Stellen Sie sich hin und wieder einfach die Frage: »Was deutet, von meinen Gedanken einmal ganz abgesehen, sonst noch darauf hin, dass ich wütend bin?« Verlangen Sie keine Antwort. Die Frage ist eine Einladung zu fühlen, und für manche von uns ist das neu und beängstigend. Indem wir uns einfach öffnen und das zu uns einladen, was sich von Natur aus offenbaren möchte, wird es zu gegebener Zeit an die Oberfläche kommen. Möglicherweise beginnen Sie zu bemerken, dass zwischen einer gewissen Angespanntheit in bestimmten Körperregionen oder dem Einbehalten des Atems und bestimmten Emotionen oder Gedanken, etwa zu Frustration oder Eifersucht, eine subtile Verbindung besteht. Versuchen Sie, sich zu entspannen und in der Erfahrung von *Einfach das* zu ruhen. Mit der Zeit werden Sie feststellen, dass es sich bei jeder Erfahrung, die Sie machen, lediglich um eine Welle von Energie handelt, die kommt und geht. Lassen Sie die Erfahrung zu – das ist der entscheidende Punkt. Versuchen Sie nicht, sie zu verändern, Einfluss auf sie zu nehmen oder sich ihrer zu entledigen.

Nachdem Sie eine Weile so mit dieser Regel praktiziert haben, können Sie die Praxis intensivieren, indem Sie sich absichtlich in eine Situation hineinbegeben, in der Ihnen, wie Sie aus Erfahrung wissen, leicht der Kragen platzt, um von da aus weiterzuarbeiten. Auf diese Weise können Sie in den Totpunkt hineingelangen.

Gibt es zum Beispiel eine bestimmte Person oder Situation, der Sie gern aus dem Weg gehen, weil sie bei Ihnen leicht Verärgerung hervorruft, dann nehmen Sie sich ganz gezielt vor, auf diesen Menschen zuzugehen. Lassen Sie es auf einen Versuch ankommen, und gehen Sie zusammen mit dem Menschen, den Sie an Ihrem Arbeitsplatz meiden, einen Kaffee trinken. Oder rufen Sie jemanden an, der Sie leicht auf die Palme bringen kann.

Aber machen Sie es sich auch hier nicht unnötig schwer. Es gehört nicht viel dazu, uns auf die Palme zu bringen, sofern es sich um die passende Person und die entsprechenden Umstände handelt. Sie haben sich Ihre eigene kontrollierte Versuchsanordnung für den nächsten Schritt in Ihrer Praxis der empirischen Selbsterkundung geschaffen, um beobachten zu können, was aus der Situation erwächst und wie sie sich weiterentwickelt. Erwarten Sie keine Wunder. Es wird Zeiten geben, in denen Ihnen so etwas relativ leicht fällt, und Zeiten, in denen es schon eine enorme Herausforderung bedeutet, bloß für ein paar Sekunden präsent zu bleiben.

Mitunter lernen wir eine nicht ereignisbezogene Erfahrung

von Wut kennen. Eher handelt es sich um ein kaum wahrnehmbares, anscheinend immerzu gegenwärtiges Köcheln auf kleinster Flamme. Diese Erfahrung stellt sich manchmal ein, nachdem wir eine Zeit lang mit der Regel praktiziert haben. Viele Leute machen solch eine Erfahrung frühmorgens, wenn sie gerade wach werden. Sie hat kaum die Stärke eines leisen Flüstertons, nichtsdestoweniger äußert sich darin eine leichte Verstimmung oder Angespanntheit. Da in solch einer frei fließenden Erfahrung von Wut kein identifizierbares Objekt zu finden ist, besteht die Praxis in diesem Fall nicht in dem Versuch, die Gedanken mit einem Etikett zu versehen, sondern sich unmittelbar dem Gefühl im Körper zuzuwenden.

Wenn Sie das beim Aufwachen bemerken, kann es das Beste sein, ein oder zwei Minuten länger im Bett liegen zu bleiben und sich in diese Sinneserfahrung, wie geringfügig sie auch erscheinen mag, vom Atem hineintragen und wieder hinausgeleiten zu lassen. Denken Sie bitte daran, bei unserer Praxis geht es nicht darum, einzuschätzen und zu vergleichen, inwieweit sich die Intensität unserer Erfahrung von einem zum anderen Mal unterscheidet, sondern der Erfahrung einfach so zu begegnen, wie sie gerade im Moment ist.

Mit der Weiterentwicklung unserer Fähigkeit, in der Erfahrung dessen, was wir als Wut bezeichnen, zu verweilen, verschwindet das Etikett »Wut«, und zurück bleibt für uns lediglich eine Wahrnehmung von Energie. An diesem Punkt sehen wir in ihr nicht mehr einen unzurechnungsfähigen Fremden, vielmehr haben wir sie eingehend kennen gelernt als eine Empfindung, die einem das Herz bis zum Hals schlagen lässt, als eine vorübergehende Hitzewallung, als ein Gefühl von Schwere im Bauch – die Erfahrung kann bei jedem von uns eine andere Gestalt annehmen. Im Lauf der Zeit stellen wir fest, dass wir inmitten des Sturms ganz ruhig und gelassen sein können. Wir beginnen ein Gefühl von offenem Raum, von offener Weite zu verspüren und nehmen subtile Veränderungen wahr, während die Energie sich bewegt und verwandelt und schließlich nicht länger etwas ist, das wir als Wut bezeichnen.

GESPRÄCHE

SCHÜLER: Offen und präsent sein gilt für jede Erfahrung, wie auch immer sie beschaffen sein mag. Was Sie darüber sagen, verstehe ich. Aber manchmal werde ich derart wütend über meine Kinder – das kann mir selbst einen Schrecken einjagen. Ich habe das Gefühl, inmitten dieser Erregung für Erfahrung nicht einen Zentimeter Raum zu haben. Wie könnte ich damit praktizieren?

DIANE: Bei Wut ist die Erregung manchmal so stark, dass der Leuchtturm uns nicht »sieh hin, und hör hin« signalisiert, sondern einfach: HÖR AUF! Wenn ich als Kind dazu neigte, eine große Klappe zu riskieren, befahl mein Vater mir oft, den Mund zu halten und bis zehn zu zählen. Bis zehn zu zählen kann bei einem Anfall von Wut eine ausgezeichnete Übung sein. Atmen Sie ein. Zählen Sie eins. Atmen Sie aus. Zählen Sie zwei. Wenn der Geist von den Gedanken davongetragen zu werden droht, dann geben Sie sich Mühe, ihn wieder zurückzubringen zu eins, zwei, drei ...

Manchmal, wenn man geradezu blind ist vor Wut, kann man gar nichts Klügeres tun, als sich der Situation zu entziehen, indem man einen Spaziergang macht, laufen oder joggen geht, sich ins Badezimmer einschließt, um eine kalte Dusche zu nehmen oder sich ein ausgiebiges warmes Bad zu gönnen. Versuchen Sie, sich Ihre Lieblingsmusik anzuhören. Versuchen Sie zu tanzen.

Unsere gewohnheitsmäßigen Verhaltensmuster in Offenheit zu erfahren und zu untersuchen ist eine wichtige Praxis. Aber ebenso wichtig ist es, dass wir wissen, wann die Erregung zu groß wird und wir eine Auszeit brauchen. Zu manchen Zeiten besteht die dem Leben förderlichste Handlung nicht darin, »am offenen Feuer Tee zu trinken«, sondern der Küche schleunigst den Rücken zu kehren. Bei einem schreienden Kind – oder zweien – am Morgen nach einer schlaflosen Nacht kann es höchste Zeit sein, rasch einen Ausweg aus der Situation zu finden.

SCHÜLER: Ich denke an die Nachrichten über Gewalt, angestachelt durch die Wut und den Hass einer Gruppe auf eine andere Gruppe. Das Phänomen kann in Form von Straßenbanden auftreten, kann die Gestalt einer kleinen Gruppe von Jugendlichen an der Highschool annehmen, die das Feuer auf eine andere Gruppe von Jugendlichen eröffnen, oder solche Dimensionen erreichen wie bei terroristischen Gruppen. Inwiefern unterscheidet sich die Wut, die ich vermutlich auf meinen Chef, meinen Nachbarn oder meine Kinder habe, von einer derartigen Wut innerhalb einer Gruppe?

DIANE: Wut ist Wut. Daran gibt es nichts zu deuteln. Sicher besteht, wenn Sie vor Wut Ihr Kind schlagen, über Ihren Nachbarn oder Chef schimpfen, in gewissem Sinn, was die Auswirkungen anbelangt, ein Unterschied zu solchen Handlungen wie, sagen wir mal, in einer mit Schülern voll besetzten Highschool-Bibliothek das Feuer zu eröffnen oder ein Flugzeug in ein Gebäude zu steuern. Doch in Hinblick auf die Wut ist zwischen beidem kein Unterschied. Was wir mit ihr anfangen, das macht den Unterschied aus.

Solch einen Hass von einer Gruppe auf eine andere Gruppe, der die Form von religiösen, ethnischen, politischen und ideologischen Differenzen annimmt, bekommen wir heute bei sehr vielen Gelegenheiten zu sehen. Aber was führt die Menschen zusammen und lässt sie als Gruppe aus Wut handeln? Die Wut jedes Einzelnen. Die Gruppe kann gewissermaßen als Sammelbehälter für die Wut des Einzelnen dienen, ruft diese jedoch nicht hervor. Die Wut entspringt in jedem einzelnen Menschen. Bei manchen Gräueltaten, die wir in jüngerer Zeit mit angesehen haben, scheint es mir daher, wenigstens teilweise, so zu sein, dass wir erleben, was geschieht, wenn Angst, Hoffnungslosigkeit, Machtlosigkeit und dergleichen in einer größeren Gruppe mehr Anerkennung finden. Die Reaktionen des Einzelnen auf solche Erfahrungen werden generalisiert und legitimiert, zumindest innerhalb der Gruppe, und dann besteht keinerlei Hoffnung mehr, dass die Betreffenden sich noch selbst hinterfragen.

Wären wir stets frei von unserem Traum – frei von dem, wer oder was wir zu sein glauben –, dann gäbe es keine Wut, und es bestünde keine Notwendigkeit für eine Regel. Solange wir jedoch nicht vollständig frei von selbstbezogenem Denken sind, erleben wir auf die eine oder andere Weise Momente von Wut. So ist es nun mal.

Eine intelligente Praxis verliert nicht aus den Augen, worin der Wert des Praktizierens mit den Regeln besteht: nicht darin, wie sich die Entfernung bemisst, die wir auf einem idealisierten »Weg zur Erleuchtung« noch zurückzulegen haben, sondern wie uns die Praxis hilft, unter den Gegebenheiten unseres Alltags zu leben. Im realen Leben brüllen die meisten von uns ihre Kinder an, wir schreien zurück, wenn unser Partner uns anschreit, und wir werden wütend auf unsere Spitzenpolitiker.

Den größten Nutzen bringt unsere Arbeit, wenn wir nicht versuchen, nicht wütend zu werden, sondern beobachten, was beim Auftreten von Wut geschieht. Indem wir ein offenes Ohr für die Erfahrung haben, legt sich der tosende Tumult der Gedanken und Empfindungen, während wir uns öffnen und unsere Achtsamkeit im Auge des Sturms zur Ruhe kommen lassen. Dort wird unser Anhaften enthüllt als unser störrisches Beharren darauf, dass das Leben sich gefälligst an unsere Pläne und Vorgaben zu halten habe. Wir erkennen unsere Anhaftungen klar und deutlich als das, was sie sind. Ausgehend von dieser Klarheit tun wir, was zu tun ist.

12

Ich begebe mich auf den Weg, das Leben zu unterstützen

Unser Dasein auf dieser Erde ist nicht einfach nur ein zufälliges Ereignis unter Milliarden anderer Ereignisse auf der Welt, das vorübergehen wird, ohne eine Spur zu hinterlassen, ... es ist ein integraler Bestandteil, oder ein Bindeglied, wie winzig auch immer, in der großartigen und rätselhaften Ordnung des Seins – einer Ordnung, in der alles den ihm eigenen Platz hat, in der, was einmal geschehen ist, nie mehr ungeschehen gemacht werden kann.

Václav Havel[30]

Zwei Berichte haben in der vergangenen Woche einen tiefen Eindruck bei mir hinterlassen. Im ersten Fall handelt es sich um eine Meldung in den Fernsehnachrichten. Dort wurde über einen Selbstmordattentäter berichtet, der Dutzende unschuldiger Männer, Frauen und Kinder getötet hatte. Im zweiten Fall ging es um eine Geschichte, die mir ein Freund über eine junge Frau erzählt hat. Nachdem sie von der verzweifelten Notlage einer jungen Mutter dreier Kinder gehört hatte, die um ihr Leben rang, bot sie sich an, eine ihrer Nieren zu spenden, um das Leben dieses wildfremden Menschen zu retten. Besonders beeindruckt hat mich an diesen beiden Berichten, dass sie, Seite an Seite, zwei Extreme deutlich machten, zu denen wir als Menschen fähig sind – zu den abscheulichsten Formen von Gewalt und zu den edelsten, von Mitgefühl motivierten Handlungen.

Das Handeln des Selbstmordattentäters geht auf eine besonders extreme Form des Abgeschnittenseins, von unserer wechselseitigen Verbundenheit zurück, während die Handlung der jungen Frau aus einer profunden Anerkennung dieser wechselseitigen Verbundenheit hervorgeht. Die eine Handlung raubt Leben, die andere erhält Leben. Diese Regel, die im Allgemeinen als Verbot formuliert wird: »Du sollst nicht töten«, konfrontiert uns mit der Tatsache, dass jeder von uns über die Möglichkeit verfügt, Schritte in Richtung auf diese beiden Extreme zu unternehmen.

Einer meiner Schüler gibt die Regel mit den folgenden Worten wieder:

> Ich beschließe, mir aufrichtig und mit innerer Offenheit die Wut, die Angst und die Empfindung des Getrenntseins anzusehen, die meine Impulse, anderen etwas zuleide zu tun, nähren. Eingedenk der Tatsache, dass mein Erdendasein unweigerlich den Tod oder das Leid vieler Mitgeschöpfe verursacht, beschließe ich, nichts Grausames zu tun und Leid zu lindern, wo ich nur kann.

Wie im Fall der andern Regeln kann diese Formulierung uns als Signal dienen, das uns die Weisung gibt innezuhalten, damit wir erkennen, wie wir handeln. Die beiden Ausprägungen der Regel – auf der einen Seite das Verbot: »Du sollst nicht töten«; und als Gegengewicht auf der anderen Seite das Bestreben: *Ich begebe mich auf den Weg, das Leben zu unterstützen* – führen uns in ihren Kernbereich. Hier sind wir gefordert, uns den schwierigen Fragen und Entscheidungen zu stellen, mit denen wir täglich konfrontiert werden: Sollen wir Leben bewahren oder Leben beenden?

Das Themenspektrum reicht bei dieser Regel von den »großen

Fragen« bis hin zu vermeintlichen Kleinigkeiten. Es reicht von der Jodtinktur, die wir zur Abtötung von Keimen, also zur Vermeidung einer Infektion und damit letztlich zur Bewahrung des Lebens, auf eine Schnittwunde träufeln, bis zur Verseuchung des Erdreichs, der Gewässer und der Luft, zur Todesstrafe, zu Abtreibung und Sterbehilfe. Wenn wir uns also Gedanken über richtiges Handeln machen, soweit dies die Unterstützung des Lebens anbelangt, kann es sein, dass wir uns schnell mitten in einem gewaltigen Dilemma wiederfinden: Wie können wir überleben, ohne dass dies auf Kosten anderen Lebens geht?

Ganz einfach – gar nicht. Das können wir nicht. Kein Weg führt für uns an der Tatsache vorbei, dass Leben bewahren zugleich Leben beenden bedeutet. Seien es nun die sich windenden winzig kleinen Organismen, die in dem Glas kalten Wassers hin und her huschen, das wir trinken, um unseren Durst zu stillen, oder das aus einer Rinderhüfte geschnittene Steak, das wir essen, damit sich unter anderem Eisen und Proteine in unseren Blutstrom ergießen.

Unser Leitgedanke hier ist nicht, dass wir in gar keiner Weise töten sollten. Vielmehr sollten wir uns die eigenen Intentionen aufrichtig ansehen und uns selbst die Möglichkeit einräumen, für jede einzelne Situation eine sinnvolle Entscheidung zu treffen. Auf diese Weise lernen wir, wie wir jegliches Leben unterstützen und es in unsere Gedanken und Handlungen mit einbeziehen können. Sich auf den Weg zur Unterstützung des Lebens zu begeben bedeutet, nach besten Kräften offen zu sein für das Leben und es zu schützen, wann immer wir können – und darüber hinaus bei denjenigen Gelegenheiten, in denen wir dazu nicht imstande sind, klar und präsent zu sein.

Ich fasse diese Regel nicht als ein Verbot auf, das uns unter allen Umständen untersagt zu töten. Vielmehr verstehe ich sie als Richtlinie, die dabei hilft, eine unmittelbarere Achtsamkeit, eine unmittelbarere Präsenz für die zweifellos in sämtlichen Lebewesen existente schöpferische Lebenskraft zu entwickeln und zu klären, warum wir sie, absichtlich oder unabsichtlich, missachten und unterbrechen.

Häufig tritt ein interessantes Phänomen auf, wenn andere Menschen gemeinsam mit mir die Regeln erkunden. Ich bitte sie, sich sämtliche Regeln anzusehen und mit derjenigen zu beginnen, mit der sie die größte Schwierigkeit zu haben glauben. Die Regel hingegen, die ihnen nach eigener Einschätzung das geringste Kopfzerbrechen bereitet, können sie sich bis zum Schluss aufsparen. Sofern nicht jemand persönlich erfahren hat, was es heißt, einen anderen Menschen zu töten, und auch niemand in der Gruppe ein besonders zwiespältiges Verhältnis zum Fleischessen hat, entscheiden sich die meisten Leute, mit dieser Regel zum Schluss zu arbeiten.

Im Unterschied dazu steht diese das Töten, oder das Nehmen von Leben, betreffende Regel in der überkommenen Reihenfolge an erster Stelle. Und das macht Sinn, denn sie gibt die Grundrichtung vor: Wir sollen anderen nicht schaden, ihnen nichts zuleide tun. So nimmt sie uns in die Pflicht, allen Wesen zu helfen. Diese Regel drückt uns sofort die Zügel in die Hand – sobald wir erkennen, dass es gar nicht möglich ist, niemals zu töten, und wir uns dennoch auf den Weg begeben müssen, anderen keinen Schaden zuzufügen.

Wie können wir das Dilemma lösen, ohne in einen gefährlichen Relativismus zu verfallen? Indem wir die felsenfeste Entschlossenheit entwickeln, hellwach und für die gesamte Bandbreite unserer, möglicherweise von Angst und Schmerz herrührenden, Reaktionen präsent zu sein und erst im Totpunkt der Erfahrung zu ruhen, bevor wir handeln. Das ist die Lösung.

Lässt sich so gewährleisten, dass wir stets das einzig Richtige tun? Nein. Im Leben gibt es für nichts eine Garantie. Aber die Welt wäre ein grundlegend anderer Ort, wenn auch nur die

Hälfte aller Menschen der Wahrheit Beachtung schenken würden, dass sie, wie der frühere Präsident der Tschechischen Republik, Václav Havel, in dem eingangs zitierten Textauszug erklärt, »ein Bindeglied ... in der großartigen und rätselhaften Ordnung des Seins« sind.

Alle Gesetze der Welt können uns letztlich nicht sämtliche Entscheidungen abnehmen. Manche sehen die subtileren Aspekte der Regel nicht ohne weiteres, und manche denken, sofern wir nicht absichtlich einen anderen Menschen getötet haben oder Vegetarier sind, gehe sie das Thema Töten nicht sonderlich viel an. Doch mit der Zeit, wenn sich die Menschen eingehender mit der Regel befassen, ändert sich diese Einschätzung meist: Nicht nur wird ihnen klar, wie schnell sie bereit sind, eine Mücke, die auf ihrer Stirn sitzt, totzuschlagen oder eine Ameise vom Tisch zu wischen, sondern auch, dass die Geisteshaltung des Tötens in gewichtigeren Belangen wie der Todesstrafe, der Frage der Abtreibung, im Krieg und in der Umweltzerstörung zum Tragen kommt. Und schließlich entwickeln wir auch einen Blick für die subtileren Aspekte des Tötens – die zum Beispiel darin bestehen, dass wir Zeit totschlagen und Energie rauben, verpulvern oder abwürgen.

Vor einigen Jahren durfte ich während eines Meditations-Retreats im Berkeley-Zen-Zentrum in Kalifornien die Aufgabe eines *Tenzo,* des Hauptkochs, übernehmen. Unser Lehrer, Sojun Mel Weitsman, hatte während seiner Darlegungen am Vormittag über ein brutales, Hunderte von Menschenleben kostendes Massaker in Afrika gesprochen. Nach Abschluss seiner Ausführungen schwärmte ich davon, wie wunderbar es doch sei, dass wir im Moment unsere Zeit im Zentrum verbrächten und, sei es auch nur für ein paar Tage, frei davon seien, anderen Wesen etwas zuleide zu tun oder sie zu töten. Später, als ich Gemüse für das Mittagessen des folgenden Tages vorbereitete, fragte ich Sojun, ob ich etwas Mangold aus dem Garten holen könne, um ihn als Beilage zum Reis zu servieren. Ich erinnere mich noch sehr gut an das Funkeln in seinen Augen, als er sich mir unvermittelt zuwandte und im selben Moment in einem leicht spöttischen Tonfall anmerkte: »Gewiss. Massakrieren Sie doch alles, was Sie brauchen, um jedermann in der Meditationshalle satt zu bekommen.«

Nun, »der Pfeil traf ins Mark«, wie man mitunter in der Welt des Zen sagt, wenn ein Lehrer genau den richtigen Moment nutzt, um etwas klar zu machen. Sofort erkannte ich die selbstgerechte Haltung, die eine bestimmte Lebensform bevorzugt und leichtfertig das Prädikat »besonders wertvoll« vergibt.

Die Geisteshaltung hinter einem Massaker ist der Geist des Tötens. Das Massaker an unschuldigen Menschen in Afrika war ein fürchterliches Vorkommnis, und ich denke nicht daran, das mit dem Abschneiden von grünem Gemüse für einen Salat gleichzusetzen. Doch Sojuns Hinweis reichte weit tiefer. Er verwies auf den Massaker-Geist als solchen – ohne Objekt. Ich habe seine Lehre als Richtschnur genommen: Halte inne, sieh hin, hör hin. Sei achtsam, sei präsent, und stärke auf diese Weise das Leben, so gut du kannst.

Während ich diese Worte niederschreibe, setzen die Vereinigten Staaten einen Roboter auf dem Mars ab. Durch diese Mission soll ermittelt werden, ob es Hinweise darauf gibt, dass auf dem Planeten Wasser oder Leben vorhanden ist (oder vorhanden war). Einer der Wissenschaftler aus dem NASA-Team gab dazu einen bemerkenswerten Kommentar. Da wir nun, so sagte er, nach Leben in einer anderen Welt Ausschau halten – in einer Welt, in der es möglicherweise eine ganze Menge anderer und fremdartiger Elemente gibt –, müssen wir neu überdenken, wie wir Leben überhaupt definieren können.

Die maßgeblichen Moleküle für das, was Naturwissenschaftler als *Leben* bestimmen, sind auf dem Planeten Erde DNS, RNS, Protein, Kohlenhydrat und Fett. Diese Moleküle bestehen aus Kohlenstoff, Wasserstoff, Sauerstoff, Stickstoff,

Phosphor, Schwefel und einigen weiteren Elementen. In einem Umfeld allerdings, wo diese Elemente vielleicht gar nicht existieren, versagt diese Formel zur Bestimmung von Leben ihren Dienst.

Daher stellte er die Frage: »Wie sollen wir bestimmen, was Leben ist?« Was für eine wunderbare Frage – an einem Ort ausgesprochen, wo man sie auf der ganzen Welt hören konnte. Was für ein wundervoller Knacks mitten durch unseren selbstgerechten Geist, der sonst so leichthin festlegt: Dies ist Leben, das ist kein Leben. Auf diesen Punkt hat Sojun verwiesen. Wenn wir den Geist des Nicht-Tötens erkennen wollen, müssen wir zunächst einmal unsere Meinungen und Vorurteile aufbrechen und uns auf eine Begegnung mit dem Unbekannten einlassen.

Heute kommen wir nicht umhin, uns bezüglich der Bewahrung von Leben an vielen Fronten schwierigen Fragen zu stellen: Selbsttötung, Sterbehilfe, Abtreibung, Klonen, Todesstrafe, um lediglich ein paar Punkte anzusprechen. Mit den drei erstgenannten – Selbsttötung, Sterbehilfe und Abtreibung – werden wahrscheinlich viele von uns konfrontiert. Die verschiedenen Religionen haben unterschiedliche Überzeugungen und Einstellungen zu diesen Fragen. Wichtiger, als eine Einschätzung oder ein Urteil dazu abzugeben, ist aber aus der Perspektive, die wir hier in Hinblick auf die Regeln einnehmen, unsere Bereitschaft, für die Situation offen und präsent zu sein.

Selbstmord/Sterbehilfe

Die Autorin Diane Ackermann hat ein Jahr lang ehrenamtlich bei einer Telefon-Hotline für suizidgefährdete Menschen gearbeitet. Über einen der Anrufer, die sie am Telefon beraten hat, schreibt sie Folgendes:

Was vielleicht noch wichtiger war: Ich räumte ihm die Möglichkeit ein, Suizid zu verüben. Ich habe akzeptiert, dass er sich eines Tages töten, dass er dies morgen tun könnte, während es meine Aufgabe war, mich an jenem Tag, in jener Stunde seiner anzunehmen, ihm Trost zu spenden und deutlich zu machen, dass mir etwas an ihm liegt. Ich wollte ihm, wenn irgend möglich, Wege zeigen, wie er klarkommen konnte – aber, falls mir dies nicht gelingen würde, musste ich auch akzeptieren, dass er sich auf dem Weg in den Tod befand, irgendwann, irgendwo. Wir alle tun das.

Im Umgang mit suizidgefährdeten Anrufern ist es schwierig, in der spannungsgeladenen Gegenwart zu leben, ohne den Versuch zu unternehmen, um die nächste Ecke zu spähen oder die Menschen einer künftigen Bedrohung gegenüber zu stärken, statt allein den engen Korridor des Anrufs zu akzeptieren. Sich ihrer im Moment anzunehmen. Sie im Moment zu schützen. Alles zu versuchen. Und dann den Moment gehen zu lassen.[31]

Uns auf den Weg zur Unterstützung des Lebens zu begeben versetzt uns unmittelbar in die »spannungsgeladene Gegenwart«. Handeln wir aus diesem Moment heraus in Offenheit und in Verbundenheit, dann halten wir uns an diese Regel. Selbst wenn wir das lediglich für einen Augenblick tun können, haben wir das Leben unterstützt. Und indem wir, wie Diane Ackermann uns nahe legt, in diesem Moment leben, finden wir den einzigen Weg, um wirklich zu verstehen, was »das Leben unterstützen« heißt. Wir brauchen nichts weiter tun, als den Entschluss zu fassen, uns in diesen »engen Korridor« hineinzubegeben.

Befürworter und Gegner von Abtreibung und Sterbehilfe streiten über das Recht des Individuums, zu leben oder zu sterben. Sie streiten darüber, wann das Leben beginnt und wann es endet. Eine Vielzahl von Fällen ist bei den Gerichten anhängig. Sie alle warten auf die Entscheidung eines Richters oder der Geschworenen, wann der Zeitpunkt gekommen sei, die lebenserhaltenden medizinischen Apparaturen abzuschalten. Wird die Wissenschaft diese Frage jemals für uns beantworten können?

Bis vor einem Jahrhundert waren ein Ohr, das an der Brust horchte, oder ein Finger, der am Handgelenk nach dem Puls fühlte, die einzigen Möglichkeiten, zu ermitteln, ob ein Mensch noch lebte oder bereits tot war. Heute werden mit raffinierten Verfahren zur Untersuchung der Gehirnströme winzige elektrische Impulse gemessen, und es fällt uns viel schwerer zu entscheiden, wann jemand die Grenze zwischen Leben und Tod überschritten hat. Und wie sollen wir Bewusstsein definieren? Woher können wir wissen, wann ein Mensch aufhört, ein Mensch zu sein? Diese Fragen lassen sich nicht leicht beantworten.

Die Regel beantwortet sie zweifellos nicht. Vielmehr führt sie uns genau dorthin, wo wir uns hinbegeben müssen, wenn wir die Hoffnung haben wollen, in aller Bescheidenheit handeln und diese Unwägbarkeit anerkennen zu können. Hier befinden wir uns in einer durchaus ungemütlichen Position, ohne eine Autorität, die schwarz auf weiß für uns entscheidet, indem sie dekretiert: Wenn Sie dieses tun, töten Sie. Wenn Sie jenes tun, töten Sie nicht.

Wir stehen vor der Wahl – Leben beenden oder Leben verlängern. Ärzte müssen andauernd solche Entscheidungen treffen, Familienangehörige vielleicht ein oder zwei Mal. Doch jedes einzelne Mal, wenn wir solch eine Entscheidung treffen, kann sie nur für dieses eine Mal gelten: für genau diese Situation, für diese Rahmenbedingungen. Wie bei meinem jungen Neffen und seiner Frau. Nachdem sie mit ansahen, wie ihr sechs Monate altes Baby sich den größten Teil seines kurzen Lebens mit Unterstützung lebenserhaltender Apparaturen durchschlagen musste, haben sie sich schließlich zu der Entscheidung durchgerungen, dass es an der Zeit sei, die Geräte abzuschalten. Den winzigen, gebrechlichen Körper des Jungen in den Armen haltend, wiegten die Eltern den sterbenden Kleinen traurig hin und her, und knüpften ihr Band im Mysterium des Seins.

Abtreibung

Im Streit um die Frage der Abtreibung fällt die Entscheidung nicht leichter. Wann fängt das Leben an? Wann entsteht das Bewusstsein? Zu welchem Zeitpunkt entscheiden wir uns für eine andere Bezeichnung, sagen *Baby* statt *Fötus?* Kann die Verwendung eines anderen Wortes etwas an der Wahrheit ändern, dass sich in jeglicher Form, in jedem Stadium des Lebens eine schöpferische Lebenskraft manifestiert? Eine schöpferische Lebenskraft ist im ersten Stadium der Zellteilung am Werk; eine schöpferische Lebenskraft verrichtet ihr Werk, wenn sich die Organe herausbilden; eine schöpferische Lebenskraft ist am Werk, wenn das Neugeborene seinen ersten Atemzug tut. Wird das Leben geschaffen, wenn das Spermium und das Ovum miteinander verschmelzen, oder nimmt die schöpferische Lebenskraft noch eine andere Form an? Dies sind bedeutsame und sehr schwierige Fragen – Fragen, die jeder von uns im Herzen für sich selbst wird beantworten müssen.

Und noch weitere Fragen gilt es hier mit zu berücksichtigen. Wie steht es im Fall einer Mutter, die selbst Gefahr läuft zu sterben, falls sie das Kind zur Welt bringt? Oder wie angesichts der extremen Schwierigkeiten, die es manchen Familien bereiten wird, den Lebensunterhalt für ein weiteres Kind aufzubringen? Als ich mit einer jungen Frau sprach, die in den Straßen von San Francisco um Geld bettelte, schwanger und mit zwei kleinen Kindern im Schlepptau, ertappte ich mich bei dem Gedanken: »Warum hat sie nicht abtreiben lassen? Was für ein Leben kann sie dem Kind, das sie in ihrem Leib trägt, bieten, und wie viel mehr Kummer und Leid wird ein weiteres Mäulchen, das auch noch gefüttert werden will, diesen beiden Kleinen bringen, die sie bereits hat?

Ich war fünfzehn Jahre alt, als ich begriff, dass ich mit meinem ersten Kind schwanger war. Dies geschah in den späten 50er Jahren, und Abtreibung war damals mit dem Stigma der schäbigen Hinterzimmer und der Quacksalber mit den schmuddeligen Händen behaftet. Was konnte mir die Zukunft bringen? Eigentlich nur eine Mussheirat, Schande und die Perspektiven, die nun mal noch übrig bleiben für eine Highschool-Abbrecherin. Trübe Aussichten. Ich glaube, dass ich zum damaligen Zeitpunkt, wenn ich irgendeinen Ausweg aus dieser Schwangerschaft hätte finden können, ihn ergriffen hätte.

Nun könnte ich heute sagen, dass ich die richtige Entscheidung getroffen habe. Denn nun gibt es da eine wundervolle Tochter und entzückende Enkelkinder, und sie alle bringen mir große Freude. Aber ich bin alles andere als sicher, dass die Dinge so einfach liegen. Heute sind sie mir eine Freude, aber ebenso gut hätte großer Kummer von ihnen herrühren können – durch ein kränkliches, behindertes Kind zum Beispiel. Die heutige Freude gibt es bloß heute – lediglich in diesem Moment. Ich kann nicht sagen, mir lacht das Glück heute, weil ich vor über vierzig Jahren die richtige Entscheidung getroffen habe. Ebenso wenig kann ich sagen, dass mein heutiges Glück etwas mit meiner vor vierzig Jahren getroffenen Entscheidung zu tun hat. Der Wert des Lebens hat nichts damit zu tun, was es *mir* gibt. Alles Leben hat seinen eigenen, ihm selbst innewohnenden Wert, den wir wohl niemals vollständig, oder überhaupt nicht, ermessen werden.

Möglicherweise liegt bei Abtreibungen die das Leben unterstützende Geisteshaltung, in unserer Weigerung zu vergessen. Sich für eine Abtreibung zu entscheiden fällt den meisten Menschen nicht leicht, und eine Schwangerschaft abzubrechen bedeutet nicht notwendigerweise, dass wir mit unserer Würdigung jener schöpferischen Lebenskraft, deren Teil wir sind, brechen. Das trifft, so habe ich festgestellt, nicht nur für Frauen zu, sondern auch für Männer.

Könnten wir im Himmel einen Blick in unseren Leitfaden für Fragen der Moral werfen, dann würden wir vielleicht alles fein säuberlich in Kategorien eingeteilt vorfinden. Zum Beispiel: Abtreibung ist in Ordnung in Fällen von Vergewaltigung, von schwer wiegende Behinderungen nach sich ziehenden Erkrankungen oder von absehbarer Lebensgefahr für die Mutter; hingegen nicht in Ordnung, wenn die Schwangerschaft lediglich als ein Störfaktor im Leben der Mutter und/oder des Vaters empfunden wird. Doch gleichgültig, aus welcher Perspektive wir das Ganze betrachten – wir beenden ein Leben, in welcher Form es auch sein mag. Ob wir es als Fötus bezeichnen, als Baby oder wie auch immer, macht keinen Unterschied.

Der springende Punkt hier ist nicht, eine Autorität zu finden, die unserer Entscheidung zustimmt oder sie ablehnt, sondern zu ergründen, worin letztlich unsere Intention besteht, und von dort aus zu einer Entscheidung zu gelangen. Eine Gewähr, dass alles ganz klar ersichtlich sein wird, gibt es nicht. Aber wenn Sie Ihre Arbeit erledigen und nichts unversucht lassen, werden Sie Ihr Bestmögliches getan haben. Und mehr vermag niemand von uns zu tun.

Den Kern des Problems zu umgehen, indem man genau zu bestimmen versucht, wann *Leben* beginnt, hilft uns auch nicht viel weiter. Worum es hier wirklich geht, ist die Frage, ob wir völlig offen und präsent sind, wenn wir unsere Entscheidung treffen. Oder verschließen wir uns vor dieser schöpferischen Lebenskraft? Nehmen wir unseren Partner von der Entscheidung aus? Übergehen wir die Geschwister

und die Großeltern? Versperren wir uns den eigenen Gefühlen? Und warum? Was versuchen wir zu schützen?
Ich habe festgestellt, dass die nachfolgend beschriebene Praxis gute Dienste leistet, wenn Menschen eine Abtreibung in Betracht ziehen. Nehmen Sie Papier und einen Stift zur Hand, und schreiben Sie sämtliche Gründe auf, warum Sie die Schwangerschaft austragen wollen beziehungsweise warum Sie dies nicht tun wollen. Ob Sie nun die Mutter sind oder deren Partner, seien Sie bei der Erforschung Ihrer Intention möglichst aufrichtig. Zum Beispiel könnten Sie herausfinden, dass Sie versuchen möchten, den Fortbestand Ihrer in Schwierigkeiten geratenen Partnerschaft sicherzustellen, und dass dies einer der Gründe für Ihre Entscheidung ist, das Kind behalten zu wollen. Welch eine Aufgabe für ein dreieinhalb Kilo schweres Baby! Oder weil Sie wissen, dass das Kind mit schweren Behinderungen geboren werden wird, zweifeln Sie möglicherweise an Ihrer Fähigkeit, es zu versorgen, oder Sie fragen sich, ob Sie überhaupt ein Recht haben, solch ein Kind zur Welt zu bringen angesichts all des Leids, das ihm bevorsteht.
Uns unsere persönlichen Prioritäten vor Augen zu führen, ohne die eigenen Ansichten zu kommentieren oder sie in irgendeiner Weise zu beurteilen, darauf kommt es bei diesem Aspekt der Selbsterkundung an. Kann die Konfrontation mit dem, was bei dieser Schwangerschaft erwünscht oder unerwünscht ist, uns helfen, dem ins Auge zu sehen, was in unserem Leben *erwünscht* oder *unerwünscht* ist?
Nachdem Sie einige Tage mit dieser Aufgabe verbracht haben, gehen Sie Ihre Liste durch, und halten Sie fest, wie viele Punkte widerspiegeln, dass Sie sich wirklich und wahrhaftig um das ungeborene Leben kümmern und sorgen, und wie viele Punkte damit zu tun haben, ob beziehungsweise inwiefern dieses ungeborene Leben Ihnen nützt oder nicht. Das kann ein hartes Stück Arbeit sein.

Nehmen wir einmal an, die Aussicht, dann weiterhin mit Ihrem Partner zusammen sein zu können, sei einer der Gründe für eine Fortsetzung der Schwangerschaft. Nun kann die Erkundung weiter in die Tiefe gehen und uns helfen, verborgenere Anliegen und Sorgen zutage zu fördern. Vielleicht denken wir: »Mein Partner wird mich nicht verlassen, wenn ich das Baby habe.« Das kann eine Einladung sein, noch tiefer zu graben: »Kann ich das tatsächlich wissen? Stimmt das mit absoluter Sicherheit?« Bemühen Sie sich um eine regelrechte Beweisführung. Fragen Sie sich: »Was könnte im schlimmsten Fall geschehen, wenn mein Partner mich verlassen würde?« Welche Empfindungen und Emotionen kommen bei diesem Gedanken in Ihnen hoch? Welche Resonanz lösen die Empfindungen und Emotionen im Körper aus?

Gehen Sie nun mit Ihrer Erkundung von der Intention zur Erfahrung über. Achten Sie darauf, welche Gefühle auftreten, während Sie diese Übung durchführen. Stellt sich ein Schuldgefühl ein? Traurigkeit? Freude? Fühlen Sie sich wie betäubt?

Verbringen Sie wiederholt einige Zeit damit, einfach still dazusitzen, zu atmen, sich zu entspannen, entspannt in diese Gefühle hineinzugehen und sie zu sich sprechen zu lassen. Beobachten Sie, auf welche Weise und mit welchen Mitteln Sie den Gefühlen aus dem Weg gehen. Falls Sie nichts fühlen, sitzen Sie einfach still und ruhig da in der Fülle dieser Erfahrung.

Wenn es Ihnen möglich ist, lassen Sie Ihre Aufmerksamkeit in die Gebärmutter wandern. Nehmen Sie sich reichlich Zeit dafür. Falls Sie diese Übung zusammen mit der Mutter durchführen, können Sie vielleicht Ihre Hand auf ihrem Bauch ruhen lassen. Achten Sie auf alle aufsteigenden Gedanken und Gefühle. Schließen Sie die Augen, und gestatten Sie sich, offen zu sein. Hegen Sie keinerlei Erwartung. Höchstwahrscheinlich werden Sie in den Totpunkt gelangen. Denken Sie

an Ihren Atem. Bewerten Sie Ihre Gefühle nicht. Und bewerten Sie es ebenso wenig, wenn keine Gefühle auftauchen. Rufen Sie sich bitte in Erinnerung: Diese Übungen sollen uns helfen, hellwach zu sein für das, was wir erfahren; sie sollen uns nicht zu einer speziellen Antwort auf etwas verhelfen, das wir unbedingt wissen wollen. Beobachten Sie, welche Gedanken Ihnen kommen. Nehmen Sie diese lediglich zur Kenntnis, und lassen Sie sich dann wieder auf den Erfahrungsprozess ein. Achten Sie auf jede Körperwahrnehmung, auf jede Emotion oder Empfindung, die sich einstellt. Halten Sie sie nicht zurück. Beurteilen Sie sie nicht. Die Tatsache, dass Sie diese Gedanken oder Gefühle haben, verpflichtet Sie in keiner Weise zu einem bestimmten Handeln oder Verhalten. Hellwach zu sein – bei diesem Atemzug, in diesem Moment – ist Ihre einzige Verpflichtung.
Diese Übung können Sie ausführen, sooft Sie mögen, indem Sie die Gedanken, Emotionen und Körperwahrnehmungen einfach zulassen. Gefühle von Angst, Unsicherheit und Wut sind uns allen vertraut. Seien Sie offen für all diese Gefühle, und seien Sie zugleich offen dafür, *nicht* zu fühlen. Darin liegt das Geschenk des Lebens, und das können Sie aus dieser Erfahrung lernen.

Krieg – weit weg und hier

Ein weiterer schwieriger Schauplatz, wenn man sich auf den Weg zur Unterstützung des Lebens begeben will, ist das Schlachtfeld des Krieges. Hier können wir uns dabei ertappen, wie wir uns – in einem letzten verzweifelten Bemühen, uns aus jener Paradoxie herauszuwinden, der zufolge man »in den Krieg zieht, um Leben zu retten« – immer verbissener auf die eigenen Überzeugungen versteifen. Allerdings liegt eine, für jeden Krieg geltende, Wahrheit ganz klar auf der Hand:

Ein Krieg bedeutet ein Blutbad, und stets müssen Unschuldige leiden. Das ist aber nichts Neues. Die bedeutendsten Schriftsteller und viele bildenden Künstler haben uns das vor Augen geführt: Krieg ist von unmenschlicher Brutalität! Dennoch sind wir nicht davon abgekommen, den Krieg als eine Lösung für unsere Konflikte anzusehen.

Manche Menschen stehen auf dem Standpunkt, es sei richtig, in den Krieg zu ziehen, um ein Regime, das die Menschen unterdrückt, zu stürzen und dadurch in Zukunft viele Leben zu retten. Andere sind hingegen der felsenfesten Überzeugung, Krieg dürfe niemals eine Option sein. So wird der Krieg in der Luft und auf den Schlachtfeldern der Nationen zu einem Krieg, den einzelne Menschen in ihrem Herzen gegeneinander ausfechten.

Wie leicht können wir uns die Entscheidung machen, indem wir uns einfach blindlings den Leuten anschließen, die mit der lautesten Stimme und im Brustton der Überzeugung sprechen. Und das gilt nicht bloß für diejenigen unter uns, die zum Töten im Krieg ihren Beitrag leisten. Genauso blind können wir in unserer Empörung gegen den Krieg sein.

Letztens hat jemand erklärt: »Macht aus dem Frieden keinen Krieg. Seid nicht gegen den Krieg; seid für den Frieden.« Die alten Muster der Selbstverteidigung aufzugeben fällt nicht leicht. Im eigenen politischen Lager fühlen sich viele von uns sicher. Wenn wir nicht aufpassen, lassen wir uns alles Mögliche einreden.

Doch wie sollen wir der Regel gerecht werden, wenn grausame Machthaber und Tyrannen mit der Auslöschung ganzer Völker drohen? Stehen wir dann nur untätig da und lassen es geschehen? Wie soll man ihnen Einhalt gebieten? Und was, wenn die Bedrohung unser eigenes Land erreicht?

Es steht mehr auf dem Spiel, als wir zu erkennen vermögen – »... was einmal geschehen ist, kann nie mehr ungeschehen gemacht werden«. Wie kann ein Staatsmann, der über innere Offenheit und Herzensgüte verfügt, unbeschwert einen Krieg beginnen, wenn mit Nuklearsprengköpfen versehene Geschosse auf das eigene Volk gerichtet sind? Meiner Ansicht nach würde er voller Trauer in den Krieg gehen, wie zu einem Begräbnis. Und ebenso fiele meine Antwort aus, falls ich gefragt würde, wie ein Mensch mit von Herzen kommender Offenheit jemanden töten würde, der im Begriff steht, einem anderen Menschen etwas Schreckliches anzutun. Oder wie solch ein Mensch ein Glas an die Lippen seines unter unerträglichem Leid im Sterben liegenden Mitmenschen führen würde, der im Begriff steht, die Tabletten herunterzuschlucken, die seinem Leben ein Ende setzen sollen.

Der wirkliche Feind des Friedens ist wahrscheinlich unser störrisches Beharren, unsere Lösung sei in einem gegebenen Konflikt die *einzige* Lösung. Die jüngst entstandenen Aufnahmen vom Roboter auf dem Planeten Mars sehen zu können finde ich wirklich begeisternd. Zugleich frage ich mich jedoch: Wenn wir die ganze Verstandeskraft, die Energie, das Geld und die Kreativität, die kollektiv in dieses Projekt eingebracht worden sind, zusammengefasst und darauf gerichtet hätten, friedliche Lösungen für die derzeitigen Konflikte auf der Erde zu finden, wäre es uns dann nicht möglich gewesen, einen anderen Weg zur Konfliktlösung zu finden als Krieg?

Diese Regel siedelt die Verantwortung unmittelbar bei uns an, bei jedem Einzelnen. Wie leicht ist es doch für uns, *ihnen* die Schuld zuzuschieben – dem Feind oder der Regierung. Sämtliche Regeln sind hier in der Weisung zusammengefasst: *Töte nicht; unterstütze das Leben.* Wie unterdrücken, oder *töten,* wir die Auffassungen anderer Menschen? Wie finden wir eine Handhabe, uns Bodenschätze anzueignen, die uns nicht zustehen? Wie belügen und attackieren wir andere Menschen, weil wir wütend sind? Ob wir dies in unseren Beziehungen tun, am Arbeitsplatz, bei einem Friedensmarsch oder auf dem Schlachtfeld – was wir als Individuum tun, wird seinen Weg bis zu unserer politischen Führung zurücklegen. Wollen wir dem Krieg Einhalt gebieten, müssen wir damit bei uns selbst anfangen.

DIE PRAXIS

Beobachten Sie sich eine Woche lang. Beobachten Sie, auf welche Weise Sie inmitten der alltäglichen Geschehnisse in der einen oder anderen Situation Ihren persönlichen Krieg führen – angesichts eines verschütteten Glases Milch; eines Arbeitskollegen, der Ihnen die Beförderung, auf die Sie sich Hoffnungen machen, vor der Nase wegzuschnappen droht; eines Verkäufers, der Sie beleidigt. Was sind Ihre Waffen, und wie eskaliert deren Einsatz, wenn die wahrgenommene, oder vermeintliche, Bedrohung zunimmt? Schmettert Ihr Geschrei die Erklärungen ab, die Ihnen Ihr Kind zu der verschütteten Milch geben will? Finden Sie Mittel und Wege, die Beförderungschance Ihres Arbeitskollegen zu vereiteln oder auf die Beleidigung durch den Verkäufer mit einem schneidenden Kommentar zu reagieren? Vielleicht werden Sie weder eine Schusswaffe zücken noch mit einem Baseballschläger um sich schlagen. Aber werden Sie im Geist töten? Sie werden erstaunt sein, wie nahe Sie daran sind, genau das zu tun.
Wenn Sie feststellen, dass Sie sich gerade ins Gefecht stürzen wollen, oder dies bereits getan haben, dann leisten Sie die Erkundungsarbeit und ruhen Sie in dem, was immer der Totpunkt zutage fördert. Sitzen Sie in der Stille Ihrer Erfahrung, atmen Sie ein und aus. Diese klare Aufmerksamkeit wird, und sei es auch nur für einen Moment, jene Reaktionsmuster durchbrechen, die Sie veranlassen, andere zu verletzen.
Ist es unser Bestreben, so zu leben, dass wir das Leben stärken, dann müssen wir zunächst einmal, wenn der Mörder in uns sich meldet und anklopft, die Tür öffnen. Ein offenes

Arbeiten mit der Regel kann so manchen Persönlichkeitsaspekt ans Tageslicht bringen, den wir lieber im Verborgenen halten würden. Kürzlich hat mir jemand anvertraut, wie quälend es für ihn sei, seinen an Demenz erkrankten alten Vater zu versorgen. Zermürbt von endlosen Telefonaten und von Notfallsituationen, kaum noch in der Lage, den normalen Alltagsanforderungen von Arbeit und Familie nachzukommen, öffnete er sein Herz und räumte ein, es gebe Zeiten, in denen er hoffe, der nächste Anruf werde ihn über das Ableben seines Vaters in Kenntnis setzen: »Es gibt Phasen, in denen ich einfach nur den Wunsch habe, dass er stirbt! In denen ich frei sein möchte von dieser Verantwortung!«
Da ist es. Das ist der Zugangspunkt zu der Regel. Öffnen Sie, wie bei der Wut, die Tür, wenn es klopft. Atmen Sie in der Präsenz von *Einfach das* – atmen Sie die Erregung, den Schmerz und alles, was die Erfahrung Ihres Lebens ausmacht. So begibt man sich auf den Weg zur Unterstützung des Lebens.

Fortsetzung der Geschichte einer misshandelten Ehefrau

Es war, wie schon viele andere Male zuvor, wenn er spätabends betrunken nach Hause kam, voller Wut und Niederträchtigkeit.
Wieder einmal geht es rund in der Küche – Töpfe fliegen, der Fußboden wird mit Besteck übersät, die Kinder rennen in ihre Zimmer, ängstlich bemüht, bloß keinen Laut von sich zu geben. Dann, zu guter Letzt, der Moment, in dem ich wieder atmen kann, als er ins Schlafzimmer geht, gleich neben der Küche.
Ich stand an der Spüle, räumte das über den Linoleumboden verstreute Besteck weg, und als ich Anstalten machte,

das große Fleischmesser, mit dem er auf mich losgegangen war, zurück an seinen Platz zu bringen, stockte ich. Aus den Augenwinkeln erblickte ich ihn auf dem Bett, flach auf dem Rücken liegend, die mörderische Tobsucht des Alkoholrauschs erstickt in der tiefschwarzen Umnachtung seines Schlafs. Ich hielt dieses höllisch scharfe Messer in der Hand und dachte: »All dem könnte ich hier und jetzt ein Ende setzen. Ohne weiteres könnte ich das Messer nehmen und es ihm in die Brust stoßen. Er würde gar nicht mitbekommen, was ihm geschieht. Wie er so dort liegt, stellt er keine Bedrohung dar. Er kann sich nicht wehren. Er könnte mich nicht aufhalten.«

Die Gedanken wirbelten mir durch den Kopf, während ich das Messer festhielt. Als ich in jenem Moment dort neben dem Küchentisch stand, habe ich ihn voll und ganz kennen gelernt, den Geist des Tötens. Und dann kam mir etwas in den Sinn, ein Gedankensplitter, nein, kein Splitter, vielmehr ein Hauch von einem Gedanken, so fein wie ein Härchen: »Was würde aus meinen Kindern werden, falls ich ihn jetzt umbringe und anschließend im Gefängnis lande?« Also legte ich das Messer an seinen Platz und fasste den Beschluss, dass ich ihn am nächsten Morgen verlassen würde. Ich wollte die Kinder nehmen und gehen – dieses Mal für immer. Und das habe ich getan.

Was hat mich zurückgehalten? Was hat mich davon abgebracht, Leben zu nehmen, und stattdessen motiviert, das Leben zu unterstützen? Es gab keine plötzliche Erkenntnis, dass ich drauf und dran war, Leben zu nehmen, und dass es verkehrt wäre, ihn zu töten. Was mich zurückhielt, war nicht der moralische Imperativ: »Du sollst nicht töten!« Nicht einmal, um mein eigenes Leben zu retten, habe ich das Messer weggelegt. Ich legte es weg, um das Leben meiner Kinder zu retten. *Was würde aus ihnen werden, wenn ihre Mutter auf Lebenszeit ins Gefängnis käme?* Leben zu unterstützen kann viele Gesichter haben. Das Gesicht, das sich, glaube ich, mir gezeigt hat, ist einfach das einer Mutter, die dafür sorgt, dass ihre Kinder ein lebenswertes Leben führen können.

Der Weg zur Unterstützung des Lebens ist weder einfach noch unbeschwert. Wir lernen, dass wir uns nicht in allen Situationen auf eine äußere Autorität stützen können, wenn es darum geht, die letzte Entscheidung zu treffen. Soll ich das »Unkraut« bekämpfen oder auf den Rasen verzichten? Höre ich auf die flehentlichen Bitten, mit denen meine geliebte Frau in ihrem Leid an mich appelliert, ihr beim Sterben zu helfen, oder nehme ich davon Abstand und lasse zu, dass sie sich vor Schmerzen windet? Unterstütze ich einen Krieg, weil die Absetzung eines Despoten letztlich Leben retten wird? Diese und viele andere Beispiele sind die *Koans,*[32] mit denen wir uns auf unserem Weg durchs Leben auseinander setzen müssen. Ist es wirklich unser Bestreben, aus einer von Herzen kommenden Offenheit zu leben und zu handeln, dann müssen wir unweigerlich zur Kenntnis nehmen, dass keine Gebrauchsanleitung existiert, die uns genaue Anweisungen für die richtige oder falsche Handhabung jeder einzelnen Situation erteilt.
Wenn wir so auf uns selbst zurückgeworfen werden, kann es vorkommen, dass wir vor lauter Unklarheit und Zweifel kaum noch wissen, wo uns der Kopf steht. Wir möchten uns vielleicht gern an eindeutige *Gebote* und *Verbote* halten. Doch, was bekommen wir stattdessen? Die Weisung, zu hinterfragen, zu untersuchen und authentisch zu sein. Das ist der Schlüssel, der Türöffner, zur Ganzheit des Lebendigen und zur Unterstützung allen Lebens.
Im Lauf der Zeit beginnen wir zu verstehen, dass es einen Unterschied macht, ob man Wasser einfach trinkt, weil es da ist, oder ob man es trinkt, damit der Körper ausreichend mit

Flüssigkeit versorgt wird. Das ganze Glas Wasser; das ganze Leben des ungeborenen Kindes, der Mutter und des Vaters; das ganze Leben des Mörders, des Opfers und der Familien von Mörder und Opfer sind die Ganzheit des Lebens selbst – unausweichlich und stets präsent. Damit wir um diese Ganzheit wissen, müssen wir das ganze Glas Wasser austrinken. Wir trinken die Unschuld des ungeborenen Kindes ebenso wie die Wirrnisse und den Kummer der Mutter und des Vaters. Wir trinken die Wut des Mörders, das Entsetzen des Opfers, die Trauer und den Verlust der Opferfamilie. Wir trinken die zu Fall gebrachte Erhabenheit eines uralten Baumes, wenn wir den neuen Tisch aus Eichenholz kaufen, der sich so gut ins heimische Interieur einfügt. Und schließlich wird uns klar, dass wir für jede einzelne Entscheidung unmittelbar selbst verantwortlich sind. Letzten Endes läuft alles darauf hinaus, uns einfach der Herausforderung zu stellen und zu leben.

Atombomben und Landschildkröten

Von dem Physiker Robert Oppenheimer, Leiter des Geheimlabors von Los Alamos während der Zeit, in der dort die ersten Atombomben entwickelt und gebaut worden sind – dem Leiter des so genannten Manhattan-Projekts – wird folgende Geschichte erzählt: Lange nachdem er aus technischen wie aus moralischen Gründen zu einem der stärksten Widersacher der Entwicklung von Wasserstoffbomben geworden war, habe er bei einem Waldspaziergang, den er eines Tages mit einem Freund unternahm, eine Landschildkröte entdeckt. Er dachte sich, die Schildkröte könne eine hübsche Überraschung für sein Enkelkind daheim sein, und hob sie auf, um sie mit nach Hause zu nehmen. Doch nach ein paar Metern hielt er abrupt an, ging zurück und setzte die Schildkröte genau an der Stelle wieder auf den Boden, wo er sie aufgehoben hatte. Seinem Freund gegenüber bemerkte er: »Gemessen an der Zeitspanne, die einem Menschen beschieden ist, habe ich mich wahrlich schon genug am Leben vergriffen.«

GESPRÄCHE

SCHÜLER: Nach meinem Empfinden trage ich bei der Arbeit mit dieser Regel, wenn sie als Bestrebung formuliert ist, eine größere Verantwortung, auch in solchen Situationen aktiv zu werden, die mich nicht direkt betreffen. Ein Beispiel: Selbst wenn ich vielleicht nicht unmittelbar etwas, sagen wir, zur Hinrichtung eines Menschen in der Todeszelle beitrage – unterstützen kann ich das Leben erst, wenn ich Eigeninitiative an den Tag lege. Nichts zu tun oder sich auf den Standpunkt zu stellen, dass es mich nichts angeht, weil ich ja nicht die Gesetze erlasse, setzt dem Ganzen kein Ende. In dieser Formulierung legt die Regel die Entscheidung über ein angemessenes Vorgehen in meine Hände.

DIANE: Genau. Was wir auch betrachten – sei es abschätziges Gerede über andere, Stehlen, sexueller Missbrauch, das Aussprechen von Unwahrheiten und Lügengeschichten oder eine der anderen Regeln –, die Arbeit mit den Regeln bezieht ihre Kraft nicht bloß aus der Erforschung von selbstbezogenen Mustern, die unsere Handlungen bestimmen. Vielmehr erhalten wir zugleich die Weisung, den Geist in eine andere Richtung zu wenden. In diesem Sinn sind die Regeln für uns eine Möglichkeit, den Geist zu schulen.

Zusammenfassung

Ein Transformationsprozess

Unlängst habe ich bei einer Tagung gemeinsam mit anderen buddhistischen Lehrern Erläuterungen gehört, die Seine Heiligkeit der Dalai Lama zu buddhistischen Unterweisungen gegeben hat. Der Dalai Lama sagte:

> Nur einen wichtigen Punkt sollten Sie sich vergegenwärtigen und von ihm sich leiten lassen: Gleichgültig, wie andere Menschen Sie titulieren – Sie sind lediglich, wer Sie sind. Halten Sie sich an diese Wahrheit. Fragen Sie sich, wie Sie Ihr Leben führen möchten. Wir leben, und wir sterben. Nur wir ganz allein können uns dieser Wahrheit stellen. Niemand kann uns dabei helfen, nicht einmal der Buddha. Denken Sie also sorgfältig darüber nach: Was hält Sie davon ab, so zu leben, wie Sie gern leben möchten?

Das ist die elementare Frage, die uns die Regeln stellen – wie werden Sie handeln, wenn Sie sich frei entscheiden können? Für welche Lebensweise entscheiden Sie sich? Und was motiviert Sie, Ihr Leben auf diese Weise zu führen?
Unsere Arbeit mit den Regeln müssen wir nicht nach irgendeinem Zeitplan zum Abschluss bringen. Im Grunde werden wir mit dieser Arbeit nie wirklich fertig. Sehenden Auges und wider besseren Wissens Leben nehmen, uns mit anderen Menschen messen, uns in unserer Wut gehen lassen, anderen etwas vorenthalten oder uns nehmen, was zu nehmen uns nicht zusteht, und jede der anderen reaktiven Schaukelbewe-

gungen auf unserem Trapez könnte Minuten, Tage, Monate andauern. Wenn wir uns jedoch die Zeit nehmen, um die Fragen, mit denen die Regeln uns konfrontieren, in unsere Alltagsaktivitäten einzubringen – am Arbeitsplatz, zu Hause, mit jedem Menschen in jedweder Situation –, indem wir sie für uns thematisieren, um mit ihrer Hilfe die jeweilige Situation zu sondieren und zu untersuchen, werden die Antworten langsam, nach und nach, direkt vor unseren Augen auftauchen. Vielleicht in Momenten, in denen wir am allerwenigsten damit rechnen.

Es kann schwierig sein, unsere lange gehätschelten Ansichten über die eigenen Erfahrungen in Frage zu stellen. Um auf eines von meinen Beispielen zurückzukommen: Es hat ziemlich lange gedauert, bis mir klar wurde, dass die Wut auf meine Mutter eine Reaktion auf eine tiefer sitzende Anforderung war, der zufolge sie mich auf eine bestimmte Weise zu behandeln habe. Als das nicht geschah, war ich tief verletzt und verschreckt. Die Wut, die aus mir hervorbrach, sollte mich wie ein Schutzschild vor dem Schmerz schützen. Im Totpunkt dieser Einsicht ausgesetzt zu sein hat mir Angst eingejagt, denn als es mir verwehrt war, mit Wut zu reagieren, blieb mir gar nichts anderes mehr übrig, als dem tiefen Schmerz und all meiner Angst ins Auge zu blicken.

Jeden Tag, jede Stunde, jede Minute fangen wir von neuem an. Unentwegt stehen wir am Anfang unserer Praxis mit den Regeln, und stets sind wir Anfänger. Sobald wir das aus den Augen verlieren, sind wir verloren. Der Zugangspunkt ist unsere Zuflucht. »Komm herein« – dieser bloße Moment der Offenheit, die Wahrheit von *Einfach das.*

Einfach das ist die Pforte zur Transformation, der Punkt, an dem wir uns voll und ganz unserer Erfahrung überlassen. Und diese wandelt sich zu jenem Frieden und jener Freude, die mit einer von Herzen kommenden Offenheit einhergehen. Dieser Prozess setzt sich ein Leben lang fort, weil die Identität sich unaufhörlich selbst wieder hervorbringt. Aufgrund unserer Fehler und unserer zwanghaften Züge können wir jedoch sehen, wie verworren und begrenzt sie ist. Wir können sehen, wie der Hase läuft, wie sich diese Identität ein ums andere Mal selbst erschafft. Mit der Zeit lassen wir uns immer weniger darauf ein. Dementsprechend sinkt die Wahrscheinlichkeit, dass wir selbstbezogen handeln.

In den vorausgegangenen Überlegungen habe ich zahlreiche Beispiele gegeben, die verdeutlichen, wie man mit den Regeln arbeiten kann. Allerdings sollte man sich unbedingt in Erinnerung rufen, dass der ganze Prozess weit kniffliger und verzwickter ist, als das eine oder andere Beispiel vielleicht vermuten lässt. Die Menschen unterscheiden sich in so vielerlei Hinsicht, dass die Methodik des Arbeitens mit einer bestimmten Regel sich von Person zu Person ändert. Die Arbeit wird nicht immer dem hier beschriebenen Ablauf folgen.

Vor allem möchte ich daher nicht, dass die Leserin oder der Leser das hier Geschriebene als eine Art Rezeptbuch auffasst, als eine Schritt für Schritt nachzuvollziehende Arbeitsanleitung. Wenn wir innehalten und damit beginnen, unsere Handlungen zu hinterfragen, tritt häufig ein chaotisches Gewirr von Motivationen und Überzeugungen zutage. Geht man an dieses Chaos jedoch mit Geduld, Aufrichtigkeit und Intelligenz heran, können Freiheit und Klarheit zum Vorschein kommen.

Zum Beispiel kann es bei der anfänglichen Erkundung einige Zeit dauern, bevor wir etwas empfinden. Andererseits ist die Erfahrung mitunter so intensiv, dass es schwer fällt, in ihr zu ruhen. Dann tasten wir uns einfach nur bis an die Schwelle heran, wo wir das Gefühl haben zurechtzukommen. Hier geht es nicht um irgendeine Art von Belastungsprobe. Die Ausführung unserer inneren Dehn- und Streckübungen sollte uns ganz allmählich dazu befähigen, uns entspannt in diese

Übungen hineinzubegeben, ähnlich wie eine Tänzerin lernt, sich zu strecken und dabei in die Entspannung ihrer Muskeln hineinzugehen. Das ist der entscheidende Punkt.

Als ich jeden Morgen vor dem Telefon saß, bevor ich es schaffte, meine Mutter zum ersten Mal anzurufen, konnte ich das kaum für die Dauer von fünf Atemzügen durchhalten – so heftig drehte sich mir der Magen um. Da ich es mir jedoch gestattete, dort zu verweilen, wo ich eindeutig die Schwelle erreicht hatte, veränderte sich im Lauf der Zeit mein Verhältnis zu dieser Empfindung von Schmerz. Wovon ich mir vorstellte, es sei das Schlimmste, was mir geschehen könnte, war genau das – meine Vorstellung. Mit dem, was wirklich war, hatte es nichts zu tun.

Die Regeln zu durchleben bedeutet, damit zu leben, dass sie wie ein *Koan* die Schleier lüften – und zwar nicht nur über einen längeren Zeitraum hinweg, sondern für den Rest unseres Lebens. Wir werden das niemals *perfekt* schaffen, aber wir werden es schaffen! Auf diese Weise hält man die Regeln ein. Es ist ein fortgesetztes Bemühen.

Zum Abschluss unserer Meditation im Zen-Zentrum rezitieren wir einen kurzen Text: »Unablässiger Wandel versetzt das Rad des Lebens in Drehung, und so kommt die Wirklichkeit in ihrer ganzen Vielgestaltigkeit zum Vorschein.« Bei unserer Arbeit mit den Regeln drehen wir uns im Rad des Lebens, und wir drehen es. Dies geschieht in wechselseitiger Bedingtheit – nicht eins; nicht zwei. Unsere Arbeit mit den Regeln dreht sich ebenfalls wie ein Rad.

Wenn das Leuchtfeuer der Achtsamkeit unsere Handlungen erhellt, sehen wir klar und deutlich, wie wir in unseren gewohnheitsmäßigen, von selbstbezogenem Denken bestimmten Handlungsmustern hin und her schaukeln. Und während die Kraft und Intelligenz der Achtsamkeit ihre Arbeit verrichten, werden wir Zeuge, wie die Gedanken, Gefühle und Empfindungen ihre Gestalt verlieren und sich auflösen.

Offen und aufmerksam ruhen wir in der Kraft des Totpunkts. Annahmen und Überzeugungen, ebenso wie Angst in all ihren Manifestationsformen, verschwinden langsam, und wir atmen einfach nur noch ein und aus: die Geräusche der im Hof spielenden Kinder, den Geruch von Kaffee – *Einfach das*. Für eine Weile hat sich der selbstbezogene Traum in vollständige Wachheit aufgelöst.

Solche Drehungen und Wendungen vollziehen wir ein ums andere Mal, während wir eine Wandlung durchlaufen. Die von uns angestrebte Transformation gleicht der eines Steins in einem Flussbett. Der Stein weiß nicht, dass er glatt und rund geschliffen wird, er hat keine Vorstellung davon, dass Form und Umriss sich verändern. Er nimmt einfach den Fluss so, wie er kommt. Dieser Fluss steht für unser Leben. Die Regeln können uns helfen, diesem Strom des Lebens zu entsprechen. Auch das Bemühen, für den Strom des Lebens in einer wachen, bewussten Weise präsent zu sein, fällt in unsere Verantwortlichkeit; alles Nötige zu tun, um diese Achtsamkeit hell und scharf zu erhalten, ebenso.

Die Anwendung der Regeln in den ganz gewöhnlichen Situationen unseres Alltags kann uns aus unserem Versteck hervorlocken – selbst wenn es in Wahrheit gar kein richtiges Versteck für uns gibt. Wir können dem, was wir sind, nicht entkommen. Manchmal sind wir einfach taub für den Ruf, der an uns ergeht. Die Regeln können die Stimme sein, die uns wach rüttelt. Bisweilen ist die Stimme sanft und kaum hörbar, lässt sich leicht ignorieren oder durch den Lärm unserer Geschichten übertönen.

Sind wir allerdings bereit, das Zuhören zu lernen, können wir den Lehrer in all unseren Handlungen finden – deutlich vernehmbar ruft er dann: »Hier bin ich!« Und wenn wir wenigstens für einen Sekundenbruchteil in der Lage sind, uns mit Offenheit und Neugierde der Erkundung dieser Handlung zuzuwenden, dann sind wir – in einem Moment, kürzer als ein

Fingerschnippen – aus dem Versteck hervorgekommen und haben uns in den Augenblick der Wahrheit hineinbegeben.
»Leicht gesagt, gewiss, doch nicht so leicht getan!« Darauf macht meine Lehrerin Joko Beck immer wieder aufmerksam, denn am wenigsten wollen wir dort hinsehen, wo wir bereits sind.
Wir alle sind Versteckkünstler. Daher erfordert es einige Überredung und manches Drängen seitens einer leisen inneren Stimme – und gelegentlich einer äußeren Stimme. In uns allen wohnt diese Stimme, die sich auch in Form einer Regel bemerkbar machen kann. Sie, die Intelligenz tief in uns, bringt uns zunächst einmal dazu, uns auf die Suche zu begeben. Sanft flüsternd, oder ohrenbetäubend laut, drängen die Regeln uns oder reden uns gut zu, hinter unseren schädlichen und verletzenden Handlungen hervorzukommen und uns der Wahrheit dieser Handlungen zu stellen. An Orte, an die wir uns nur ungern begeben, können die Regeln uns begleiten, um uns von dort aus ins Herz von Weisheit und Mitgefühl zu führen. Und aus dem Verständnis von Weisheit und Mitgefühl zu handeln ist ebenso einfach und natürlich, wie ein Glas Wasser zu trinken.

Anhang

Achtsamkeitspraxis – ein erster Leitfaden

Nun folgt ein ganz genereller Leitfaden für all diejenigen, die gern eine erste Unterweisung zur Achtsamkeitspraxis erhalten möchte. Doch wenn irgend möglich, ist es auf jeden Fall ratsam, sich die entsprechende Unterweisung persönlich von einem qualifizierten Lehrer geben zu lassen.

Versuchen Sie es so

Bleiben Sie in der Position, die Sie jetzt gerade innehaben – sitzend, stehend, liegend. Verändern Sie nichts.

Bringen Sie nun die Aufmerksamkeit auf Ihre Atmung, ohne dass Sie etwas zu verändern versuchen. Sind es kurze Atemzüge, beobachten Sie dies. Sind es lange Atemzüge, beobachten Sie das. Achten Sie darauf, wie Sie Luft holen und ausatmen. Beachten Sie, wie sich der Brustkorb hebt. Fühlen Sie, was Sie in den Nasenlöchern und im Mund empfinden. Nehmen Sie sich ein oder zwei Minuten Zeit, dies zu tun, und lenken Sie dabei Ihre Achtsamkeit auf die Atmung. Komplizieren Sie die Übung nicht, indem Sie versuchen, etwas hineinzugeheimnissen. Machen Sie es einfach.

Das ist der erste Schritt zu: innehalten, hinsehen und hinhören.

Wenn Sie nichts weiter tun, als die Übung jeden Tag für fünf Minuten zu wiederholen, werden Sie schon nach kurzer Zeit feststellen, dass Ihre Achtsamkeit geschärft wird und Sie eine

feinere Wahrnehmung für den eigenen Atem entwickeln. Das Entscheidende ist, dass Sie nicht versuchen, etwas Spezielles daraus zu machen. Es ist überhaupt nichts Geheimnisvolles im Spiel, wenn es darum geht, für den Atem – oder für was auch immer sonst im Leben – wach und präsent zu sein. Präsent zu sein ist für uns Menschen eigentlich die natürlichste Sache der Welt. Im Grunde können wir gar nicht anders als präsent sein. Der springende Punkt dabei ist, dass wir uns dieser Tatsache nicht immer bewusst sind.
Durch die Ereignisse im Lauf eines Tages werden wir leicht abgelenkt, und es fällt uns nicht immer leicht, uns auch nur fünf Minuten Zeit zu nehmen, um die Fähigkeit des Innehaltens-Hinsehens-Hinhörens zu entwickeln. Darum ist ein methodisches Vorgehen für die Entwicklung von Achtsamkeit hilfreich.

Eine Position einnehmen

Suchen Sie sich einen ruhigen Platz und eine bequeme Sitzposition auf einem Stuhl oder einem Kissen. Falls für Sie keine der beiden Positionen in Frage kommt, können Sie auch liegen oder stehen. Infolge körperlicher Einschränkungen führen mehrere Schüler in unserem Zen-Zentrum Ihre Achtsamkeitsübung im Liegen oder im Stehen durch. Halten Sie die Augen geöffnet und in einem Winkel von zirka 45 Grad leicht nach unten gerichtet. Versuchen Sie, entspannt zu bleiben – weder in einer schlaffen noch in einer krummen Haltung. Das heißt, beobachten Sie die Ausrichtung Ihres Körpers.

Sich einrichten

Nachdem Sie sich in Ihrer Körperhaltung einigermaßen eingerichtet haben, beobachten Sie einfach. Aller Wahrscheinlichkeit nach wird Ihr Geist mit vielen Gedanken angefüllt sein, oder Sie werden unterschiedliche Körperwahrnehmungen beobachten. Das ist normal und geht ohnehin unablässig vonstatten. Im Moment werden Sie sich dessen bewusst. Das ist der einzige Unterschied.

Diese Gedanken oder Empfindungen signalisieren dem Körper in vielen Fällen, sich zu bewegen. Bewegt sich der Geist, folgt der Körper, so heißt es. Wenn Sie einen Gedanken haben wie: »Das ist langweilig«, versucht der Körper etwas zu finden, was er tun kann. Er könnte die Position wechseln oder hin und her rutschen. Geschieht dies, dann versuchen Sie, es zu bemerken. Denken Sie bitte daran: Es kommt darauf an, von solchen Dingen Notiz zu nehmen, sie zu beobachten – nicht, eine ideale Position zu wahren. Sich bewusst zu werden, *wie* Sie den Körper halten, ist viel wichtiger, als in ihn zu *veranlassen,* gerade zu bleiben. Der Körper braucht seine Zeit, bis er lernt, in Ruhe zu verweilen. Die Hektik und Betriebsamkeit zur Hauptverkehrszeit auf der Autobahn lassen wir nicht immer in dem Moment hinter uns, in dem unser Wagen auf die Ausfahrt einbiegt. Es hängt von unserer Lebensführung ab – ein geschäftiges Leben bringt Unruhe für Geist und Körper mit sich.

Atmen

Unsere allererste Handlung, wenn wir geboren werden, besteht darin, den ersten Atemzug zu tun. Und den Atem ausströmen zu lassen ist das Letzte, was wir tun, wenn wir sterben. Zu atmen ist eine unserer elementaren Aktivitäten. Das

Atmen unterstützt und trägt uns in einer Weise, wie nichts und niemand sonst. Wenn wir den Atem beobachten, kann er uns beruhigen und dabei behilflich sein, zu sehen, wo wir in diesem Augenblick sind.

Ein durchschnittlicher Mensch atmet im Wachzustand sechzehn Mal pro Minute und während des Schlafs ungefähr sechs bis acht Mal. Das ergibt rund 960 Atemzüge pro Stunde oder mehr als 23 000 Atemzüge im Zeitraum von 24 Stunden. Unter Stress kann die Anzahl der Atemzüge schlagartig auf bis zu hundert pro Minute ansteigen. In tiefer Meditation kann sie bis auf vier oder fünf absinken. Ob wir uns dessen bewusst sind oder nicht, er begleitet uns stets. Wir atmen automatisch oder tun dies kontrolliert. Der Atem kann daher sehr hilfreich sein, wenn es darum geht, unsere Achtsamkeit zu schulen. Wir können uns vorstellen, dass wir unserem Geist erklären: »Nun denn, du willst deine Aufmerksamkeit auf etwas richten, also richte sie auf den Atem.«

Bringen Sie, während Sie still dasitzen, Ihre Aufmerksamkeit auf den ein- und ausströmenden Atem. Atmen Sie natürlich. Sie werden feststellen, dass Gedanken, Gefühle und/oder Empfindungen aufsteigen. Wenn dies geschieht, nehmen Sie sie zur Kenntnis, und bringen Sie die Aufmerksamkeit zurück auf den Atem. Jedes Mal, wenn wir die Aufmerksamkeit wieder zur Atmung zurückführen, sogar falls dies tausend Mal innerhalb von ein paar Minuten geschehen sollte, vertieft das unsere Fähigkeit, präsent zu sein, und gleichzeitig wird unser Widerstand gegen das schlichte Sitzen im gegenwärtigen Moment geringer.

Die Aufmerksamkeit über den Körper gleiten lassen

Lassen Sie nun, am Scheitelpunkt des Kopfes einsetzend, langsam Ihre Aufmerksamkeit von Kopf bis Fuß über den Körper gleiten, und lenken Sie Ihre Achtsamkeit auf Stellen, an denen Sie ein Anhaften entdecken. Dabei kann es hilfreich sein, sich vorzustellen, dass vom Scheitelpunkt des Kopfes ein Lichtstrahl ausgeht und der Achtsamkeit Licht spendet, während er in spiralförmigen Bahnen über den Körper verläuft, bis er unten an den Füßen angelangt ist.

Gelegentlich dient diese Übung als Entspannungstechnik. Hier wird sie allerdings nicht in erster Linie als Methode zur Lösung körperlicher Spannungen eingesetzt. Eher als Mittel, die Aufmerksamkeit an diejenigen Stellen im Körper zu bringen, wo wir an etwas festhalten. Gleichzeitig soll diese Übung die Achtsamkeit schärfen. Wenn wir den Geist in dieser Weise einsetzen, löst sich die Anhaftung meistens. Geschieht dies, so ist das völlig in Ordnung. In anderen Fällen spürt man, dass der körperlichen Anspannung ein emotionales Anhaften innewohnt. Dies festzustellen ist ein ganz natürlicher Vorgang, sobald die Achtsamkeit stärker wird.

Gedanken und Gefühle beobachten

Gewöhnlich drehen unsere Gedanken sich im Kreis wie ein Tonband, das sich selbst in einer Endlosschlaufe abspielt. Wenn Sie ein paar Minuten lang gesessen haben, entdecken Sie vielleicht, dass Ihre Gedanken umherwandern, Pläne schmieden oder nach etwas verlangen. Gedanken zu haben ist nicht schlecht oder gar unerwünscht. Worauf es ankommt, ist nicht, wie viele oder welche Art von Gedanken wir haben, sondern, was wir mit ihnen anfangen.

Gleichgültig an welchem Punkt Ihrer Übung Sie einen Gedanken bemerken, nehmen Sie seinen Inhalt einfach zur Kenntnis. Dabei spielt es keine Rolle, ob er wichtig oder unwichtig zu sein scheint. Versehen Sie ihn einfach stillschweigend mit einem Etikett. Falls Sie zum Beispiel den Gedanken haben: »Das ist langweilig«, dann sagen Sie sich: »Ich habe den Gedanken, dass es langweilig ist.« Falls Sie bemerken, dass Ihnen der Kopf vor Gedanken schwirrt, versehen Sie das einfach mit einem Etikett: »Ich habe den Gedanken, dass mir viele Dinge in den Sinn kommen«, oder einfach »hunderttausend Gedanken«.
Möglicherweise beginnen Sie festzustellen, dass einige Gedanken einen höheren Emotionsgehalt haben als andere. Sie werden manchmal als *Emotionsgedanken* bezeichnet. Zum Beispiel kann ein Gedanke wie: »Er hat mich ungerecht behandelt«, von Wut oder Traurigkeit begleitet werden. Dann kann es sein, dass Sie die Emotion sofort erkennen und den damit einhergehenden Gedanken erst danach bemerken. Ob Sie zuerst den Gedanken oder die Emotion erfahren, hat wenig Bedeutung. Der entscheidende Punkt ist die Achtsamkeit für das, was vor sich geht – wie die Emotion/der Gedanke sich im Körper ausdrückt.

Sinneserfahrungen

Emotionsgedanken werden, ob wir uns darüber im Klaren sind oder nicht, stets von einer Sinneserfahrung begleitet. Nach einiger Zeit werden Sie mehr auf die Sinneserfahrung achten, die mit diesen Emotionsgedanken einhergeht. Falls Sie einen Gedanken haben wie: »Er hat mich ungerecht behandelt«, können Sie den Gedanken mit dem Etikett versehen: »Ich habe den Gedanken, dass er mich ungerecht behandelt hat«, um anschließend für einen Moment innezuhalten

und einfach auf Ihr Ein- und Ausatmen zu achten. Der Lichtstrahl der Achtsamkeit bleibt weiter im Körper, während Sie sich behutsam fragen: »Ist da eine Emotion mit im Spiel?« Manchmal kann es vorkommen, dass Sie nichts fühlen, während Ihr Verstand Ihnen sagt, dass Sie eigentlich etwas fühlen sollten. Ein anderes Mal brauchen Sie keinerlei Zweifel zu haben. Tatsächlich kann es so sein, dass Sie eine sehr starke Emotion bemerken, den Gedanken dahinter aber nicht erkennen. Das trifft häufig bei Wut zu. Doch jeder Mensch ist anders, ebenso jede Situation und jegliches Anhaften.
Seien Sie nicht verwundert, falls all das, oder einiges davon, nicht so leicht zustande kommt. Dafür gibt es keinen Fahrplan, und Sie dürfen sicher sein, dass bei jedem von uns eine tiefgründige Intelligenz am Werk ist, die uns wachrütteln *will*. Das Potenzial für unsere Achtsamkeit existiert ohne Frage in jedem von uns. Mit anderen Worten: Wir versuchen nicht, etwas zu *bekommen*, sondern wir entwickeln, was uns so gut wie sicher ist. Im Lauf der Zeit werden Sie feststellen, dass Sie sich, selbst wenn es sich nur um ganz kurze Momente handelt, über Ihre Gedanken und Gefühle vollkommen klar sein können, ohne einen Versuch zu unternehmen, ihnen zu entkommen oder sie zu verändern.

Ihre tägliche Verabredung mit sich selbst

Meinen Schülerinnen und Schülern rate ich gewöhnlich, ihre tägliche Meditationspraxis nicht als etwas zu betrachten, das sie auf ihre *Liste der notwendigen Erledigungen* setzen müssen, sondern als eine Verabredung, die sie vereinbaren, um sich selbst zu treffen. Ihre Meditation ist die Phase in Ihrem Tagesablauf, in der Sie nichts weiter zu tun brauchen, als da zu sein. Für diese Verabredung gilt die Devise: »Mach dir keine Umstände, schau einfach mal rein.« Es gibt keine *un-*

passende körperliche oder geistige Verfassung, wenn es darum geht, sich hinzusetzen, um zu meditieren.
Dies ist das eine Mal am Tag, wo Sie nichts weiter zu tun brauchen, als dazusitzen. Keinerlei Anforderungen. Einfach dasitzen und bei allem, was auch immer Ihnen in den Sinn kommt, auf den Atem achten. Der entscheidende Punkt dabei ist, dass Sie sich beharrlich jeden Tag hinsetzen – ob Ihnen nun gerade danach zumute ist oder nicht. Sitzen Sie anfangs für fünf oder zehn Minuten, und arbeiten Sie sich dann langsam zu 30 oder 35 Minuten vor. Stellen Sie sich einen Wecker, den Sie so platzieren, dass Sie das Zifferblatt nicht sehen können. Schalten Sie Ihre Telefone und den Computer ab. Viele Leute finden es zweckmäßig, einen nur der Meditation vorbehaltenen Platz zu haben, an dem sie ihr Sitzkissen oder ihren Stuhl lassen können. Ferner ist es hilfreich, nach Möglichkeit jeden Tag zur gleichen Zeit zu sitzen. Wir können uns die Neigung von Geist und Körper, sich gewohnheitsmäßige Muster zu suchen, geschickt zunutze machen, indem wir eine tägliche Verabredung mit uns selbst ausmachen.

Die Achtsamkeit erweitern

Meine Lehrerin, Joko Beck, hat häufig gesagt, dass wir unsere 30-minütige Meditationspraxis täglich durchführen, um uns darüber klar zu werden, worauf es uns während der verbleibenden 23½ Stunden des Tages ankommt. Eine tägliche Praxis schärft unsere Beobachtungsgaben, so dass wir mit der Zeit unsere geistigen und körperlichen Reaktionen im Alltag immer besser beobachten können. Je genauer wir beobachten, umso stärker können wir in unseren Alltagsaktivitäten präsent sein.

Dank

Ich möchte mich bedanken: Bei meiner Lehrerin, Charlotte Joko Beck, die immer wieder ein Quell der Inspiration für mich ist. Bei Sojun Mel Weitsman, der mich durch die ersten Jahre meiner Zen-Praxis geleitet hat. Bei meinen Zen-Schülern, deren Einsichten in die Seiten dieses Buches Eingang gefunden und die mir die Ehre erwiesen haben, gemeinsam mit mir dieser Praxis nachzugehen. Ebenso danke ich meiner Familie und all jenen, die mir in den verschiedenen Phasen der Arbeit an diesem Buch geholfen haben. Und schließlich Dank und Anerkennung meinem Ehemann Jay, der mir so häufig als Leuchtturm dient.

Anmerkungen

Einführung: Ein Berg von schmutzigem Geschirr – Lektionen an der Küchenspüle

1 Auf Mister Daly und diese Regel werde ich in Kapitel 6 noch einmal zu sprechen kommen.

2 In den meisten Zen-Texten als Koan bezeichnet. Unter einem Koan versteht man eine rätselhaft paradox anmutende Fragestellung, die eine authentische Zen-Erfahrung aufscheinen lässt. (Anm. d. Übers.)

3 Shunryu Suzuki, *Zen-Geist, Anfänger-Geist*, 9., überarb. Aufl., Theseus, Berlin 2000, S. 54.

4 Zur Formulierung »Gelübde *empfangen*« siehe auch S. 31f.

Kapitel 1: Was sind die Regeln?

5 Die Regeln in herkömmlicher Form lauten: nicht töten; nicht stehlen; keinen sexuellen Missbrauch verüben; nicht lügen; anderen Menschen keine Drogen geben und selbst keine nehmen; nicht über die Fehler der anderen reden; nicht sich selbst rühmen und andere herabsetzen; materielle Unterstützung für den Dharma nicht zurückhalten; nicht der Wut freien Lauf lassen; nicht mit Geringschätzung von den drei Kostbarkeiten – Buddha, Dharma (Lehre) und Sangha (der Gemeinschaft der Praktizierenden) – sprechen.

Kapitel 2: Das Selbst – ein Traum

6 Robert Aitken, *The Mind of Clover – Essays in Zen Buddhist Ethics*, North Point Press, San Francisco 1984, S. 7. Dt.: *Ethik des Zen*, Diederichs, München ^{2}1995.

7 A. a. O., S. 13.

8 A. a. O.

9 Dogen Zenji, »Genjo Koan«, in: *Moon in a Dewdrop – Writings of Zen Master Dogen*, ed. Kaz Tanahashi, North Point Press, San Francisco 1983, S. 70.

Kapitel 3: In der Schwebe

10 Jon Carroll, »Just Grateful for the Dead Spot«, *San Francisco Chronicle*, Juni 1993.

11 *Totpunkt*: Wohl am ehesten geläufig ist dieses Phänomen und der dazugehörige Begriff in Zusammenhang mit der Richtungsumkehr bei mechanischen Bewegungsabläufen, zum Beispiel im Kontext der Kfz-Technik, beim Kolbenmotor. Dort erreicht die Kolbenbewegung im Moment der Richtungsumkehr am oberen und am unteren Totpunkt jeweils für einen Sekundenbruchteil die Geschwindigkeit null. (A. d. Ü.)

12 Lao Tzu, *Tao Te Ching: A Book about the Way and the Power of the Way*, transl. Ursula Le Guin, Shambala Publications, Boston 1998, S. 20.

Teil zwei: Die Regeln

13 John Elder, *Reading the Mountains of Home*, Harvard University Press, Cambridge 1998, S. 60.

Kapitel 6: Ich begebe mich auf den Weg, von anderen so zu sprechen, dass Offenheit gewahrt wird und für Entwicklungen Raum bleibt

14 T. S. Eliot, *The Cocktail Party*, I, iii, Faber and Faber Ltd., London 1950, S. 72 f.

Dt.: T. S. Eliot, *Die Dramen*, Suhrkamp, Frankfurt/M. 1988

15 Henri Tajfel, »Social Categorization: Cognitions, Values und Groups«, in: *Stereotypes and Prejudice: Essential*

Readings, ed. Charles Stangor, Psychology Press, Philadelphia 2000, S. 49-63, xii.

16 James Baldwin, *Price of the Ticket*, St. Martins, New York 1985.

17 Robert Aitken, *The Mind of Clover*, S. 69.
Dt.: *Ethik des Zen*, Diederichs, München [2]1995.

Kapitel 7: Ich begebe mich auf den Weg, anderen auf gleicher Stufe zu begegnen

18 Dag Hammarksjöld, *Markings*, Ballantine, New York 1964, S. 151.

19 Rainer Maria Rilke, »At once the wingèd energy of delight«, in: *The Selected Poetry of Rainer Maria Rilke*, ed. and transl. Stephen Mitchell, Random House, New York 1982, S. 261.
Dt.: »Da dich das geflügelte Entzücken«, in: Rainer Maria Rilke, *Ausgewählte Gedichte*, Suhrkamp, Frankfurt/M. 1966, S. 178.

Kapitel 8: Ich begebe mich auf den Weg der Entwicklung geistiger Klarheit

20 Barbara Kingsolver, *Small Wonders*, Harper-Collins, New York 2002, S. 252.

21 Alanon: wie schon der anagrammatisch aufgebaute Name vermuten lässt, eine den Anonymen Alkoholikern nahe stehende Organisation, die in Form von Gesprächsgruppen und Ähnlichem die Angehörigen der Alkoholabhängigen unterstützt. (A. d. Ü.)

22 Neuengland: der nordöstliche Teil der USA mit den Bundesstaaten Maine, New Hampshire, Vermont, Massachusetts, Rhode Islands und Connecticut. (A. d. Ü.)

Kapitel 9: Ich begebe mich auf den Weg, nur das zu nehmen, was mir bereitwillig gegeben wurde, und alles, was ich geben kann, bereitwillig zu geben

23 Henry Miller, *The Colossus of Maroussi*, New Directions, New York 1941, S. 207.
Dt.: *Der Koloß von Maroussi*, Rowohlt, Reinbek b. Hamburg 2003.

24 Dorothea Hertzberg, »Aid to an American«, *International Herald Tribune*, 25. August 2003, S. 6.

Kapitel 10: Ich begebe mich auf den Weg, sexuelle Intimität mit Respekt und von Herzen kommender Offenheit zu leben

25 Sung-yuan Yu-Lu, *Dainihon Zoku Zokyo*, Bd. 121, wie zitiert in: John Stevens, *Lust for Enlightenment: Buddhism and Sex*, Shambala Publications, Boston 1990, S. 91.

26 Ralph Waldo Emerson, »The Conduct of Life« (1860), in: *Essays & Lectures*, The Library of America, New York 1983, S. 1016.
Dt.: *Die Lebensführung*, Minden 1926.

27 John Cheever, *The Journals of John Cheever*, ed. Robert Gottlieb, Knopf, New York 1991, S. 89.

28 Adaptiert auf der Grundlage von Notizen, die ich mir gemacht habe, als ich bei Stephen Wolinsky 1998 in Palo Alto, Kalifornien, an einem Seminar unter dem Titel »Quantenpsychologie« teilnahm.

Kapitel 11: Ich begebe mich auf den Weg des Loslassens von Wut

29 Stephen Levine, *Healing into Life and Death*, Anchor Press, New York 1987, S. 228.
Dt.: Sein lassen, *Heilung im Leben und im Sterben*, Context, Bielefeld ³1997.

Kapitel 12: Ich begebe mich auf den Weg, das Leben zu unterstützen

30 Václav Havel, »The Future of Hope«, in: *The Art of the Impossible: Politics as Morality in Practice*, Fromm International, New York 1998, S. 239.

31 Diane Ackerman, *A Slender Thread*, Vintage Books, New York 1998, S. 243-244.

32 Koan: Siehe Anmerkung 2.